A EDITORA HARBRA LTDA. COLOCA À DISPOSIÇÃO DO LEITOR UM GABARITO DE CURVA NORMAL E TÁBUAS DE ESTATÍSTICA. PARA RECEBÊ-LOS, BASTA PREENCHER OS DADOS ABAIXO, DESTACAR ESTA FOLHA E ENVIAR PARA:

**EDITORA HARBRA LTDA.**
RUA JOAQUIM TÁVORA, 629 — VILA MARIANA
04015-001 — SÃO PAULO — SP

**ATENÇÃO:** ESTA OFERTA SÓ É VÁLIDA COM O ENVIO DESTE ORIGINAL.

NOME: ............................................
ENDEREÇO: .......................................
CEP........ CIDADE:................. ESTADO:......
INSTITUIÇÃO EM QUE ( ) LECIONA / ( ) ESTUDA: ..........
............................................
ENDEREÇO: .......................................
CEP........ CIDADE:................. ESTADO:......

# INTRODUÇÃO ILUSTRADA À ESTATÍSTICA

## 5ª EDIÇÃO

**SÉRGIO FRANCISCO COSTA**

Titular de Estatística na FEC do ABC

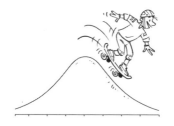

Ilustrações de Maria Paula Santo
Kika e Kanton

DIREÇÃO GERAL:
SUPERVISÃO EDITORIAL:
COORDENAÇÃO EDITORIAL:
REVISÃO DE ESTILO:
ASSISTENTE EDITORIAL E
  REVISÃO DE PROVAS:
ILUSTRAÇÕES:

JULIO E. EMÖD
MARIA PIA CASTIGLIA
MARILU BERNARDES SÓRIA
MARIA ELIZABETH SANTO

VERA LUCIA JURIATTO DA SILVA
MARIA PAULA SANTO
KIKA
ROSANA VALIM
KANTON

Dados Internacionais de Catalogação na
Publicação (CIP)
(Câmara Brasileira do Livro, SP, Brasil)

---

Costa, Sérgio Francisco
  Introdução ilustrada à estatística /
Sérgio Francisco Costa; ilustrações de
Maria Paula Santo, Kika e Kanton.
  5ª ed.    São Paulo: HARBRA, 2013.

  Bibliografia.
  ISBN 978-85-294-0419-6

  1. Estatística 2. Estatística - Obras
ilustradas I. Santo, Maria Paula. II.
Kika. III. Kanton. IV. Título.

05-0112                          CDD-519.5

---

Índices para catálogo sistemático:

1. Estatística 519.5

# INTRODUÇÃO ILUSTRADA À ESTATÍSTICA 5ª EDIÇÃO

COPYRIGHT © 2013 POR EDITORA HARBRA LTDA.
R. Joaquim Távora, 629 - CEP: 04015-001 - Vila Mariana - São Paulo - SP
Editorial: Tel.: (011) 5084-2482 e 5571-1122 — Fax: (011) 5575-6876
Vendas: Tel.: (011) 5549-2244 e 5571-0276 — Fax: (011) 5571-9777
  ISBN 978-85-294-0419-6

RESERVADOS TODOS OS DIREITOS. É TERMINANTEMENTE PROIBIDO
REPRODUZIR ESTA OBRA, TOTAL OU PARCIALMENTE, POR QUAISQUER
MEIOS, SEM AUTORIZAÇÃO EXPRESSA DOS EDITORES.

IMPRESSO NO BRASIL             PRINTED IN BRAZIL

# CONTEÚDO

PREFÁCIO À 4ª EDIÇÃO
PREFÁCIO À 3ª EDIÇÃO
PREFÁCIO À 2ª EDIÇÃO
PREFÁCIO À 1ª EDIÇÃO

**1** UM POUCO DE HISTÓRIA . . . . . . . . . . . . . . . . . . 1

**2** MENSURAÇÃO . . . . . . . . . . . . . . . . . . . . . . . . . . . 7

**3** POPULAÇÕES E AMOSTRAS.
ESTATÍSTICA DESCRITIVA ×
ESTATÍSTICA INFERENCIAL . . . . . . . . . . . . . . . . . 23

**4** REPRESENTAÇÕES GRÁFICAS . . . . . . . . . . . . . . . 41

**5** MEDIDAS DE TENDÊNCIA CENTRAL . . . . . . . . . . 55

**6** MEDIDAS DE VARIABILIDADE . . . . . . . . . . . . . . . 77

**7** PROBABILIDADE . . . . . . . . . . . . . . . . . . . . . . . . . 89

**8** DISTRIBUIÇÃO BINOMIAL . . . . . . . . . . . . . . . . . 109

**9** PROVA DE HIPÓTESE . . . . . . . . . . . . . . . . . . . . . 131

**10** DISTRIBUIÇÃO NORMAL . . . . . . . . . . . . . . . . . . 161

**11** COMPARAÇÃO ENTRE PROPORÇÕES . . . . . . . . . . 183

**12** Prova de Qui-Quadrado ............. 195

**13** Subseqüências ......................... 215

**14** Distribuição $t$ (Student) .............. 236

**15** Correlação Linear Simples ........... 254

**16** Noções de Regressão Linear Simples ....280

**17** Comparação entre Médias ............. 294

## APÊNDICES

**A** Comparação entre Variâncias ........... 320

**B** Tábua de F, com $\alpha = 1\%$ .............. 323

**C** Tábua de F, com $\alpha = 5\%$ .............. 325

**D** Encaixando o que não coube no Livro.... 327

**E** Mais de um caminho leva a Roma ...... 330

**F** Tábuas Binomiais ....................... 340

**G** Sua calculadora não tem a função $\sqrt{\ }$? 342

**H** Subseqüências ......................... 346

Exercícios Propostos ............... 348

Bibliografia ....................... 391

O Autor ............................ 393

Índice Remissivo ................... 394

# PREFÁCIO
## À 4.ª EDIÇÃO

Dois novos capítulos foram acrescidos a esta 4.ª edição: **COMPARAÇÃO ENTRE PROPORÇÕES E SUBSEQUÊNCIAS**. Nenhum dos dois esgota o assunto porque, para fazê-lo, seria necessário aprofundar a matéria para além da proposta do livro.

Esses dois testes foram escolhidos por várias razões: (a) são simples e extremamente **ÚTEIS NO DIA A DIA DA PESQUISA**; (b) constituem excelentes oportunidades de visualizar a **TEORIA DAS PROVAS DE HIPÓTESES**; (c) possibilitam ampliar as noções de **ERRO AMOSTRAL**; (d) finalmente, complementam ideias ligadas à questão do **TAMANHO DE AMOSTRAS**.

A linguagem continua dialogal e num ou noutro ponto foram introduzidas pitadas de humor — "HUMOR PEDAGÓGICO" — com o objetivo de chamar a atenção dos leitores para sutilezas do método estatístico. O **NÍVEL MATEMÁTICO** exigido para esta 4.ª edição equipara-se ao das edições anteriores: **HABILIDADE COM AS QUATRO OPERAÇÕES FUNDAMENTAIS**, conhecimento de **PORCENTAGEM** e

POSSIBILIDADE DE EXTRAIR RAÍZES QUADRADAS. Calculadoras portáteis simples resolvem essas questões; mesmo assim, para aqueles raros casos em que a tecla de raiz inexista na máquina disponível, consta do Apêndice G uma "formulinha mágica" que atinge notável precisão.

Não houve preocupação com demonstrações matemáticas e, em muitos casos, o número de casas decimais ultrapassou o necessário (ou, às vezes, ficou aquém). A intenção sempre ficou voltada muito mais para o RACIOCÍNIO ESTATÍSTICO do que para a PRECISÃO dos RESULTADOS. Aliás, de modo geral, por grandes que tenham sido as concessões nesse sentido, os arredondamentos praticados não chegam a alterar diametralmente nenhuma resposta ou decisão.

A continuidade deste projeto merece dois destaques: o ENTUSIASMO DE ALUNOS que começam a ver na Estatística recursos para a tomada de decisões inteligentes e o ESFORÇO EDITORIAL DA HARBRA que consistentemente colabora com a construção de conhecimento por caminhos mais suaves.

SÉRGIO FRANCISCO COSTA

# PREFÁCIO
## À 3.ª EDIÇÃO

Esta terceira edição oferece a seus leitores, no **APÊNDICE E**, um recurso adicional para a obtenção das **EQUAÇÕES NORMAIS DE REGRESSÃO LINEAR SIMPLES** — aliás, o mais elementar dos casos.

Há algum tempo, os usuários do livro vinham observando que, com os recursos hoje existentes em calculadoras especiais (ou em computadores), os **PARÂMETROS DE REGRESSÃO** obtidos eram, em alguns casos, ligeiramente diferentes dos proporcionados pelas fórmulas da página 251. Tais discrepâncias, devidas a arredondamentos intermediários, podem agora ser evitadas, o que proporciona a possibilidade de conferir resultados, além de maior segurança no aprendizado.

Paralelamente a esta terceira edição, foram introduzidos novos problemas ao **CADERNO DE EXERCÍCIOS** mencionado na primeira folha deste livro (questionário de pesquisa).

O autor agradece a simpática acolhida que o seu trabalho vem merecendo.

O AUTOR

# PREFÁCIO
## À 2.ª EDIÇÃO

PARECE QUE DEU CERTO: NENHUM LIVRO ALCANÇA SEGUNDA EDIÇÃO (ALÉM DE ALGUMAS TIRAGENS DA PRIMEIRA!) SÓ POR CAUSA DOS OLHOS AZUIS DE SEU AUTOR! E DEU CERTO PORQUE TODOS, ALUNOS E PROFESSORES, DERAM SUA VALIOSA PARCELA DE CONTRIBUIÇÃO: UNS USANDO, OUTROS ADOTANDO, OUTROS AINDA SUGERINDO E APOSTANDO.

ESTA SEGUNDA EDIÇÃO, ALÉM DE REVISTA, VEM AMPLIADA: NUM ÚNICO CAPÍTULO — O 15 —, SOB O TÍTULO GERAL "COMPARAÇÃO ENTRE MÉDIAS", SÃO OFERECIDOS AO LEITOR RECURSOS ESTATÍSTICOS PARA A COMPARAÇÃO DE **DUAS** MÉDIAS (APLICAÇÃO DO JÁ ESTUDADO $t$ DE STUDENT) E DE **VÁRIAS** MÉDIAS (**ANÁLISE DE VARIÂNCIA**).

PROCUROU-SE DAR A ESSE NOVO CAPÍTULO O MESMO ESPÍRITO SÉRIO PORÉM ALEGRE QUE CARACTERIZOU A PRIMEIRA EDIÇÃO. O EXCESSIVO RIGOR MATEMÁTICO FOI SEMPRE EVITADO PORQUE PREVALECEU A CERTEZA DE QUE, ADQUIRIDAS AS NOÇÕES BÁSICAS, A SOFISTICAÇÃO PODERIA DECORRER NATURALMENTE.

ESPERA-SE QUE ESTA SEGUNDA EDIÇÃO CONTINUE A MERECER A SIMPATIA DE SEUS USUÁRIOS.

O AUTOR

# PREFÁCIO
## À 1.ª EDIÇÃO

MAIS UM LIVRO DE ESTATÍSTICA!

DE FATO, **MAIS UM**! SÓ QUE, DESTA VEZ, EMBORA A ESTATÍSTICA SEJA A **MESMA**, OS RECURSOS PARA APRESENTÁ-LA SÃO **DIFERENTES**. O PRÓPRIO TÍTULO JÁ É ESCLARECEDOR: ESTATÍSTICA COM **ILUSTRAÇÕES** E COM **HUMOR**.

**NÚMERO**, **MEDIDA**, **CIÊNCIA** SÃO INDISCUTIVELMENTE COISAS **SÉRIAS** — MAS NÃO NECESSARIAMENTE **TRISTES**! JÁ FORAM TRISTES AQUELES DIAS DE CONVÍVIO AVERSIVO COM A MATEMÁTICA! ESSA A RAZÃO POR QUE FOI ESCOLHIDO O CAMINHO DA **SERIEDADE COM HUMOR**.

EMBORA A PREOCUPAÇÃO CENTRAL DO LIVRO FOSSE DOTAR O LEITOR DE **LINGUAGEM** E **RACIOCÍNIO ESTATÍSTICOS**, ESTUDADO COM ATENÇÃO PROPORCIONARÁ AO LEITOR A SATISFAÇÃO DE PODER RESOLVER, COM CONFORTO, QUESTÕES QUE ANTES LHE PARECIAM COMPLICADAS.

DUAS FORAM AS MOLAS PROPULSORAS DESTE PROJETO: O INCENTIVO DE ALUNOS, PROFESSORES E AMIGOS, E O DESEJO DE OFERECER UMA CONTRIBUIÇÃO METODOLÓGICA.

O AUTOR

Dizem que as pessoas, ao morrer,
caem durante muito tempo em sono
profundo e acordam em algum lugar.

Quero acordar ao teu lado...
...ou ficar dormindo para sempre!

# 1 UM POUCO DE HISTÓRIA

## OBJETIVOS ESPECÍFICOS

Ao concluir o estudo deste capítulo, o leitor deverá ser capaz de

- ★ LOCALIZAR A **ESTATÍSTICA** NA LINHA DO TEMPO;

- ★ RELACIONAR A PALAVRA **ESTATÍSTICA** COM SUAS ORIGENS ETIMOLÓGICAS;

- ★ IDENTIFICAR SITUAÇÕES PRÁTICAS ÀS QUAIS A PALAVRA **ESTATÍSTICA** PODERIA SER APLICADA COM PROPRIEDADE.

...SERÁ QUE ESTÁ PRÓXIMA DO DESCOBRIMENTO DO BRASIL? ...OU DO TEMPO DOS DINOSSAUROS?...

Embora a palavra **ESTATÍSTICA** ainda não existisse, há indícios de que 3.000 anos a.C. já se faziam censos na Babilônia, China e Egito.

A própria Bíblia leva-nos a essa recuperação histórica: o livro quarto * do Velho Testamento começa com uma instrução a Moisés: fazer um levantamento dos homens de Israel que estivessem aptos para guerrear.

*Gênesis — Êxodo — Levítico — Números — Deuteronômio
(1º)       (2º)      (3º)       (4º)       (5º)

3

Na época do imperador César Augusto, saiu um edito para que se fizesse o censo em todo o império romano. (A palavra "censo" deriva de "censere", que, em latim, significa "taxar".)

Por isso, diz a Bíblia, Maria e José viajaram para Belém.

A palavra **ESTATÍSTICA** vem de "**STATUS**" (**ESTADO**, em latim). Sob essa palavra acumularam-se descrições e dados relativos ao Estado. A **ESTATÍSTICA**, nas mãos dos estadistas, constituiu-se verdadeira **FERRAMENTA** administrativa.

Em 1085, Guilherme, o Conquistador, ordenou que se fizesse um **LEVANTAMENTO ESTATÍSTICO** da Inglaterra. Esse levantamento deveria incluir informações sobre terras, proprietários, uso da terra, empregados, animais e serviria, também, de base para o cálculo de impostos. Tal levantamento originou um volume intitulado "DOMESDAY BOOK".

Agora sei por que "DOMESDAY" significa "DIA DO JUÍZO FINAL".

No século XVII ganhou destaque na Inglaterra, a partir das **TÁBUAS DE MORTALIDADE**, a **ARITMÉTICA POLÍTICA**, de **JOHN GRAUNT**, que consistiu de exaustivas análises de nascimentos e mortes. Dessas análises resultou a conclusão, entre outras, de que a porcentagem de nascimentos de crianças do sexo masculino era ligeiramente superior à de crianças do sexo feminino.

Fique tranquila, minha filha! Você não tem com o que se preocupar!

"Os nascimentos repartem-se mais ou menos assim: 51% de meninos e 49% de meninas."

"OH!!!... Em 1662 essa conclusão deve ter causado espanto!"

"E saibam que as **TÁBUAS DE MORTALIDADE** usadas hoje pelas companhias de seguros originaram-se de estudos como esse!"

A palavra 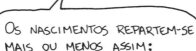 foi cunhada pelo acadêmico alemão GOTTFRIED ACHENWALL por volta da metade do século XVIII.*

---

*O verbete "STATISTICS" (ESTATÍSTICA) apareceu na Enciclopédia Britânica em 1797.

# 2 MENSURAÇÃO

## OBJETIVOS ESPECÍFICOS

Ao concluir o estudo deste capítulo, o leitor deverá ser capaz de

- ▲ DISTINGUIR A DIFERENÇA ENTRE **MENSURAÇÃO** E **MEDIDA**;

- ▲ DEFINIR O QUE VEM A SER **MEDIR UMA MAGNITUDE**;

- ▲ RELACIONAR FUNCIONALMENTE **MEDIDA** COM **MAGNITUDE** E **CRITÉRIO**;

- ▲ DIZER AS **CARACTERÍSTICAS** DE CADA **NÍVEL DE MENSURAÇÃO**;

- ▲ IDENTIFICAR AS **OPERAÇÕES ARITMÉTICAS** QUE PODEM SER REALIZADAS EM CADA NÍVEL DE MENSURAÇÃO.

Supõe-se que, na antiguidade, o homem do campo usasse coleções de pedrinhas para avaliar o tamanho de seu rebanho. Sem ter (talvez) noção do que então fazia, ele já estava medindo e já se utilizava de noções muito importantes da matemática: **CONJUNTO, PERTINÊNCIA, CORRESPONDÊNCIA.**

Para medir o tamanho de seu rebanho ele teria feito, quem sabe, o seguinte: cada vez que um elemento do conjunto **GADO** atravessasse o portão do curral, ele separaria uma pedra. À última cabeça ele teria associado uma pedra considerada última.

8

se **SOBRASSEM** PEDRAS, **FALTAVA** GADO;
se **FALTASSEM** PEDRAS, **SOBRAVA** GADO.

*Talvez essa tenha sido a origem da marcação do gado com ferro quente.

A PRESERVAÇÃO DAS INFORMAÇÕES PELO PROCESSO DE COLECIONAR PEDRAS DEVIA SER TRABALHOSA E PROVAVELMENTE "VOLUMOSA".

A INVENÇÃO DOS **NÚMEROS** (ISTO É, DE PALAVRAS CAPAZES DE EXPRESSAR QUANTIDADES) PERMITIU QUE O HOMEM DEIXASSE DE GUARDAR AS INFORMAÇÕES NUM LUGAR FÍSICO, CONCRETO, PARA GUARDÁ-LAS NUM LUGAR PSICOLÓGICO: A **MEMÓRIA**.

MAS, ASSIM COMO SE PERDEM PEDRAS, PERDEM-SE INFORMAÇÕES GUARDADAS NA MEMÓRIA. É O **ESQUECIMENTO**.

10

**MEDIR** UMA MAGNITUDE (GRANDEZA) SIGNIFICA ASSOCIAR A ESSA MAGNITUDE UM **NÚMERO REAL**.

QUANDO SE MEDE UMA GRANDEZA, REALIZAM-SE, EM CADEIA, AS SEGUINTES OPERAÇÕES:

- DEFINIÇÃO DO **QUE VAI SER MEDIDO**;
- DEFINIÇÃO DE UM **CRITÉRIO** PARA A MEDIÇÃO, ISTO É, DE UMA **ESCALA**;
- LEITURA;
- INTERPRETAÇÃO.

A **MEDIDA** É UMA **RELAÇÃO** ENTRE MAGNITUDE E CRITÉRIO.

POR EXEMPLO, SE EXISTISSE UMA MEDIDA LINEAR CHAMADA "PLIM", DE TAMANHO IGUAL A 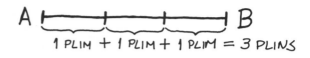, ENTÃO O SEGMENTO AB, ABAIXO, MEDIRIA **3 PLINS**. ASSIM:

$$A \vdash\!\!\!\!-\!\!\!\!+\!\!\!\!-\!\!\!\!+\!\!\!\!-\!\!\!\!+\!\!\!\!-\!\!\!\!\dashv B$$
$$\underbrace{\phantom{xxxxxxxxxxxxxxxxxxxxxxx}}_{1\ PLIM\ +\ 1\ PLIM\ +\ 1\ PLIM\ =\ 3\ PLINS}$$

EMBORA NÚMERO SEJA SEMPRE NÚMERO, AS MAGNITUDES DIFEREM UMAS DAS OUTRAS QUANTO À **CLASSE** A QUE PERTENCEM: ESTATURA, PESO, VELOCIDADE, INTELIGÊNCIA, MATURIDADE, TEMPERATURA, BELEZA ETC.

A ASSOCIAÇÃO DA QUAL RESULTA A MEDIDA DEVE FAZER-SE SEGUNDO DETERMINADAS REGRAS.

O PROCESSO DE MENSURAÇÃO DEPENDE DO **NÍVEL**, ISTO É, DA **CLASSE** A QUE PERTENCE A MAGNITUDE (= GRANDEZA).
 CADA NÍVEL SUPÕE CERTAS CARACTERÍSTICAS ASSOCIADAS ÀS GRANDEZAS NELE CONTIDAS. ASSIM, HÁ CARACTERÍSTICAS DE 1º NÍVEL, 2º NÍVEL, 3º NÍVEL E 4º NÍVEL. A **COMPLEXIDADE** E A **INFORMAÇÃO** AUMENTAM COM O NÍVEL.

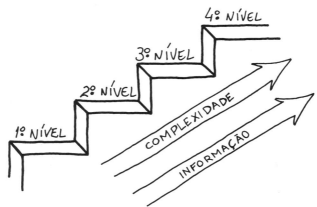

— NÍVEIS DE MENSURAÇÃO —

**1º NÍVEL** — É O NÍVEL DE MENSURAÇÃO MAIS BAIXO, MAIS RUDIMENTAR POSSÍVEL. A ESCALA DE MEDIDA DESSE NÍVEL CHAMA-SE **NOMINAL**. A BASE, O FUNDAMENTO PARA A ATRIBUIÇÃO DOS NÚMEROS, É DE NATUREZA **QUALITATIVA, DISTINTIVA**.

**EXEMPLO** — NUMA SALA HÁ 8 ALUNOS, 5 DOS QUAIS DO SEXO MASCULINO. CONVENCIONANDO QUE OS HOMENS SERÃO DESIGNADOS POR 1 E AS MULHERES, POR 2, TUDO O QUE SE PODE FAZER É ESCREVER

13

OU DIZER:

- HÁ $5 \times 1 = 5$ HOMENS
- HÁ $3 \times 2 = 3$ MULHERES

NOTAR QUE NÃO TEM SENTIDO MATEMÁTICO FAZER A OPERAÇÃO $3 \times 2 = 6$, POIS 2 **NÃO REPRESENTA** UMA **QUANTIDADE**, MAS, SIM, UMA **CATEGORIA**. POR ESSA RAZÃO, ESSE 2 PODERIA SER SUBSTITUÍDO PELO SÍMBOLO ♀, DAÍ RESULTANDO 3♀ = 3 MULHERES.

Esse exemplo mostra que no 1º nível não são possíveis operações aritméticas com os valores atribuídos às **VARIÁVEIS**. O 1º nível presta-se a **CODIFICAÇÕES** e estas comportam, no máximo, **CONTAGENS**.

Outros exemplos de magnitudes (grandezas) de 1º nível:

NÚMEROS DE TELEFONES: João → 292-3541
                      Pedro → 701-2144

PLACAS DE AUTOMÓVEIS: DF 9021 (carro da Adriana)
                      MK 1764 (carro do Luís)

CAMISAS DE JOGADORES: Pelé → 10
                      Bidu → 4

**2º NÍVEL** — Este nível já é um pouco mais elaborado que o anterior e corresponde ao que popularmente se designa por **ORDENAÇÃO**; a escala de medida chama-se **ORDINAL**.

As grandezas de 2º nível podem ser avaliadas em termos de **MAIS QUE** ou **MENOS QUE**, embora a **QUANTIFICAÇÃO PRECISA** seja **IMPOSSÍVEL**.

**EXEMPLO** — As notas escolares — resultantes de provas tradicionais* — produzem mensurações de 2º nível. Assim, se João tirou 8 e Maria, 4, é possível concluir que João sabe **MAIS QUE** Maria, embora **NÃO** se possa concluir que João saiba o dobro do que ela sabe.

A atribuição de notas pelo método tradicional é algo falacioso, que sofre as consequências das variações de humor, critério, fadiga etc. do avaliador (professor). Então, mudando as circunstâncias do professor (relativamente às mesmas provas e aos mesmos alunos), João poderia ter tirado 6 e Maria, 5.

*Prova tradicional ≠ Prova objetiva.

16

Como a multiplicação é uma adição abreviada e a divisão, uma subtração abreviada, não sendo possíveis as operações de × ou ÷, não são também possíveis, no 2º nível, as de + ou −.

> **3º NÍVEL** — É no 3º nível que surge, pela primeira vez, uma escala de medida propriamente dita. É a escala **INTERVALAR**, caracterizada pela existência de:
> - uma **UNIDADE DE MEDIDA** (ARBITRÁRIA, PORÉM FIXA);
> - um **ZERO RELATIVO**, isto é, CONVENCIONAL.

**EXEMPLO** — As escalas termométricas. O zero é convencional em todas, bem como a distância entre dois traços contíguos — os chamados graus.

As únicas **OPERAÇÕES PERMITIDAS** com os próprios valores, no 3º nível, são **ADIÇÃO** (nem sempre) ou **SUBTRAÇÃO**, mas em **HIPÓTESE ALGUMA** **MULTIPLICAÇÃO** ou **DIVISÃO**.

Assim, se o corpo A está a 40°C e outro, B, a 10°C, não tem sentido dizer que A é "quatro vezes mais quente" que B só porque 40 ÷ 10 = 4.

AGORA ME EMBANANEI TODO! DÁ P'RA EXPLICAR UM POUCO MELHOR?

DÁ! MAS, PARA ISSO, VOCÊ PRECISA TER À MÃO A SEGUINTE FÓRMULA DE CONVERSÃO TERMOMÉTRICA:

$$F = \frac{9}{5}C + 32$$

A seguinte tabela ajuda a pensar:

| CORPOS | °C | °F |
|---|---|---|
| A | 40 | 104 |
| B | 10 | 50 |

Então, se A fosse 4 vezes mais quente que B só porque 40°C ÷ 10°C = 4, a relação deveria manter-se quando se passasse da escala Celsius para a Fahrenheit. Mas isso **NÃO** ocorre, como pode ser verificado a seguir:

$$\left. \begin{array}{l} 40°C \rightarrow 104°F \\ 10°C \rightarrow 50°F \end{array} \right\} \quad 104°F \div 50°F = \underline{\underline{2{,}08}}$$

19

É INTERESSANTE NOTAR QUE COM AS **DIFERENÇAS** DE 3º NÍVEL TODAS AS OPERAÇÕES ARITMÉTICAS SÃO POSSÍVEIS. É SÓ OBSERVAR A TABELA ABAIXO:

| CORPOS | °C | DIFERENÇAS EM °C | °F | DIFERENÇAS EM °F |
|---|---|---|---|---|
| A | 10 | 10 | 50 | 18 |
| B | 20 | 20 | 68 | 36 |
| C | 40 | 60 | 104 | 108 |
| D | 100 | | 212 | |

ENTÃO:

| ESCALA CELSIUS | ESCALA FAHRENHEIT |
|---|---|
| 60 = 3 × 20 | 108 = 3 × 36 |

20

Vamos ver se entendi. Então com as diferenças posso fazer:

$$\sqrt{\dfrac{60°C}{10°C}} = \sqrt{\dfrac{108°F}{18°F}}$$

Isso mesmo!!

Ufa!

**4º NÍVEL** — O 4º nível define a chamada escala de razão ou **RACIONAL**. Essa escala é muito parecida com a de 3º nível, exceto quanto à ORIGEM: o **ZERO** é **ABSOLUTO**, isto é, é zero mesmo.

Em função disso, todas as operações aritméticas passam a ter sentido e, portanto, **NÃO HÁ CÁLCULO QUE NÃO POSSA SER FEITO**.

**EXEMPLOS** — 205 m; 15 cm³; 2.608 km²; 600 ℓ; 500 kg etc.

E são possíveis todas as operações:

$$\begin{array}{r} 15\ cm^3 \\ -\ 12\ cm^3 \\ \hline 3\ cm^3 \end{array}$$

$(205\ m + 300\ m) \div 12$

$14 \cdot \left(\dfrac{600\ \ell}{100}\right)$

Então, também é possível

$$\sqrt{\dfrac{2.608\ km^2}{500\ kg}} \text{!!!}$$

# CONTAGEM

À CONTAGEM JÁ SE FEZ REFERÊNCIA NO INÍCIO DESTE CAPÍTULO.

DA CONTAGEM SEMPRE RESULTAM NÚMEROS **INTEIROS** E COM ELES SÃO POSSÍVEIS TODAS AS OPERAÇÕES ARITMÉTICAS.

# 3 POPULAÇÕES E AMOSTRAS. ESTATÍSTICA DESCRITIVA × ESTATÍSTICA INFERENCIAL

## OBJETIVOS ESPECÍFICOS

Ao concluir o estudo deste capítulo, o leitor deverá ser capaz de

- DISTINGUIR A DIFERENÇA ENTRE **VARIÁVEIS** E **CONSTANTES**;

- DAR EXEMPLOS DE VARIÁVEIS **QUALITATIVAS** E VARIÁVEIS **QUANTITATIVAS**;

- NOMEAR AS CARACTERÍSTICAS DE UMA **POPULAÇÃO** E DE UMA **AMOSTRA**;

- CONSTRUIR UMA **AMOSTRA** A PARTIR DE UMA DADA POPULAÇÃO;

- EXPLICAR A DIFERENÇA ENTRE **ESTATÍSTICA DESCRITIVA** E **ESTATÍSTICA INFERENCIAL**;

- USAR ADEQUADAMENTE OS TERMOS **ESTATÍSTICA** E **PARÂMETRO**.

As pessoas de uma comunidade podem ser estudadas sob diversos ângulos. Por exemplo, podem ser classificadas quanto ao **SEXO** (masculino/feminino), quanto à **ESTATURA** (baixa/média/alta), quanto à **RENDA** (pobres/ricas) etc.

**SEXO, ESTATURA, RENDA** são **VARIÁVEIS**, isto é, são **PROPRIEDADES** às quais podemos **ASSOCIAR CONCEITOS** ou **NÚMEROS** e assim expressar, de certa maneira, informações sob a forma de **MEDIDAS**.

— Viu? Você foi eleito o "Nanico" nº 1 da turma!
— HUNF!!
— IH! IH!

— Quer dizer que

| NOME | SEXO |
|------|------|
| JOÃO | MASC. |
| MARIA | FEM. |
| PEDRO | MASC. |
| LÚCIA | FEM. |

é uma forma de medida?

— De certa maneira, sim. É a chamada medida **QUALITATIVA**. Mas você pode associar a masculino o nº 1 e a feminino o nº 2, e sua tabela transforma-se em:

| NOME | SEXO |
|------|------|
| JOÃO | 1 |
| MARIA | 2 |
| PEDRO | 1 |
| LÚCIA | 2 |

*POPULAÇÃO OU UNIVERSO

Se uma população for muito grande (por exemplo, o conjunto de todas as estaturas de uma comunidade), o pesquisador poderá ter um trabalho astronômico para estudá-la. E em alguns casos os resultados serão sempre falhos.

Nesses casos, o estatístico recorre a uma **AMOSTRA**, que, basicamente, constitui uma **REDUÇÃO** da população a **DIMENSÕES MENORES, SEM PERDA DAS CARACTERÍSTICAS ESSENCIAIS**.

Por exemplo, imaginemos uma escola com 400 alunos (meninos, idades entre 6 e 16 anos).

Se quisermos fazer um estudo das estaturas (qual a estatura média?) poderemos simplificar o trabalho colhendo uma amostra de, digamos, 40 alunos e estudar o **COMPORTAMENTO DA VARIÁVEL ESTATURA APENAS** nesses alunos.

Uma amostra, para ser **BOA**, tem de ser **REPRESENTATIVA**, ou seja, deve conter **EM PROPORÇÃO** tudo o que a população possui **QUALITATIVA E QUANTITATIVAMENTE**. E tem de ser **IMPARCIAL**, isto é, todos os elementos da população devem ter **IGUAL OPORTUNIDADE** de fazer parte da amostra.

27

VOLTEMOS AO EXEMPLO DA ESCOLA. VAMOS SUPOR QUE OS ALUNOS ESTEJAM DISTRIBUÍDOS ASSIM:

| SÉRIE | QUANTIDADE DE ALUNOS |
|---|---|
| 1ª | 30 |
| 2ª | 40 |
| 3ª | 40 |
| 4ª | 40 |
| 5ª | 50 |
| 6ª | 60 |
| 7ª | 70 |
| 8ª | 70 |
|  | 400 |

OBSERVEMOS AGORA QUE CADA SÉRIE REPRESENTA UMA PORÇÃO (PORCENTAGEM) DO TOTAL.

| SÉRIE | QUANTIDADE DE ALUNOS | PORCENTAGEM |
|---|---|---|
| 1ª | 30 | 7,5 |
| 2ª | 40 | 10,0 |
| 3ª | 40 | 10,0 |
| 4ª | 40 | 10,0 |
| 5ª | 50 | 12,5 |
| 6ª | 60 | 15,0 |
| 7ª | 70 | 17,5 |
| 8ª | 70 | 17,5 |
|  | 400 | 100,0 |

ESSES NÚMEROS "ESQUISITOS" SÃO PORCENTAGENS. ELES REPRESENTAM A QUANTIDADE DE ALUNOS, POR SÉRIE, NA HIPÓTESE DE O TOTAL SER 100. O CÁLCULO É MUITO SIMPLES. PARA A 1ª SÉRIE:

$$\left(\frac{30}{400}\right) \times 100 = (0{,}075)(100) = 7{,}5$$

PARA A 7ª SÉRIE:

$$\left(\frac{70}{400}\right) \times 100 = (0{,}175)(100) = 17{,}5$$

E ASSIM POR DIANTE.

Vamos supor, agora, que os 30 alunos da 1ª série sejam os seguintes:

## REGISTRO DE MATRÍCULA — 1ª SÉRIE

| Nº | NOME | Nº | NOME |
|---|---|---|---|
| 1 | João de Oliveira | 16 | Antônio Resende |
| 2 | Antônio Bacelar | 17 | Antônio Piazza |
| 3 | Ricardo Costa | 18 | Sebastião Fialho |
| 4 | José Roberto Barbosa | 19 | João de Araújo |
| 5 | Gil de Sousa | 20 | Armando Boaventura |
| 6 | João de Sousa | 21 | Augusto Trindade |
| 7 | João Passos | 22 | Sérgio Petrônio |
| 8 | Ernesto Albuquerque | 23 | Pércio Brito |
| 9 | Flávio Teixeira | 24 | Antônio Severino |
| 10 | Ricardo Antunes | 25 | Antenor D'Ávila |
| 11 | Gilberto Mendonça | 26 | Paulo Figueiroa |
| 12 | João Lima Fº | 27 | Laerte Ramos Fº |
| 13 | Humberto Rodrigues | 28 | João Vasconcelos |
| 14 | Paulo Roberto Sá | 29 | Carlos Tibiriçá |
| 15 | Antônio Siqueira | 30 | Dario de Oliveira |

— Os nomes não estão em ordem alfabética!

— Não poderiam estar **mesmo**! É impossível que, na hora da matrícula, tivessem vindo primeiro os Antônios, depois os Beneditos etc., etc., etc...

— Ai! Essa foi demais!! Cada auxiliar que me arrumam!

PARA GARANTIR A **REPRESENTATIVIDADE** E A
**IMPARCIALIDADE** É PRECISO OBEDECER A CERTAS REGRINHAS:

| QUEREMOS | FAZEMOS |
|---|---|
| REPRESENTATIVIDADE | • ANÁLISE DA POPULAÇÃO PARA VER SE SEUS ELEMENTOS DISTRIBUEM-SE HOMOGENEAMENTE OU SE FORMAM GRUPOS COM CARACTERÍSTICAS PECULIARES. SE FOR ESSE O CASO, TEMOS DE RESPEITAR AS PROPORÇÕES COM QUE ESSES GRUPOS INTEGRAM A POPULAÇÃO. |
| IMPARCIALIDADE | • SORTEIO (MEDIANTE A UTILIZAÇÃO DE UMA MÁQUINA GERADORA DE NÚMEROS ALEATÓRIOS OU DE UMA TÁBUA DE NÚMEROS ALEATÓRIOS) DOS ELEMENTOS QUE FARÃO PARTE DA AMOSTRA. (VER ABAIXO EXTRATO DE UMA TÁBUA DE NÚMEROS ALEATÓRIOS.) |

# NÚMEROS ALEATÓRIOS *

| COLUNA / FILEIRA | 1 | 2 | 3 | 4 | 5 | 6 | 7 | 8 | 9 | 10 |
|---|---|---|---|---|---|---|---|---|---|---|
| 1 | 9 | 8 | 9 | 6 | 9 | 9 | 0 | 9 | 6 | 3 |
| 2 | 3 | 5 | 6 | 1 | 7 | 4 | 1 | 3 | 2 | 6 |
| 3 | 4 | 0 | 6 | 1 | 6 | 9 | 6 | 1 | 5 | 9 |
| 4 | 6 | 5 | 6 | 3 | 1 | 6 | 8 | 6 | 7 | 2 |
| 5 | 2 | 4 | 9 | 7 | 9 | 1 | 0 | 3 | 9 | 6 |
| 6 | 7 | 6 | 1 | 2 | 7 | 5 | 6 | 9 | 4 | 8 |
| 7 | 8 | 2 | 1 | 3 | 4 | 7 | 4 | 6 | 3 | 0 |
| 8 | 6 | 9 | 5 | 6 | 5 | 6 | 0 | 9 | 0 | 7 |

*EXTRAÍDO DA TABELA H DE LEVIN, JACK, ESTATÍSTICA
APLICADA A CIÊNCIAS HUMANAS, 2. ED., SÃO PAULO,
HARBRA, 1987, P. 363.

Vamos supor que tivéssemos decidido trabalhar com uma amostra de tamanho 40 (daqui por diante, usaremos a seguinte notação: N(POPULAÇÃO) = 400; n(AMOSTRA) = 40).

A tabelinha da p. 28 especifica que **os 30 alunos da 1ª série correspondem a 7,5% do total da escola**. Então, para haver **REPRESENTATIVIDADE**, é preciso **GARANTIR** que, **NA AMOSTRA**, também haverá 7,5% de alunos pertencentes à 1ª série, ou seja:

$$7,5\% \text{ de } 40 = 3$$

? COMO É QUI É ?

É simples:

$$\frac{7,5 \times 40}{100} = \frac{300}{100} = 3$$

MAS QUAIS 3 ???

BEM, AÍ É QUE ENTRAM OS NÚMEROS ALEATÓRIOS. ESSES NÚMEROS PERMITEM FAZER O SORTEIO DOS ALUNOS QUE VÃO COMPOR A AMOSTRA.

MANUAL DO PROFESSOR

Como ensinar "PACIENTEMENTE"

Primeiro, adotando um **PONTO DE PARTIDA**, por exemplo, cruzamento das colunas 5 e 6 com a fileira 3 (é claro que os números poderiam ser quaisquer outros!); depois, adotando um **SENTIDO DE CONSULTA**, por exemplo, de cima para baixo, da esquerda para a direita.

Obedecidas essas regras, os números aleatórios resultantes são os seguintes: 69 — 16 — 91 — 75 — 47 — 56 — 09 — 13 — 61 — 86 — 03 — 69 — 46 — 09 — 63 — 26 — 59 — 72 — 96 — 48 — 30 e 07.

Como só precisamos de 3, os números sorteados, **NA ORDEM**, são os seguintes: 16, 09 e 13.

NOTE, QUE NÃO FORAM CONSIDERADOS OS NÚMEROS 69, 91 E 75 PORQUE A 1ª SÉRIE SÓ TEM 30 ALUNOS. LOGO, QUALQUER NÚMERO MAIOR QUE 30 ESTÁ EXCLUÍDO.

AGORA É VER QUEM SÃO OS ALUNOS (NA LISTA DE MATRÍCULA) QUE CORRESPONDEM A ESSES NÚMEROS E MEDIR SUA ESTATURA.

| Nº SORTEADO | ALUNO | ESTATURA (cm) |
|---|---|---|
| 16 | ANTÔNIO REZENDE | 140 |
| 09 | FLÁVIO TEIXEIRA | 167 |
| 13 | HUMBERTO RODRIGUES | 150 |

Por processo análogo poderíamos sortear os alunos das demais séries e terminar com uma tabela assim:

| SÉRIE | QUANTIDADE DE ALUNOS POR SÉRIE | ESTATURA (cm) |
|---|---|---|
| 1ª | 3 | 140 - 150 - 167 |
| 2ª | 4 | 140 - 142 - 145 - 158 |
| 3ª | 4 | 145 - 145 - 150 - 160 |
| 4ª | 4 | 160 - 160 - 161 - 164 |
| 5ª | 5 | 145 - 155 - 160 - 160 - 169 |
| 6ª | 6 | 145 - 155 - 159 - 160 - 168 - 169 |
| 7ª | 7 | 159 - 159 - 160 - 160 - 162 - 163 - 168 |
| 8ª | 7 | 158 - 160 - 162 - 168 - 175 - 180 - 180 |
|  | 40 |  |

PRONTO! AGORA JÁ TEMOS UMA AMOSTRA REPRESENTATIVA DA POPULAÇÃO INICIAL. AS PESSOAS (NO CASO, OS ALUNOS) PASSAM, A PARTIR DESTE MOMENTO, A SER TRATADAS COMO **DADOS (ESTATURAS)** E PODEM DAR ORIGEM A DIVERSAS **RELAÇÕES ESTATÍSTICAS**, COMO, POR EXEMPLO, **MÉDIA ARITMÉTICA, MEDIANA, MODA, VARIÂNCIA, DESVIO PADRÃO** ETC.

ESSAS RELAÇÕES SÃO EXPRESSAS POR FÓRMULAS. O OBJETIVO É FACILITAR E, NÃO, COMPLICAR!

$$\frac{x}{y} = \sqrt{\frac{x^2}{z}} + \frac{1}{\sqrt{\Delta_x}} = ?$$
$$y = ?$$

HÁ! HÁ!

HÁ! HÁ! HÁ!

UÉ??? SERÁ ALGUMA PIADA???

ESSAS RELAÇÕES ESTATÍSTICAS POSSIBILITAM **DESCREVER**, SOB DIVERSOS ÂNGULOS, O CONJUNTO DE DADOS REPRESENTADO PELA AMOSTRA. POR ESSA RAZÃO, O ESTUDO DESSAS RELAÇÕES PERTENCE AO CAMPO DA **ESTATÍSTICA DESCRITIVA**.

O interesse do pesquisador está voltado para a população da qual se originou a amostra. Ele estuda as características da amostra (isto é, calcula as relações estatísticas) com o objetivo de **TRANSFERIR**, de **GENERALIZAR** suas **CONCLUSÕES** para a população.

> A parte da Estatística que se interessa pelas **GENERALIZAÇÕES**, ou seja, pelas **TRANSFERÊNCIAS DE CONCLUSÕES** das amostras para as populações, chama-se **ESTATÍSTICA INFERENCIAL**.

> Então, média aritmética, mediana ou moda são estatísticas! Como também são estatísticas a variância, o desvio padrão e outras relações.

Para facilitar, vamos adotar a seguinte nomenclatura: sempre que as relações forem calculadas com base em dados de uma **AMOSTRA**, serão chamadas **ESTATÍSTICAS**; sempre que essas relações se referirem à **POPULAÇÃO** (população-mãe, de onde se originou a amostra), passarão a ser chamadas **PARÂMETROS**.

# RESUMINDO:

| NOME DA RELAÇÃO | NOTAÇÃO ESTATÍSTICA (AMOSTRA) | NOTAÇÃO PARÂMETRO (POPULAÇÃO) |
|---|---|---|
| TAMANHO | $n$ | $N$ |
| MÉDIA ARITMÉTICA | $\bar{X}$ | $\mu$ |
| VARIÂNCIA | $S^2(X)$ | $\sigma^2(X)$ |
| DESVIO PADRÃO | $S(X)$ | $\sigma(X)$ |
| ETC., ETC. ... | ETC., ETC. ... | ETC., ETC. ... |

**F**INALMENTE, UMA CONSIDERAÇÃO IMPORTANTE COM RESPEITO À UTILIZAÇÃO DE AMOSTRAS. SE UMA POPULAÇÃO FOR MUITO GRANDE O TRABALHO DO ESTATÍSTICO PODERÁ SER ASTRONÔMICO DO PONTO DE VISTA DO TRABALHO, DO CUSTO E DOS RECURSOS HUMANOS. POR ESSA RAZÃO É QUE ELE SE VALE DE UMA AMOSTRA. UMA AMOSTRA TAMBÉM PODE SER ÚTIL QUANDO O **PROCESSO DE PESQUISA** É **DESTRUTIVO.** POR EXEMPLO, SE TIVERMOS UMA POPULAÇÃO DE FÓSFOROS E QUISERMOS AVALIAR A PORCENTAGEM DE FALHAS, TEMOS DOIS CAMINHOS:

1) Vamos riscando um por um e ao cabo de algum tempo concluímos que a falha é da ordem de, digamos, 2%.

E DESCOBRIMOS TAMBÉM QUE **QUEIMAMOS TODO O ESTOQUE!!!**

2) Colhemos, com critério, uma amostra, riscamos um por um os fósforos que a compõem e, ao cabo de algum tempo (menor, sem dúvida, que no caso anterior), concluímos que a falha é de aproximadamente 2%, podendo ser 1,8% ou 2,2%.

E a aparente diferença de 0,2% para mais ou para menos fica compensada pelo fato de que o estoque de fósforos foi **PRESERVADO**! (...BEM COMO O MEU "BOLSO"!!)

# 4 REPRESENTAÇÕES GRÁFICAS

## OBJETIVOS ESPECÍFICOS

Ao concluir o estudo deste capítulo, o leitor deverá ser capaz de

➜ listar os diferentes tipos de **GRÁFICOS** existentes;

➜ distinguir entre **REPRESENTAÇÃO TABULAR** e **REPRESENTAÇÃO GRÁFICA**;

➜ construir **INTERVALOS** de diferentes tipos e medidas;

➜ construir uma tabela onde apareçam **FREQUÊNCIAS ABSOLUTAS POR CLASSE**;

➜ construir um **GRÁFICO** a partir de uma tabela.

> Representar graficamente significa fazer um **DESENHO** que **SINTETIZE** de maneira clara o comportamento de uma ou mais variáveis.

Por exemplo, a estatura de uma jovem, nos últimos quatro anos, poderia ter variado assim:

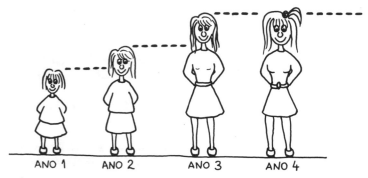

Vemos, pelo desenho (gráfico), que nos três primeiros anos ela ganhou estatura; já no quarto ano sua estatura permaneceu estável.

> Então eu posso comunicar ideias com um gráfico?!!

UM OUTRO TIPO DE REPRESENTAÇÃO QUE AJUDA MUITO A COMPREENDER UM FENÔMENO É A **REPRESENTAÇÃO TABULAR.**

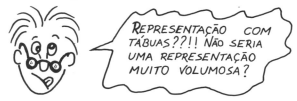

RETOMEMOS A TABELA APRESENTADA NA P. 34 COM AS ESTATURAS DOS 40 ALUNOS AMOSTRAIS. REUNINDO OS ALUNOS EM FUNÇÃO DA ESTATURA, O QUADRO PODERIA FICAR ASSIM:

| ESTATURA (cm) | QUANTIDADE DE ALUNOS |
|---|---|
| 140 | 2 |
| 142 | 1 |
| 145 | 5 |
| 150 | 2 |
| 155 | 2 |
| 158 | 2 |
| 159 | 3 |
| 160 | 9 |
| 161 | 1 |
| 162 | 2 |
| 163 | 1 |
| 164 | 1 |
| 167 | 1 |
| 168 | 3 |
| 169 | 2 |
| 175 | 1 |
| 180 | 2 |
|  | 40 = TOTAL |

Utilizando-nos da noção de **INTERVALO**[*]
podemos apresentar os dados da tabela anterior
de modo bem mais resumido. Por exemplo, se
reunirmos as estaturas que vão de 140 cm até
145 cm (exclusive), de 145 cm até 150 cm (exclusive),
de 150 cm até 155 cm (exclusive) e assim por
diante, com intervalos de 5 cm, obteremos uma
nova tabela com o seguinte aspecto:

| CLASSES DE ESTATURA (cm) | QUANTIDADE DE ALUNOS (AGRUPADOS POR CLASSE) |
|---|---|
| DE 140 A 145 | 3 |
| DE 145 A 150 | 5 |
| DE 150 A 155 | 2 |
| DE 155 A 160 | 7 |
| DE 160 A 165 | 14 |
| DE 165 A 170 | 6 |
| DE 170 A 175 | 0 |
| DE 175 A 180 | 1 |
| DE 180 A 185 | 2 |
| | 40 |

Costuma-se empregar o símbolo ⊢— (que se
lê: "intervalo fechado à esquerda") para indicar
intervalos do tipo acima. Então, representando
as classes de estatura por X e a quantidade
de alunos (por classe de estatura) por $n_i$,
a tabela ficará assim:

---

[*] Dada a sequência: 1, 2, 3, 4, 5, 6, 7, 8
   intervalo aberto: 1 ——— 8 = 2, 3, 4, 5, 6, 7
   intervalo fechado: 1 ⊢——⊣ 8 = 1, 2, 3, 4, 5, 6, 7, 8
   intervalo fechado à esquerda:
   $\qquad$ 1 ⊢——— 8 = 1, 2, 3, 4, 5, 6, 7
   intervalo fechado à direita:
   $\qquad$ 1 ———⊣ 8 = 2, 3, 4, 5, 6, 7, 8

| X(cm) | $n_i$ |
|---|---|
| 140 ⊢— 145 | 3 |
| 145 ⊢— 150 | 5 |
| 150 ⊢— 155 | 2 |
| 155 ⊢— 160 | 7 |
| 160 ⊢— 165 | 14 |
| 165 ⊢— 170 | 6 |
| 170 ⊢— 175 | 0 |
| 175 ⊢— 180 | 1 |
| 180 ⊢— 185 | 2 |
|  | 40 |

E O INTERVALO PRECISA SER SEMPRE DE 5 cm?

**ATENÇÃO:** O INTERVALO PODE TER O TAMANHO QUE VOCÊ QUISER. VEJA A SEGUIR O QUE OCORRE COM A TABELA SE O INTERVALO FOR DE TAMANHO 10.
...E VEJA O QUE ACONTECERÁ COMIGO DEPOIS DE CARREGAR ISTO!!...

($h = 10$ cm)

| X(cm) | $n_i$ |
|---|---|
| 140 ⊢— 150 | 8 |
| 150 ⊢— 160 | 9 |
| 160 ⊢— 170 | 20 |
| 170 ⊢— 180 | 1 |
| 180 ⊢— 190 | 2 |
|  | 40 |

A PROPÓSITO, O TAMANHO DO INTERVALO VAI SER INDICADO DAQUI PARA A FRENTE POR $h$.

PODEMOS OBSERVAR QUE À MEDIDA QUE $h$ SE TORNA **MAIOR** A TABELA VAI ENCURTANDO, ISTO É, VAI FICANDO COM **MENOR** NÚMERO DE CLASSES (CATEGORIAS / INTERVALOS).

NOSSA!! NUM CASO **EXTREMO** A TABELA PODERIA FICAR ASSIM:

| X(cm) | $n_i$ |
|---|---|
| 140 ⊢ 190 | 40 |

E ESSE NEGÓCIO DE $n_i$?

$n_i$ É UM **SÍMBOLO**. EM LUGAR DE REPETIR "NÚMERO DE PESSOAS", "NÚMERO DE RATOS" ETC., FALA-SE EM **FREQUÊNCIA ABSOLUTA POR CLASSE** E REPRESENTA-SE POR $n_i$. ENTENDERAM???

HUNF! COMO FAZEM PERGUNTAS!!... ...MAS AGORA QUEM NÃO ENTENDEU NADA FUI EU! POR QUE ESSE "$i$"? POR QUE NÃO É SÓ "$n$"?

PORQUE O $n_i$ É UMA VARIÁVEL. O "$i$" REPRESENTA A **CLASSE** À QUAL O "$n$" SE REFERE. VEJAMOS: NA TABELA DA P. 45, ONDE $h = 10\,cm$, $(n_1 = 8)$, $(n_2 = 9)$, $(n_3 = 20)$, $(n_4 = 1)$, $(n_5 = 2)$.

EU E MINHA ENORME BOCA!! PERGUNTEI! OLHE AÍ NO QUE DEU?

46

Então na tabela onde $h = 5$ cm o $n_7$ é igual a 0. A soma de todos os $n_i$'s vale 40 e representa-se assim:

$$\sum n_i = 40. \quad *$$

Existem vários tipos de representações gráficas. Os melhores gráficos são os que primam pela simplicidade e clareza.

# GRÁFICOS PLANOS

Gráficos planos são desenhos que não se utilizam de perspectiva, isto é, do recurso visual de profundidade. Definem-se em função de **duas dimensões: altura** e **largura**.

Os gráficos planos mais comuns são:
- **DIAGRAMA DE COLUNAS;**
- **DIAGRAMA DE BARRAS;**
- **HISTOGRAMA;**
- **POLÍGONO DE FREQUÊNCIAS.**

\* O sinal $\Sigma$ lê-se **SOMATÓRIO**. É uma letra grega (correspondente ao S latino) usada para indicar a adição dos termos de uma série.

O PONTO DE PARTIDA DESSES QUATRO GRÁFICOS É SEMPRE O MESMO: DOIS SEGMENTOS QUE TÊM ORIGEM COMUM E FORMAM ENTRE SI UM ÂNGULO RETO, ISTO É, UM ÂNGULO DE 90°. *

VAMOS PÔR EM FORMA GRÁFICA A TABELA DA P. 45, ONDE $h = 10$ cm.

TRAÇADOS OS EIXOS ORTOGONAIS, VAMOS ADOTAR ARBITRARIAMENTE **DUAS** UNIDADES DE MEDIDA: UMA PARA O EIXO **VERTICAL** — QUE REPRESENTARÁ OS $n_i$ — E OUTRA PARA O EIXO **HORIZONTAL** — QUE REPRESENTARÁ OS $X$ (CLASSES / CATEGORIAS / INTERVALOS DE ESTATURAS). PARA CADA INTERVALO NO EIXO HORIZONTAL ($X$) CORRESPONDERÁ UM VALOR NO EIXO VERTICAL ($n_i$). ENTÃO, TRAÇANDO PARALELAS AO EIXO HORIZONTAL A PARTIR DOS $n_i$ DA TABELA, VAI-SE FORMANDO, PROGRESSIVAMENTE, UM DESENHO QUE "LEMBRA" UM CONJUNTO DE COLUNAS PARALELAS.

---

*DOIS SEGMENTOS NESSAS CONDIÇÕES FORMAM UM SISTEMA DE COORDENADAS CARTESIANAS ORTOGONAIS. O SEGMENTO VERTICAL CHAMA-SE **EIXO DAS ORDENADAS** E O SEGMENTO HORIZONTAL, **EIXO DAS ABSCISSAS**.

Assim:

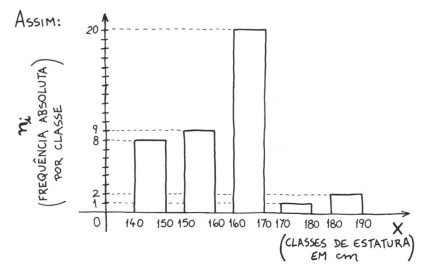

# DIAGRAMA DE BARRAS

A construção do diagrama de barras segue os mesmos princípios do diagrama de colunas, mas as variáveis $X$ e $n_i$ mudam de eixo. Assim:

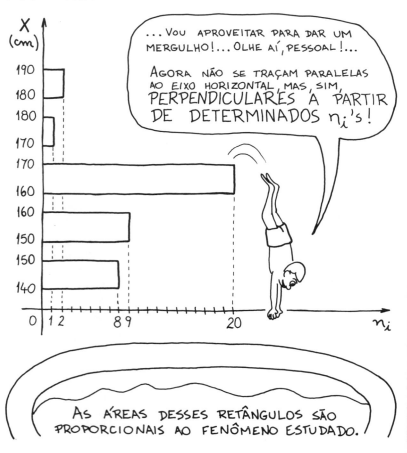

# HISTOGRAMA

A construção de um histograma é facílima. Basta eliminar as distâncias entre as classes no diagrama de colunas. Assim:

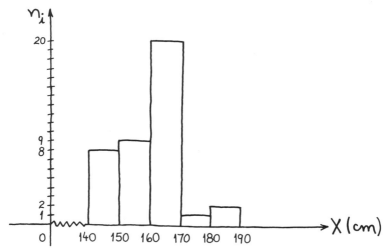

➜ NOTE QUE A "COBRINHA" (∿) QUE COMEÇA NO ZERO SERVE PARA ECONOMIZAR ESPAÇO. COM ESSE RECURSO O 140 PODE FICAR PERTO DO ZERO SEM CAUSAR ESTRANHEZA!... É COMO SE O DESENHO TIVESSE SIDO FEITO EM TAMANHO NATURAL E DEPOIS ALGUÉM EMPURRASSE O EIXO VERTICAL PARA PERTO DO 140.

51

# POLÍGONO DE FREQUÊNCIAS

A CONSTRUÇÃO DE UM POLÍGONO DE FREQUÊNCIAS É TAMBÉM MUITO SIMPLES. PRIMEIRO, CONSTRUÍMOS UM HISTOGRAMA; DEPOIS, MARCAMOS NO "TELHADO" DE CADA COLUNA O PONTO CENTRAL (PONTO MÉDIO) E UNIMOS SEQUENCIALMENTE ESSES PONTOS.

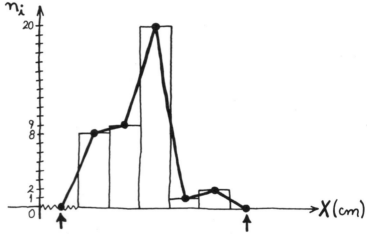

PARA "ATERRISSAR" O GRÁFICO, IMAGINAMOS DUAS CLASSES TEÓRICAS NAS PONTAS E AMARRAMOS O DESENHO AOS PONTOS MÉDIOS.

# GRÁFICOS EM TERCEIRA DIMENSÃO

Trata-se de gráficos em que a perspectiva está presente e, com ela, a sensação de profundidade. O diagrama de colunas possibilita-nos oferecer um bom exemplo:

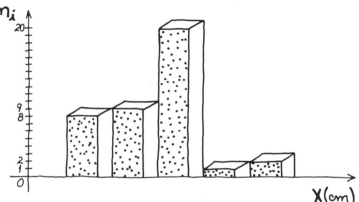

**OBS.:** A parte pontilhada corresponde ao diagrama de colunas.

Dizem os terráqueos que um gráfico nessas condições recebe o nome de **ESTEREOGRAMA**.

Esse povo gosta de inventar cada nome, não?

# GRÁFICOS PICTÓRICOS

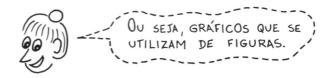

Ou seja, gráficos que se utilizam de figuras.

## EXEMPLO:

Suponhamos que 3/4 (isto é, 75%) dos queijos produzidos no Brasil fossem de origem mineira. Isso poderia ser representado por um "queijo" convenientemente repartido:

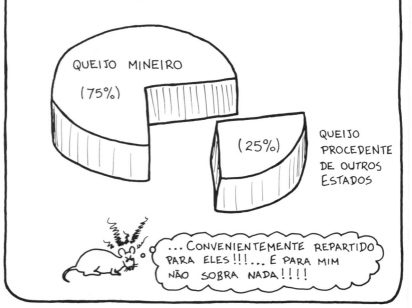

... Convenientemente repartido para eles!!!... E para mim não sobra nada!!!!

# 5 MEDIDAS DE TENDÊNCIA CENTRAL

## OBJETIVOS ESPECÍFICOS

Ao concluir o estudo deste capítulo, o leitor deverá ser capaz de

- ► Definir **MÉDIA ARITMÉTICA, MEDIANA** e **MODA**;

- ► Calcular a **MÉDIA ARITMÉTICA**, a **MEDIANA** e a **MODA** de um grupo de dados;

- ► Localizar graficamente a **MÉDIA**, a **MEDIANA** e a **MODA**;

- ► Definir **SIMETRIA** e **ASSIMETRIA** em função das medidas de tendência central;

*O chefe não vai gostar da assimetria negativa... E se eu a fizer positiva? Acho que ninguém vai notar a diferença!!...*

- ► Construir uma **OGIVA DE GALTON** a partir de uma tabela.

Como o próprio nome sugere, **MEDIDAS DE TENDÊNCIA CENTRAL** são medidas, isto é, **ESTATÍSTICAS**, cujos valores estão **PRÓXIMOS** do **CENTRO** de um conjunto de dados.

As medidas de tendência central que abordaremos neste capítulo são: **MÉDIA ARITMÉTICA**, **MEDIANA** e **MODA**.

# MÉDIA ARITMÉTICA
## (DADOS ISOLADOS)

$$\begin{pmatrix} \text{MÉDIA ARITMÉTICA} \\ \text{DE UM CONJUNTO DE} \\ \text{DADOS (=VALORES)} \end{pmatrix} = \frac{\begin{pmatrix} \text{SOMA DE TODOS} \\ \text{OS VALORES} \end{pmatrix}}{\begin{pmatrix} \text{QUANTIDADE DE} \\ \text{VALORES, ISTO É, O} \\ \text{NÚMERO DE PARCELAS} \end{pmatrix}}$$

Indicando a média aritmética por $\overline{X}$ (xis-barra), a soma de todos os valores por $\sum_{i=1}^{n} X_i$ e o número de parcelas por $n$, vem:

$$\overline{X} = \frac{\sum_{i=1}^{n} X_i}{n}$$

O símbolo $\sum_{i=1}^{n} X_i$ lê-se: somatório de todos os $X_i$ (xis-$i$), quando $i$ varia de 1 a $n$. Por exemplo, a média aritmética de 2, 5, 8, 13, 14, 15, 20, 30, 46, 47 é:

$$\overline{X} = \frac{2+5+8+13+14+15+20+30+46+47}{10} = \frac{200}{10} = \boxed{20}$$

Cada valor corresponde a um $X_i$. Assim: $(X_1 = 2)$, $(X_2 = 5)$, ..., $(X_9 = 46)$, $(X_{10} = 47)$.

Então
$$\begin{cases} \sum_{i=1}^{10} X_i = 200, \\ n = 10 \ \text{e} \ \overline{X} = 20 \end{cases}$$

É sempre assim!... $\overline{X}$ de meus rendimentos é bem menor que o necessário!

## IMPORTANTE:

A média aritmética é o valor que pode **SUBSTITUIR** todos os valores da variável, isto é, é o valor que a variável teria se, em vez de **VARIÁVEL**, ela fosse **CONSTANTE**.

# MEDIANA (DADOS ISOLADOS)

$$\begin{pmatrix} \text{MEDIANA DE UM} \\ \text{CONJUNTO DE} \\ \text{DADOS (= VALORES)} \end{pmatrix} = \begin{pmatrix} \text{VALOR (DO \textbf{PRÓPRIO} CONJUNTO} \\ \text{OU \textbf{TEÓRICO}) QUE TEM \textbf{ANTES}} \\ \text{E \textbf{DEPOIS} DE SI \textbf{IGUAL}} \\ \text{QUANTIDADE DE DADOS.} \end{pmatrix}$$

Indicando a mediana por $Md$ e o número de dados por $n$, dois casos devem ser considerados:

"Sim! Cada caso é um caso, e deve ser analisado com muita cautela!"

1º $n$ é ÍMPAR → $T = \dfrac{n+1}{2}$

Esta fórmula indica o **TERMO** que corresponde à mediana.

**EXEMPLO** — Calcular a mediana de:
9, 26, 15, 2, 5, 50, 31, 44, 21.

• Primeiro, ordenamos os valores.

•• A seguir, aplicamos a fórmula acima. Assim:

$T = \dfrac{n+1}{2} = \dfrac{9+1}{2} = \dfrac{10}{2} = 5$   ⟵ Isto é, o 5º termo

2, 5, 9, 15, ㉑, 26, 31, 44, 50
5º TERMO ⟹ ∴ $Md = 21$   (Aqui a $Md$ é um valor do **PRÓPRIO** conjunto.)

58

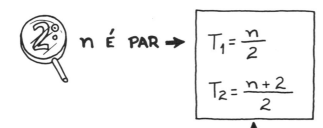

**2º** $n$ é PAR → $T_1 = \dfrac{n}{2}$

$T_2 = \dfrac{n+2}{2}$

Estas fórmulas indicam os dois **TERMOS CENTRAIS** ($T_1$ e $T_2$) que devem ser usados no cálculo da mediana.

# EXEMPLO — Calcular a mediana de:
9, 26, 15, 2, 5, 50, 31, 44.

- Primeiro, ordenamos os dados.
- Depois, aplicamos as fórmulas acima. Assim:

$T_1 = \dfrac{n}{2} = \dfrac{8}{2} = 4$  →  4º TERMO

$T_2 = \dfrac{n+2}{2} = \dfrac{8+2}{2} = \dfrac{10}{2} = 5$  →  5º TERMO

2, 5, 9, ⑮, ㉖, 31, 44, 50
      4º  5º

Então: $Md = \dfrac{15+26}{2} = \boxed{20,5}$

(Aqui a mediana é um valor **TEÓRICO** que não figura entre os dados originais.)

Depois de analisar todos os casos, a conclusão não é "ELEMENTAR", meu caro leitor?

59

**IMPORTANTE:** Quando $n$ é **ÍMPAR**, a Md é um valor do **PRÓPRIO CONJUNTO**; quando $n$ é **PAR**, a Md é a **MÉDIA ARITMÉTICA** dos **VALORES CENTRAIS**. (Por isso, no caso de $n$ **PAR**, a mediana é **SEMPRE** um valor **TEÓRICO**.)

· · · · · · · · · · · · · ·

# MODA (DADOS ISOLADOS)

$\begin{pmatrix} \text{Moda de um} \\ \text{conjunto de} \\ \text{dados (=valores)} \end{pmatrix} = \begin{pmatrix} \text{Valor do conjunto que} \\ \text{aparece mais vezes, isto é,} \\ \text{o valor ao qual esteja} \\ \text{associada a frequência} \\ \text{absoluta mais alta.} \end{pmatrix}$

Seja calcular a moda de:
8, 2, 18, 8, 10, 8, 12, 10, 6, 8, 12.

Chamando a moda de Mo, a variável de X e as frequências de $n_i$, vem:

| $X_i$ | $n_i$ |
|---|---|
| 2 | 1 |
| 6 | 1 |
| 8 | 4 |
| 10 | 2 |
| 12 | 2 |
| 18 | 1 |

Mo → 8 ← Frequência maior

Aliás, na prática, ocorre o mesmo: se a maioria das pessoas começa a ouvir os clássicos, dizemos que a "música clássica está na moda"; se a maioria começa a usar chapéu, os "chapéus entram na moda".

As medidas de tendência central também podem ser calculadas relativamente a **DADOS AGRUPADOS** (em classes de frequências). Aí, as fórmulas tornam-se um pouco mais complicadas...

IH!!... TAVA DEMORANDO!!

61

# MÉDIA ARITMÉTICA
## (DADOS AGRUPADOS)

Retomemos a tabela da p. 45. Nela estão representadas as estaturas, em centímetros, de 40 alunos de determinada escola.

Vamos agora calcular a média aritmética dessas estaturas.

FÓRMULAS:

$$\overline{X} = \frac{\sum_{i=1}^{n} X_i n_i}{\sum_{i=1}^{n} n_i}$$

(PROCESSO LONGO)

$$\overline{X} = X_p + \left(\frac{\sum_{i=1}^{n} d_i n_i}{\sum_{i=1}^{n} n_i}\right) \cdot h$$

(PROCESSO BREVE)

TÁ TODO MUNDO DOIDO MESMO!!!
A FÓRMULA DO **PROCESSO LONGO É BREVE** E A DO **PROCESSO BREVE É LONGA**!!!!!!

# PROCESSO LONGO

Na fórmula do processo longo, $X_i$ representa o **Ponto Médio** de cada classe. Esse ponto médio é a semissoma dos limites de cada classe (intervalo).

Encontrados os $X_i$'s, o passo seguinte é encontrar $\sum X_i n_i$ * $= (X_1 n_1) + (X_2 n_2) + (X_3 n_3) + \ldots$ Assim:

| X (cm) | $n_i$ | $X_i$ | $X_i n_i$ |
|---|---|---|---|
| 140 ⊢— 145 | 3 | 142,5 | $(142,5)(3) = 427,5$ |
| 145 ⊢— 150 | 5 | 147,5 | $(147,5)(5) = 737,5$ |
| 150 ⊢— 155 | 2 | 152,5 | $(152,5)(2) = 305,0$ |
| 155 ⊢— 160 | 7 | 157,5 | $(157,5)(7) = 1.102,5$ |
| 160 ⊢— 165 | 14 | 162,5 | $(162,5)(14) = 2.275,0$ |
| 165 ⊢— 170 | 6 | 167,5 | $(167,5)(6) = 1.005,0$ |
| 170 ⊢— 175 | 0 | 172,5 | $(172,5)(0) = 0$ |
| 175 ⊢— 180 | 1 | 177,5 | $(177,5)(1) = 177,5$ |
| 180 ⊢— 185 | 2 | 182,5 | $(182,5)(2) = 365,0$ |

$$\sum_{i=1}^{9} n_i \quad 40 \qquad \sum_{i=1}^{9} X_i n_i \quad 6.395,0$$

9 porque são 9 classes

Então: $\overline{X} = \dfrac{\sum X_i n_i}{\sum n_i} \Rightarrow \overline{X} = \dfrac{6.395,0}{40} = \boxed{159,875 \text{ cm}}$ **

*Para simplificar, eliminaremos os índices (superior e inferior) do $\sum$ sempre que eles já tenham sido usados pelo menos uma vez antes.

** Ver Apêndice D.

# PROCESSO BREVE

PARA QUE A MÉDIA ARITMÉTICA POSSA SER CALCULADA PELO PROCESSO BREVE É PRECISO QUE

- OS PONTOS MÉDIOS FORMEM UMA PROGRESSÃO ARITMÉTICA;
- - $h = (L - \ell)$ SEJA CONSTANTE.

A FÓRMULA DO PROCESSO BREVE USA O **PONTO MÉDIO** AO QUAL CORRESPONDE A **MAIOR FREQÜÊNCIA ABSOLUTA** COMO UM **VALOR PROVISÓRIO** DE $\bar{X}$ ($\bar{X}_p$). SE ESSE VALOR PROVISÓRIO (ESTIMATIVA) ESTIVER CORRETO,

$$\left(\frac{\sum d_i n_i}{\sum n_i}\right) \cdot h = 0$$

E

$$\bar{X} = \bar{X}_p$$

\* POR EXEMPLO, NA TABELA DA P. 63, $\ell = 140$ E $L = 145$ NO INTERVALO DA 1ª CLASSE: $140 \vdash 145$.

SE, ENTRETANTO, $\bar{X} \neq \bar{X}_p$, A DISTORÇÃO SERÁ CORRIGIDA POR $\left(\dfrac{\Sigma d_i n_i}{\Sigma n_i}\right) \cdot h$ QUE, NESSE CASO, SERÁ DIFERENTE DE 0.

NESSA FÓRMULA APARECE UM SÍMBOLO NOVO — $d_i$

— QUE REPRESENTA UMA VARIÁVEL DISCRETA (SÓ VALORES INTEIROS) QUE COMEÇA EM 0 E VAI AUMENTANDO DE 1 EM 1 TANTO PARA O LADO POSITIVO COMO PARA O NEGATIVO. O ZERO FICA NA ALTURA DO MAIOR $n_i$ (MAIOR FREQUÊNCIA); OS VALORES NEGATIVOS FICAM DO 0 PARA CIMA (↑) E OS POSITIVOS, DO 0 PARA BAIXO (↓). ASSIM:

| X(cm) | $n_i$ | $d_i$ | $d_i n_i$ |
|---|---|---|---|
| 140 ⊢— 145 | 3 | -4 | (-4)(3) = -12 ⎫ |
| 145 ⊢— 150 | 5 | -3 | (-3)(5) = -15 ⎬ -38 |
| 150 ⊢— 155 | 2 | -2 | (-2)(2) = -4  ⎪ |
| 155 ⊢— 160 | 7 | -1 | (-1)(7) = -7  ⎭ |
| 160 ⊢— 165 | 14 | 0 | (0)(14) = 0 |
| 165 ⊢— 170 | 6 | 1 | (1)(6) = 6  ⎫ |
| 170 ⊢— 175 | 0 | 2 | (2)(0) = 0  ⎬ +17 |
| 175 ⊢— 180 | 1 | 3 | (3)(1) = 3  ⎪ |
| 180 ⊢— 185 | 2 | 4 | (4)(2) = 8  ⎭ |
|  | 40 |  | -21 |
|  | ↑ |  | ↑ |
|  | $\Sigma n_i$ |  | $\Sigma d_i n_i$ * |

*NESSAS NOTAÇÕES, TODO O CUIDADO AINDA É POUCO! OBSERVAR QUE $\Sigma d_i n_i \neq \Sigma dini$.

Entrando na fórmula:

$$\bar{X} = \bar{X}_p + \left(\frac{\Sigma d_i n_i}{\Sigma n_i}\right) \cdot h$$

$$\bar{X} = 162,5 + \left(\frac{-21}{40}\right) \cdot 5 = \boxed{159,875 \text{ cm}}$$

> Observar que obtivemos o mesmo valor já conseguido anteriormente.

---

> ...E você sabia, minha querida, que pelos dois processos o resultado é geralmente o mesmo? Pois é, as pequenas diferenças que ocorrerem serão devidas a arredondamentos. Mas se você tiver de **OPTAR** por um dos processos, opte pelo **BREVE**. Dá menos trabalho, lida com números menores, é mais rápido e tem poucos arredondamentos. ...E mais, blá blá blá... ......blá blá blá......

> ARGH! Eu opto por nunca mais sair com esse cara! Como fala!!!

66

# MEDIANA (DADOS AGRUPADOS)

VAMOS RETOMAR A MESMA TABELA E CONSTRUIR UMA NOVA COLUNA: $N_i$. NESSA COLUNA VAMOS ESCREVER OS $n_i$'s **ACUMULADOS** NO SENTIDO DESCENDENTE. VENDO FICA MAIS FÁCIL:

| X (cm) | $n_i$ | $N_i$ |
|--------|-------|-------|
| 140 ⊢— 145 | 3 | 3 |
| 145 ⊢— 150 | 5 | 8 |
| 150 ⊢— 155 | 2 | 10 |
| 155 ⊢— 160 | 7 | 17 |
| 160 ⊢— 165 | 14 | 31 ← LMd |
| 165 ⊢— 170 | 6 | 37 |
| 170 ⊢— 175 | 0 | 37 |
| 175 ⊢— 180 | 1 | 38 |
| 180 ⊢— 185 | 2 | 40 |
| | 40 | |

5ª CLASSE → (indica a classe 160 ⊢— 165)

LMd ( = LUGAR DA CLASSE MEDIANA )

ESTE ÚLTIMO VALOR DEVERÁ SER SEMPRE IGUAL A $\Sigma n_i$.

VAMOS AGORA ENCONTRAR O **LUGAR MEDIANO** (LMd), ISTO É, A **CLASSE** (INTERVALO) ONDE A MEDIANA DEVERÁ SITUAR-SE. PARA ISSO, CALCULAMOS O VALOR DE

$$\frac{\Sigma n_i}{2}$$

QUE, NESTE CASO, VALE $\frac{40}{2} = 20$

67

Percorrendo a coluna $N_i$ **DE CIMA PARA BAIXO**, verificamos que 20 **NÃO CABE** em 3, em 8, em 10 etc., mas **CABE** em 31. Então, o **LUGAR MEDIANO** é a 5ª classe, ou seja, 160 ⊢ 165.

EH! EH! Agora é entrar na seguinte fórmula:

$$Md = \ell_{Md} + \left(\frac{\frac{\sum n_i}{2} - N_{aMd}}{n_{Md}}\right) \cdot h_{Md}$$

SENDO

$\ell_{Md} \Rightarrow$ LIMITE **INFERIOR** DA CLASSE MEDIANA

$N_{aMd} \Rightarrow N_i$ **ANTERIOR** AO DO LMd

$n_{Md} \Rightarrow n_i$ DA **PRÓPRIA** CLASSE MEDIANA

$h_{Md} \Rightarrow h$ DA CLASSE MEDIANA

ENTÃO:

$$Md = 160 + \left(\frac{20 - 17}{14}\right) \cdot 5 \cong$$

$$\cong \boxed{161,07 \text{ cm}}$$

# MODA (DADOS AGRUPADOS)

Para o cálculo da moda vamos usar a seguinte fórmula:

$$Mo = \ell_{Mo} + \left( \frac{n_{aMo} - n_{Mo}}{n_{aMo} + n_{pMo} - 2n_{Mo}} \right) \cdot h_{Mo} \qquad *$$

**SENDO**

$\ell_{Mo} \Rightarrow$ limite **INFERIOR** da classe ** de **MAIOR FREQUÊNCIA ABSOLUTA** (isto é, **MAIOR** $n_i$)

$n_{aMo} \Rightarrow n_i$ **ANTERIOR** ao **MAIOR** $n_i$

$n_{Mo} \Rightarrow$ **MAIOR** $n_i$ da tabela

$n_{pMo} \Rightarrow n_i$ **POSTERIOR** ao **MAIOR** $n_i$

$h_{Mo} \Rightarrow h$ que corresponde à **CLASSE MODAL**

Entrando na fórmula com os dados da mesma tabela, temos:

$$Mo = 160 + \left[ \frac{7 - 14}{7 + 6 - 2(14)} \right] \cdot 5 \cong \boxed{162,33 \text{ cm}}$$

---

\* Essa fórmula é devida a Czuber.

\*\* Essa classe denomina-se **CLASSE MODAL**.

Retomando os valores de $\overline{X}$, Md e Mo, verificamos que:

$$(\overline{X} = 159{,}875\,cm) < (Md = 161{,}07\,cm) < (Mo = 162{,}33\,cm)$$

Como o próprio nome sugere, o valor da **MEDIANA** deve estar em algum ponto **ENTRE** o valor da **MÉDIA** e o valor da **MODA**.

Não é que eu esteja duvidando da sua criatividade, mas eu gostaria de ENXERGAR o quadro da sala de visitas.

INFLAÇÃO

SALA DE VISITAS!? Eu pensei que era para a sala de reunião!!!

Há um jeito de fazer isso mais fácil. Para **ENXERGAR** esses valores, vamos usar recursos do Capítulo 4 e construir alguns gráficos.

INICIALMENTE CONSTRUIREMOS UM HISTOGRAMA. A SEGUIR, LOCALIZAREMOS $\overline{X}$, Md E Mo.

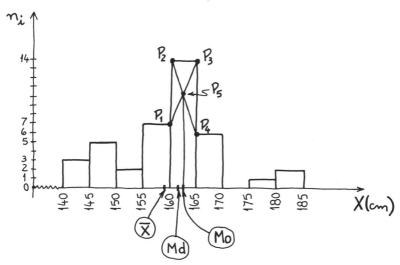

SE FOSSE POSSÍVEL "LIXAR" ESSE HISTOGRAMA DE FORMA QUE TODAS AS SUAS QUINAS FICASSEM ARREDONDADAS, OBTERÍAMOS UMA FIGURA SUAVE DENOMINADA **CURVA POLIDA**.

BASICAMENTE, EXISTEM TRÊS TIPOS DE CURVAS POLIDAS:

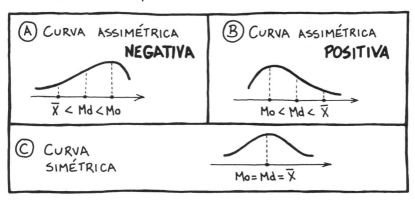

A curva é assimétrica **NEGATIVA** em A porque o seu **LADO ALONGADO** projeta-se para o campo dos números **NEGATIVOS**. Basta ver que a orientação do eixo das abscissas é ⟶ ou seja, de ⊖ para ⊕.

No caso da curva B, a assimetria é **POSITIVA** porque o **LADO ALONGADO** caminha no **MESMO SENTIDO** que o eixo das abscissas.

# MODA PELO PROCESSO GRÁFICO (ver histograma na p. 71)

⇒ Localizar no histograma a classe modal.

⇒ Cruzar os segmentos $P_1P_3$ e $P_2P_4$ para obter o ponto $P_5$.

⇒ Baixar por $P_5$ uma perpendicular ao eixo das abscissas.

⇒ A Mo é o valor (eixo das abscissas) que corresponde ao **PÉ** dessa perpendicular.

# CURVAS MULTIMODAIS

Uma distribuição de frequências pode ter **MAIS DE UMA MODA**. Assim, as **CURVAS MULTIMODAIS** podem ser, de acordo com o número de modas que apresentem, **BIMODAIS**, **TRIMODAIS** etc. Por outro lado, o "VALE" que se forma entre duas modas contíguas constitui a **ANTIMODA** (AMo).

EXEMPLOS:

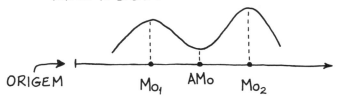

ATENÇÃO: $Mo_2 > Mo_1$.
A leitura é feita a partir da **ORIGEM**.

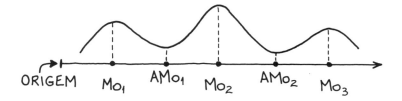

Neste caso: $Mo_1 < Mo_2 < Mo_3$. Por quê? Vejamos:

# MODA (PROCESSO DE PEARSON)

Se uma distribuição de frequência for **UNIMODAL** e **POUCO ASSIMÉTRICA**, a **MODA** poderá ser **APROXIMADA** pela seguinte fórmula **EMPÍRICA** devida a Pearson:

$$M_o = 3Md - 2\overline{X}$$

Usando os valores de $\overline{X}$ e $Md$ já calculados, temos:

$M_o = 3(161,07) - 2(159,875) = \boxed{163,46 \text{ cm}}$

# OGIVA DE GALTON

Galton criou um dispositivo que possibilita localizar graficamente a mediana.

Ainda bem que o seu Galton pensou na prática, porque de teoria eu não aguento mais!!!

PARA CONSTRUÍ-LO, MARCAM-SE NO EIXO DAS ABSCISSAS OS LIMITES DAS CLASSES, À SEMELHANÇA DO QUE FIZEMOS COM O HISTOGRAMA; A SEGUIR, NO EIXO VERTICAL (ORDENADAS), MARCAM-SE OS VALORES DE $N_i$, ISTO É, DAS **FREQUÊNCIAS ABSOLUTAS ACUMULADAS**. DA UNIÃO DOS $N_i$'s COM OS RESPECTIVOS **LIMITES SUPERIORES DAS CLASSES** RESULTA UMA FIGURA QUE TEM A FORMA DE S—ALONGADO\* E QUE É A

## OGIVA DE GALTON

VAMOS A ELA, UTILIZANDO-NOS DA TABELA DA P. 67.

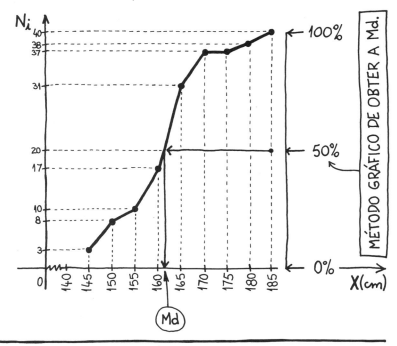

\* O S—ALONGADO É, DE FATO, "DENTADO". SUA FORMA **POLIDA** É **TEÓRICA**.

75

## Para terminar:

- A **média aritmética** é a medida de tendência central mais usada em virtude de suas propriedades algébricas*.

-- A média aritmética sofre a influência de **TODOS** os dados. Por isso, o estatístico prefere, às vezes, trabalhar com a **MEDIANA** — que não sofre a influência de valores extremos (muito altos ou muito baixos). Por exemplo, numa pesquisa salarial, a **MEDIANA** tende a "refletir melhor" a realidade social, principalmente quando as distâncias entre os que ganham pouco e os que ganham muito são enormes.

--- Cuidado com a média aritmética. Ela requer interpretação. Por exemplo, se a pessoa A comer 2 frangos e a pessoa B, nenhum, **EM MÉDIA** cada pessoa terá "comido" **1 FRANGO**. Só que uma delas vai ter indigestão e a outra, uma fome de doer...!

Depois ainda dizem que, em média, nossa população se alimenta bem!!!!...

*A natureza deste livro não comporta estudo algébrico da média.

# 6 MEDIDAS DE VARIABILIDADE

## OBJETIVOS ESPECÍFICOS

Ao concluir o estudo deste capítulo, o leitor deverá ser capaz de

★ relacionar **CAUSAS** com **EFEITOS** para a identificação de **VARIAÇÕES**;

★ definir **VARIÂNCIA** e **DESVIO PADRÃO** de um grupo de dados;

★ calcular a **VARIÂNCIA** de um grupo de dados;

★ calcular o **DESVIO PADRÃO** de um grupo de dados.

Se a natureza fosse **ESTÁVEL**, se as **MESMAS CAUSAS** produzissem **SEMPRE** os **MESMOS EFEITOS** é bem possível que o homem nunca tivesse desenvolvido a noção de **VARIAÇÃO**. Mas a realidade é outra: o mundo está em permanente **OSCILAÇÃO**.

Assim como o homem sempre se preocupou com "medir as coisas" (extensão das propriedades, tamanho dos rebanhos, quantidade de dinheiro etc.), preocupou-se também com a criação de métodos matemáticos que lhe possibilitassem **MEDIR AS VARIAÇÕES** ocorridas.

Ao conjunto das medidas, isto é, das **ESTATÍSTICAS**, que medem as oscilações de uma variável deu-se o nome de **MEDIDAS DE VARIABILIDADE**.

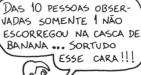

Embora existam várias medidas de variabilidade, vamos ocupar-nos, neste livro, de apenas duas:

| VARIÂNCIA | E |

| DESVIO PADRÃO |

IMAGINEMOS DOIS CONJUNTOS (A E B) DE ATIRADORES. OS NÚMEROS, NOS QUADROS ABAIXO, DÃO-NOS OS ACERTOS DE CADA ATIRADOR, OS TOTAIS DE ACERTOS E O NÚMERO DE ATIRADORES DE CADA CONJUNTO *.

**CONJUNTO A**: 8, 9, 10, 8, 6, 11, 7, 13
TOTAL DE **ACERTOS**: 72
TOTAL DE **ATIRADORES**: 8

**CONJUNTO B**: 7, 3, 10, 6, 5, 13, 18, 10
TOTAL DE **ACERTOS**: 72
TOTAL DE **ATIRADORES**: 8

PODERÍAMOS AGORA FAZER A SEGUINTE PERGUNTA: QUAL DOS GRUPOS DE ATIRADORES É MAIS **ESTÁVEL**? OU, EM QUAL DOS GRUPOS A **VARIAÇÃO** ENTRE OS DESEMPENHOS É **MENOR**?

*ESTAMOS ADMITINDO QUE A VARIÁVEL **Nº DE ACERTOS** TENHA **DISTRIBUIÇÃO NORMAL**.

Recorrer à média aritmética dos acertos **NÃO RESOLVE** o problema (em ambos os casos, $\bar{X}_A = \bar{X}_B = 9$ acertos); concluir que os conjuntos são igualmente estáveis também não dá, pois no

| CONJUNTO A | CONJUNTO B |
|---|---|
| OS ACERTOS VARIARAM DE 6 A 13. ∴ **AMPLITUDE TOTAL** DE VARIAÇÃO = 13 − 6 = 7 ACERTOS | OS ACERTOS VARIARAM DE 3 A 18. ∴ **AMPLITUDE TOTAL** DE VARIAÇÃO = 18 − 3 = 15 ACERTOS |

Ora, para dizer que algo variou, precisamos de um ponto de referência. E esse ponto vai ser a **MÉDIA ARITMÉTICA** de **CADA** conjunto (média que, por **COINCIDÊNCIA**, é igual em A e B).

Para saber **COMO SE DISTRIBUEM OS VALORES EM TORNO DA MÉDIA**, vamos, em ambos os casos, fazer o seguinte:

- SUBTRAIR DE CADA VALOR A MÉDIA ARITMÉTICA DO CONJUNTO AO QUAL PERTENCE;
- • ELEVAR CADA DIFERENÇA ENCONTRADA AO QUADRADO;
- • • SOMAR OS QUADRADOS;
- • • • DIVIDIR A SOMA DOS QUADRADOS PELO NÚMERO DE PARCELAS.

## CONJUNTO A*

| $X_i$ | $(X_i - \overline{X}) = x_i$ | $x_i^2$ |
|---|---|---|
| 8 | $8 - 9 = -1$ | $(-1)^2 = 1$ |
| 9 | $9 - 9 = 0$ | $0^2 = 0$ |
| 10 | $10 - 9 = 1$ | $1^2 = 1$ |
| 8 | $8 - 9 = -1$ | $(-1)^2 = 1$ |
| 6 | $6 - 9 = -3$ | $(-3)^2 = 9$ |
| 11 | $11 - 9 = 2$ | $2^2 = 4$ |
| 7 | $7 - 9 = -2$ | $(-2)^2 = 4$ |
| 13 | $13 - 9 = 4$ | $4^2 = 16$ |
| 72 | 0 | 36 |

$\uparrow$ $\Sigma X_i$

$\Uparrow$ $\Sigma x_i$ **

$\uparrow$ $\Sigma x_i^2$

## CONJUNTO B

| $Y_i$ | $(Y_i - \overline{Y}) = y_i$ | $y_i^2$ |
|---|---|---|
| 7 | $7 - 9 = -2$ | 4 |
| 3 | $3 - 9 = -6$ | 36 |
| 10 | $10 - 9 = 1$ | 1 |
| 6 | $6 - 9 = -3$ | 9 |
| 5 | $5 - 9 = -4$ | 16 |
| 13 | $13 - 9 = 4$ | 16 |
| 18 | $18 - 9 = 9$ | 81 |
| 10 | $10 - 9 = 1$ | 1 |
| 72 | 0 | 164 |

$\uparrow$ $\Sigma Y_i$

$\Uparrow$ $\Sigma y_i$

$\uparrow$ $\Sigma y_i^2$

$$\frac{36}{8} = \boxed{4,5 \text{ ACERTOS}^2}$$

↑ NÚMERO DE PARCELAS

DEMONSTRA-SE MATEMATICAMENTE QUE $\Sigma x_i = 0$ (OU QUE $\Sigma y_i = 0$). ENTÃO, O RECURSO É ELEVAR AS DISCREPÂNCIAS AO QUADRADO E ELIMINAR ASSIM O EFEITO DOS SINAIS.

$$\frac{164}{8} = \boxed{20,5 \text{ ACERTOS}^2}$$

↑ NÚMERO DE PARCELAS

---

*PARA EVITAR CONFUSÕES, A VARIÁVEL "NÚMERO DE ACERTOS" SERÁ DESIGNADA POR $X$ NO CONJUNTO A E POR $Y$ NO B.

**A DIFERENÇA $x_i$ QUE RESULTA DE $(X_i - \overline{X})$ CHAMA-SE **DISCREPÂNCIA** E É SEMPRE DESIGNADA POR UMA LETRA **MINÚSCULA**. A OBSERVAÇÃO VALE TAMBÉM PARA $y_i = (Y_i - \overline{Y})$.

81

Cada um dos valores encontrados (4,5 acertos$^2$ e 20,5 acertos$^2$) chama-se **VARIÂNCIA** e designa-se por $S^2(X)$ e $S^2(Y)$, respectivamente, supondo que os conjuntos A e B constituam **AMOSTRAS***:

$$S^2(X) = 4,5 \text{ acertos}^2 \quad \text{e} \quad S^2(Y) = 20,5 \text{ acertos}^2$$

Ora, "acerto ao quadrado"! Já sem o quadrado acertar não é fácil...!!!

GLUP! Olhe à frente, rapaz!

Para "fugir" dessa unidade de medida tão embaraçosa, vamos extrair a **RAIZ QUADRADA POSITIVA**** dessas variâncias.

---

* Se, em lugar de **AMOSTRAS**, tivéssemos **POPULAÇÕES**, as **NOTAÇÕES** seriam, respectivamente, $\sigma^2(X) = 4,5$ acertos$^2$ e $\sigma^2(Y) = 20,5$ acertos$^2$.

** Lembrar que a raiz quadrada de um número real positivo tem **DUAS** respostas: uma positiva, outra negativa. A nós só interessa a **POSITIVA**.

O RESULTADO É UMA NOVA MEDIDA: o **DESVIO PADRÃO** — QUE TEM A VANTAGEM DE VIR EXPRESSO EM UMA UNIDADE DE MEDIDA **LINEAR**. ASSIM:

$$S(X) = +\sqrt{4,50 \text{ ACERTOS}^2} \cong \boxed{2,1 \text{ ACERTOS}}$$

$$S(Y) = +\sqrt{20,50 \text{ ACERTOS}^2} \cong \boxed{4,5 \text{ ACERTOS}}$$

---

SINTETIZANDO:

| | |
|---|---|
| $S^2(X) = \dfrac{\sum x_i^2}{n}$ | $S^2(Y) = \dfrac{\sum y_i^2}{n}$ |
| **VARIÂNCIAS** | |

| | |
|---|---|
| $S(X) = +\sqrt{\dfrac{\sum x_i^2}{n}}$ | $S(Y) = +\sqrt{\dfrac{\sum y_i^2}{n}}$ |
| **DESVIOS PADRÕES** | |

---

Essas fórmulas "lembram" médias. De fato, podemos interpretar o desvio padrão como uma **MÉDIA CAPAZ DE MEDIR VARIAÇÃO**. Assim, ao dizermos que $S(X) = 2,1$ acertos, estamos dizendo que os **ACERTOS ORIGINAIS** ($X_i$) distam (= variam) da **RESPECTIVA MÉDIA** ($\bar{X}$) 2,1 acertos em média. Da mesma forma, no grupo B os acertos originais ($Y_i$) distam da respectiva média 4,5 acertos em média.

## ATENÇÃO

→ Quanto **MAIOR** a **VARIÂNCIA**, **MAIOR** a **HETEROGENEIDADE** entre os elementos de um conjunto.

→ Quanto **MAIOR** a **VARIÂNCIA**, **MAIOR** o correspondente **DESVIO PADRÃO**.

★ Então, como $(S(X) = 2,1 \text{ acertos}) < (S(Y) = 4,5 \text{ acertos})$, o **GRUPO A é MAIS ESTÁVEL, MAIS HOMOGÊNEO QUE O GRUPO B**.

# VARIÂNCIA E DESVIO PADRÃO
## (DADOS AGRUPADOS)

## PROCESSO LONGO ——————

O CÁLCULO DA VARIÂNCIA E DO DESVIO PADRÃO DE **DADOS AGRUPADOS EM CLASSES DE FREQUÊNCIAS** SEGUE BASICAMENTE O MESMO CAMINHO ADOTADO, PARA DADOS **ISOLADOS** QUE ACABAMOS DE UTILIZAR. É PRECISO APENAS TOMAR AS SEGUINTES PRECAUÇÕES:

- OS $X_i$ VÃO SER OS **PONTOS MÉDIOS** DAS CLASSES;

- • AS DISCREPÂNCIAS $(x_i)$ **DEPOIS** DE ELEVADAS AO QUADRADO, DEVERÃO SER MULTIPLICADAS PELOS RESPECTIVOS $n_i$.

VAMOS ENTÃO RETOMAR A TABELA DA P. 63, E CALCULAR A VARIÂNCIA E O DESVIO PADRÃO COM AS SEGUINTES FÓRMULAS:

$$S^2(X) = \frac{\sum_{i=1}^{n} x_i^2 \, n_i}{\sum_{i=1}^{n} n_i}$$ **VARIÂNCIA**

$$S(X) = +\sqrt{\frac{\sum_{i=1}^{n} x_i^2 \, n_i}{\sum_{i=1}^{n} n_i}}$$ **DESVIO PADRÃO**

| X(cm) | $n_i$ | $X_i$ | $(X_i - \overline{X}) = x_i$ | $x_i^2$ | $x_i^2 n_i$ |
|---|---|---|---|---|---|
| 140 ⊢ 145 | 3 | 142,5 | $142,5 - 159,875 = -17,375$ | 301,890620 | 905,671860 |
| 145 ⊢ 150 | 5 | 147,5 | $147,5 - 159,875 = -12,375$ | 153,140620 | 765,703100 |
| 150 ⊢ 155 | 2 | 152,5 | $152,5 - 159,875 = -7,375$ | 54,390625 | 108,781250 |
| 155 ⊢ 160 | 7 | 157,5 | $157,5 - 159,875 = -2,375$ | 5,640625 | 39,484375 |
| 160 ⊢ 165 | 14 | 162,5 | $162,5 - 159,875 = 2,625$ | 6,890625 | 96,468750 |
| 165 ⊢ 170 | 6 | 167,5 | $167,5 - 159,875 = 7,625$ | 58,140625 | 348,843750 |
| 170 ⊢ 175 | 0 | 172,5 | $172,5 - 159,875 = 12,625$ | 159,390620 | 0,000000 |
| 175 ⊢ 180 | 1 | 177,5 | $177,5 - 159,875 = 17,625$ | 310,640620 | 310,640620 |
| 180 ⊢ 185 | 2 | 182,5 | $182,5 - 159,875 = 22,625$ | 511,890620 | 1.023,781200 |
| | 40 | | | | 3.599,374600 |
| | $(\Sigma n_i)$ | | | | $(\Sigma x_i^2 n_i)$ |

APLICANDO AS FÓRMULAS DA P. 85, VEM:

$$S^2(X) = \frac{3.599,374600}{40} \cong \boxed{89,9844 \ cm^2}$$

$$S(X) = +\sqrt{89,9844} \cong \boxed{9,49 \ cm}$$

**ATENÇÃO:**
VARIÂNCIA EM $cm^2$;
DESVIO PADRÃO EM $cm$ (LINEAR).

# VARIÂNCIA (PROCESSO BREVE)

$$S^2(X) = h^2 \left[ \frac{\sum\limits_{i=1}^{n} d_i^2 n_i}{\sum\limits_{i=1}^{n} n_i} - \left( \frac{\sum\limits_{i=1}^{n} d_i n_i}{\sum\limits_{i=1}^{n} n_i} \right)^2 \right]$$

ESTA FÓRMULA LEMBRA MUITO O CÁLCULO DE $\overline{X}$ PELO PROCESSO **BREVE**. POR ISSO, VAMOS RETOMAR A TABELA DA P. 65, E CONSTRUIR A COLUNA $\sum d_i^2 n_i$ — ÚNICA QUE ESTÁ FALTANDO PARA O CÁLCULO DE $S^2(X)$.

| X(cm) | $n_i$ | $d_i$ | $d_i n_i$ | $d_i^2 n_i$ |
|---|---|---|---|---|
| 140 ⊢— 145 | 3 | -4 | -12 | 48 |
| 145 ⊢— 150 | 5 | -3 | -15 | 45 |
| 150 ⊢— 155 | 2 | -2 | -4 | 8 |
| 155 ⊢— 160 | 7 | -1 | -7 | 7 |
| 160 ⊢— 165 | 14 | 0 | 0 | 0 |
| 165 ⊢— 170 | 6 | 1 | 6 | 6 |
| 170 ⊢— 175 | 0 | 2 | 0 | 0 |
| 175 ⊢— 180 | 1 | 3 | 3 | 9 |
| 180 ⊢— 185 | 2 | 4 | 8 | 32 |
| | 40 | | -21 | 155 |

Então:

$$S^2(X) = 5^2 \left[ \frac{155}{40} - \left(\frac{-21}{40}\right)^2 \right] = 25 \left[ 3{,}875 - (-0{,}525)^2 \right] \cong$$

$$\cong \boxed{89{,}9844 \text{ cm}^2}$$

Como $S(X)^* = +\sqrt{S^2(X)}$, temos:
$S(X) = +\sqrt{89{,}9844} \cong \boxed{9{,}49 \text{ cm}}$

- A VARIÂNCIA SÓ PODE SER CALCULADA PELO PROCESSO **BREVE** QUANDO O $h$ É **CONSTANTE**, E OS $X_i$'S FORMAM UMA **PROGRESSÃO ARITMÉTICA**.

- • ÀS VEZES PODERÁ OCORRER UMA PEQUENA DIFERENÇA NO RESULTADO FINAL QUANDO A VARIÂNCIA FOR CALCULADA PELOS DOIS PROCESSOS. É QUE, NÃO RARO, O PROCESSO **LONGO** ENVOLVE **ERROS DE ARREDONDAMENTO** QUE NEM SEMPRE SE COMPENSAM. NESSES CASOS, O PROCESSO **BREVE** FORNECE O **MELHOR RESULTADO**.

---

* AS EXPRESSÕES $S^2(X)$ E $S(X)$ LEEM-SE, RESPECTIVAMENTE, "S-QUADRADO DE X" E "S DE X".

# 7 PROBABILIDADE

"É PROVÁVEL QUE VOCÊ GANHE UMA BICICLETA. .......... SE PASSAR DE ANO NA ESCOLA, CLARO!!..."

"OH, NÃO!"

## OBJETIVOS ESPECÍFICOS

Ao concluir o estudo deste capítulo, o leitor deverá ser capaz de:

- → FAZER UMA SÍNTESE DA **História da Probabilidade**;

- → DISTINGUIR **EVENTOS FAVORÁVEIS** DE **EVENTOS POSSÍVEIS**;

- → CALCULAR A **PROBABILIDADE DE UM EVENTO**;

- → DAR EXEMPLOS DE SITUAÇÕES EM QUE SE APLICA A **Lei da Soma** OU A **Lei da Multiplicação**;

- → DISCRIMINAR AS SITUAÇÕES QUE ENVOLVEM **PROBABILIDADES CONDICIONAIS**;

- → CONSTRUIR UMA **ÁRVORE DE PROBABILIDADES**;

- → DISTINGUIR **PROBABILIDADE EXPERIMENTAL** DE **PROBABILIDADE MATEMÁTICA**.

\* O PRIMEIRO TRABALHO ESCRITO DE QUE SE TEM NOTÍCIA E QUE ENVOLVE A NOÇÃO DE **PROBABILIDADE** DATA DE *1477*. TRATA-SE DE UM COMENTÁRIO FEITO À **DIVINA COMÉDIA** (DANTE), ONDE HÁ REFERÊNCIA ÀS PROBABILIDADES ASSOCIADAS AOS VÁRIOS RESULTADOS DECORRENTES DO JOGO DE 3 DADOS.

Vamos usar, neste livro, noções tiradas de várias teorias*, sem, entretanto, nenhum aprofundamento acadêmico.

Comecemos examinando as seguintes afirmações:

**I**
É **PROVÁVEL** que João vá ao teatro amanhã.

**II**
É **PROVÁVEL** que Adão e Eva tenham existido.

Em ambas estão presentes as ideias de:
★ **INCERTEZA**;
★★ **GRAU DE CONFIANÇA** que depositamos naquilo que afirmamos.

---

*Ao longo dos últimos três séculos, várias foram as teorias propostas: **EXPERIMENTALISTA** (Bernoulli), **CLÁSSICA** (Laplace), **FREQUENCIALISTA** (Ellis, Veen e R. von Mises), **AXIOMÁTICA** (Kolmogoroff).

➡️ Note que a palavra "PROVÁVEL" também dá a idéia de **FUTURO**, mas na afirmação II estamos falando de algo que deve ter ocorrido no **PASSADO** — se é que ocorreu! Isto porque na afirmação II a "PROBABILIDADE" não está ligada ao **TEMPO**, mas, sim, à **EVENTUAL VERACIDADE** da própria afirmação.

— É provável que este ano você encontre o "homem da sua vida"!

— ONDE? QUANDO? COMO???!!

— Eu disse que é PROVÁVEL!

Para **MEDIR** de modo racional o grau de confiança que depositamos em certas afirmações, vamos propor a seguinte definição:

> PROBABILIDADE é o número que resulta da divisão do número de casos favoráveis a um evento pelo número total de casos possíveis.

Por exemplo, se, numa moeda*, convencionarmos que o lado do **NÚMERO** é "CARA" e o do **BRASÃO**, "COROA", podemos calcular a probabilidade de sair "CARA" assim:

"CARA"

"COROA"

$$\left(\begin{array}{c}\text{PROBABILIDADE} \\ \text{DE SAIR "CARA"}\end{array}\right) = \dfrac{\left(\begin{array}{c}\text{NÚMERO DE VEZES QUE O EVENTO} \\ \text{"CARA" PODE SAIR NUMA JOGADA}\end{array}\right)}{\left(\text{NÚMERO TOTAL DE CASOS POSSÍVEIS}\right)}$$

Então:

→ Quantas são as "CARAS" numa moeda "HONESTA"? → 1

→ Qual o número total de casos possíveis? → 2, isto é, 1 "CARA" e 1 "COROA"

Logo:

$$\text{PROBABILIDADE DE "CARA"} = \dfrac{1}{2} = 0,5$$

---

*Vamos sempre supor a moeda "HONESTA", isto é, construída de tal forma que, "SERRADA" LONGITUDINALMENTE (de modo que a "CARA" se separe da "COROA"), ambas as metades tenham pesos **IGUAIS**.

Vamos agora "testar" a definição com um dado* "honesto". Então, numa **ÚNICA** jogada, qual a probabilidade de sair **FACE 5**?

$$\begin{pmatrix} \text{PROBABILIDADE} \\ \text{DE} \end{pmatrix} = \frac{1}{6} = 0,1666...$$

---

*Vamos sempre supor o seguinte: (A) o dado terá 6 faces; (B) as faces, com exceção do algarismo (1, 2, 3, 4, 5, 6), serão iguais em tudo: mesmo material, mesmo peso, mesma área etc. (Lembrar o que foi dito com respeito à moeda "honesta".)

Vamos, calcular agora a probabilidade de sair, numa única jogada, **MÚLTIPLO DE 3**.

Ora, de acordo com o problema, as únicas faces que servem são: ⚃ e ⚅ .

⚃ que corresponde a $3 \times 1$

⚅ que corresponde a $3 \times 2$

Existem, portanto, **2 CASOS FAVORÁVEIS DE FACE COM MÚLTIPLO DE 3**.

Mas, sendo "honesto" o dado, existem 6 casos **POSSÍVEIS**, que continuam sendo:

⚀ ⚁ ⚂ ⚃ ⚄ ⚅

Então:

$$\begin{pmatrix} \text{PROBABILIDADE} \\ \text{DE ⚃ OU ⚅} \end{pmatrix} = \frac{⚃ + ⚅}{⚀+⚁+⚂+⚃+⚄+⚅} = \frac{2 \text{ FACES}}{6 \text{ FACES}}$$

$$= \frac{2}{6} = \boxed{\frac{1}{3}} \quad (\text{ou } 0{,}333\ldots)$$

**ATENÇÃO**

A probabilidade é **SEMPRE** expressa por um **NÚMERO PURO**, isto é, **SEM UNIDADE DE MEDIDA**.

(Sai pra lá! Chô!)

Outro problema: qual a probabilidade de **FACE ÍMPAR** numa única jogada?

SOLUÇÃO:

$$\begin{pmatrix} \text{PROBABILIDADE DE} \\ \boxdot \text{ ou } \boxdot \text{ ou } \boxdot \end{pmatrix} = \frac{\boxdot + \boxdot + \boxdot}{\boxdot + \boxdot + \boxdot + \boxdot + \boxdot + \boxdot} = \frac{3 \text{ FACES}}{6 \text{ FACES}}$$

$$= \frac{3}{6} = \boxed{\frac{1}{2} = 0,5}$$

Da observação desses problemas, podemos tirar a fórmula

$$P(X) = \frac{f}{p}$$

Hum...!! Isto me lembra alguma coisa...!!

Nessa fórmula:

$P(X) \to$ PROBABILIDADE DE OCORRER O EVENTO X

$f \to$ NÚMERO DE CASOS **FAVORÁVEIS** À OCORRÊNCIA DE X

$p \to$ NÚMERO DE CASOS **POSSÍVEIS**

Observando os problemas já resolvidos pode-se tirar que, em probabilidade, a palavra **"OU" SIGNIFICA ADIÇÃO***. Vamos examinar isso com cuidado.

Querido, agora só falta o vestido ou uma saia ou blusa ou casaco ou.... ou.....

Se $X$ = face ímpar, é evidente que qualquer dos três seguintes resultados serve: ⚀, ⚂, ⚄.

Então:

$$P(⚀) = \frac{⚀}{⚀+⚁+⚂+⚃+⚄+⚅} = \frac{1}{6}$$

**OU**

$$P(⚂) = \frac{⚂}{⚀+⚁+⚂+⚃+⚄+⚅} = \frac{1}{6}$$

**OU**

$$P(⚄) = \frac{⚄}{⚀+⚁+⚂+⚃+⚄+⚅} = \frac{1}{6}$$

Então:

$$P(X) = \frac{1}{6} + \frac{1}{6} + \frac{1}{6} = \frac{3}{6} = \frac{1}{2}$$

*Fala-se em **REGRA DA ADIÇÃO**.

A FÓRMULA $P(X) = \dfrac{f}{p}$ PERMITE OUTRAS CONCLUSÕES:

★ $f$ NÃO PODE SER MAIOR QUE $p$. MAS PODE SER IGUAL.

$$f \leq p$$

## EXEMPLO:

QUAL A PROBABILIDADE DE SAIR "CARA" (C) OU "COROA" (K) NUMA ÚNICA JOGADA?

$P(C \text{ ou } K) = P(C) \text{ ou } P(K) = P(C) + P(K) =$

$= \dfrac{1}{2} + \dfrac{1}{2} =$

$= \dfrac{1+1}{2} =$

$= \dfrac{2}{2} = \boxed{1}$

1 É A **MAIOR PROBABILIDADE** QUE EXISTE E É A MEDIDA DO **EVENTO CERTO**.

★★ f PODE SER ZERO.

## EXEMPLO:

Numa única jogada de um dado, qual a probabilidade de sair **FACE 7**?

$$P(\boxdot) = \frac{\text{ZERO CASOS FAVORÁVEIS}}{6 \text{ CASOS POSSÍVEIS}} = \frac{0}{6} = \boxed{0}$$

0 é a **MENOR PROBABILIDADE**\* que existe e é a medida do **EVENTO IMPOSSÍVEL**.

Vamos examinar agora um problema um "pouquinho" mais complicado.

---

\*Não existe probabilidade **NEGATIVA**.

A) $P(X = \text{soma } 9) = \dfrac{4}{36}$ ← 4 CASOS FAVORÁVEIS (VER NA TABELA OS QUADRADINHOS PONTILHADOS)

36 CASOS POSSÍVEIS
(É SÓ CONTAR O TOTAL DE QUADRADINHOS)

SIMPLIFICANDO: $\boxed{P(X = \text{soma } 9) = \dfrac{1}{9}}$

· · · · · · · · · · · · · · · · · · · · · · · · · · ·

B) $P(X = \text{soma PAR}) = \dfrac{18}{36}$ ← CONTAR OS NÚMEROS QUE ESTÃO DENTRO DE UM CÍRCULO.

36 CASOS POSSÍVEIS

SIMPLIFICANDO: $\boxed{P(X = \text{soma PAR}) = \dfrac{1}{2}}$

· · · · · · · · · · · · · · · · · · · · · · · · · · ·

C) $P(X = \text{soma} < 5) = \dfrac{6}{36}$ ← CONTAR OS QUADRADINHOS QUE ESTÃO NO CANTO SUPERIOR ESQUERDO DA TABELA. ASSIM:

36 CASOS POSSÍVEIS

SIMPLIFICANDO:

$\boxed{P(X = \text{soma} < 5) = \dfrac{1}{6}}$

| 2 | 3 | 4 | | | |
|---|---|---|---|---|---|
| 3 | 4 | | | | |
| 4 | | | | | |
| | | | | | |
| | | | | | |
| | | | | | |

· · · · · · · · · · · · · · · · · · · · · · · · · · ·

D) $P(X = \text{SOMA} > 10) = \dfrac{3}{36}$ ← CONTAR OS QUADRADINHOS QUE ESTÃO NO CANTO INFERIOR DIREITO DA TABELA. ASSIM:

36 CASOS POSSÍVEIS

SIMPLIFICANDO:

$$P(X = \text{SOMA} > 10) = \dfrac{1}{12}$$

|  |  | 11 |
|---|---|---|
|  | 11 | 12 |

· · · · · · · · · · · · · · · · · · · · · · · ·

E) $P(X=2 \text{ ou } X=12) = P(X=2) + P(X=12) = \dfrac{2}{36}$

PRIMEIRO QUADRADINHO SUPERIOR ESQUERDO → $\dfrac{1}{36}$ + $\dfrac{1}{36}$ ← ÚLTIMO QUADRADINHO INFERIOR DIREITO

SIMPLIFICANDO: $P\left[(X=2) \text{ ou } (X=12)\right] = \dfrac{1}{18}$

VAMOS AGORA ANALISAR UM OUTRO PROBLEMA IMPORTANTE.

> SUPONHAMOS QUE UMA URNA CONTENHA 4 BOLAS BRANCAS (B) E 6 BOLAS VERMELHAS (V) **IGUAIS EM TUDO** (PESO, TAMANHO, MATERIAL) **EXCETO NA COR**.
>
> VAMOS SORTEAR 2 BOLAS EM MOMENTOS DISTINTOS, TENDO O CUIDADO DE **REPOR** A BOLA SORTEADA NA URNA **APÓS** O PRIMEIRO SORTEIO. (ISSO CORRESPONDE A TIRAR DESSA URNA UMA **AMOSTRA DE TAMANHO 2 COM REPOSIÇÃO,** GARANTINDO QUE **TODAS AS BOLAS TERÃO IGUAL PROBABILIDADE DE SORTEIO.**)

# PROBLEMA

QUAL A PROBABILIDADE DE SAIR BOLA BRANCA SEGUIDA DE BOLA VERMELHA?*

## SOLUÇÃO

|  SORTEIO 1 \ SORTEIO 2 | B | B | B | B | V | V | V | V | V | V |
|---|---|---|---|---|---|---|---|---|---|---|
| B |  |  |  |  | BV | BV | BV | BV | BV | BV |
| B |  |  |  |  | BV | BV | BV | BV | BV | BV |
| B |  |  |  |  | BV | BV | BV | BV | BV | BV |
| B |  |  |  |  | BV | BV | BV | BV | BV | BV |
| V | • | • | • | • |  |  |  |  |  |  |
| V | • | • | • | • |  |  |  |  |  |  |
| V | • | • | • | • |  |  |  |  |  |  |
| V | • | • | • | • |  |  |  |  |  |  |
| V | • | • | • | • |  |  |  |  |  |  |
| V | • | • | • | • |  |  |  |  |  |  |

(COLUNAS ↓)

LINHAS →

(POR CONVENÇÃO, ESCREVE-SE PRIMEIRO O ELEMENTO QUE FIGURA EM **LINHA**, DEPOIS, O QUE FIGURA EM **COLUNA**.)

---

*DITO DE OUTRA FORMA: P(BOLA BRANCA E BOLA VERMELHA).

ENTÃO:

CASOS **FAVORÁVEIS** A BOLA **BRANCA** SEGUIDA DE BOLA **VERMELHA**

$$P(B \text{ E } V) = \frac{24}{100} = \boxed{\frac{6}{25} = 0,24}$$

TOTAL DE CASOS **POSSÍVEIS**

CONSIDEREMOS AGORA **SORTEIOS INDE-PENDENTES COM REPOSIÇÃO:**

$$P(B) = \frac{4}{10}$$

4 CASOS FAVORÁVEIS A BOLA **BRANCA**

10 CASOS POSSÍVEIS
(=TOTALIDADE DA URNA)

$$P(V) = \frac{6}{10}$$

6 CASOS FAVORÁVEIS A BOLA **VERMELHA**

10 CASOS POSSÍVEIS
(=TOTALIDADE DA URNA)

SE **MULTIPLICARMOS** ESSAS PROBABILIDADES, OBTEREMOS O **MESMO RESULTADO** ACIMA:

$$P(B) \cdot P(V) = \frac{4}{10} \cdot \frac{6}{10} = \frac{24}{100} = \frac{6}{25} = 0,24$$

➡ **"E" SIGNIFICA MULTIPLICAÇÃO**.

ASSIM:

$$\boxed{P(B \text{ E } V) = P(B) \cdot P(V)}$$

* FALA-SE EM **REGRA DA MULTIPLICAÇÃO**.

**OBSERVAÇÃO:** SE A **ORDEM** DAS BOLAS FOSSE **VERMELHA** SEGUIDA DE **BRANCA**, A PROBABILIDADE SERIA A **MESMA**, A NÃO SER QUE SE PEDISSEM 2 BOLAS, UMA DE CADA COR, EM **QUALQUER** ORDEM.

> DEIXE-ME VER SE ENTENDI: PRIMEIRO É ESTA, DEPOIS ESTA... ... OU PRIMEIRO ESTA?.......... E ESTA?... AS DUAS JUNTAS?.......... OU TANTO FAZ???... ...... ???

ASSIM:

$$P(V \text{ E } B) = \frac{24}{100} = \frac{6}{25} = 0,24$$

(VER NA TABELA OS QUADRADINHOS COM UM PONTINHO).

ENTRETANTO:

$$P[(B \text{ E } V) \text{ OU } (V \text{ E } B)] = P(B \text{ E } V) + P(V \text{ E } B) =$$

$$= \frac{24}{100} + \frac{24}{100} = \boxed{\frac{48}{100} = \frac{12}{25} = 0,48}$$

(( NESTE RESULTADO ESTÃO REUNIDAS AS DUAS REGRAS: **ADIÇÃO** E **MULTIPLICAÇÃO**. ))

EXAMINEMOS COMO SERIA ESSE PROBLEMA **SEM** A REPOSIÇÃO DA PRIMEIRA BOLA.

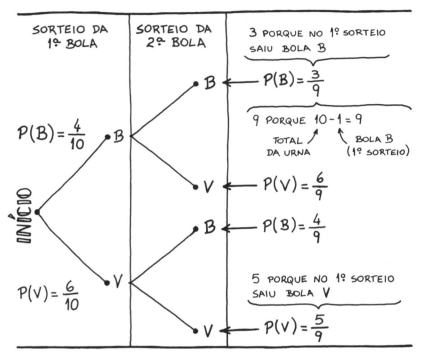

ESTAS PROBABILIDADES ILUSTRAM O QUE OS ESTATÍSTICOS CHAMAM DE **PROBABILIDADE CONDICIONAL**, OU SEJA, A **PROBABILIDADE DE OCORRER UM EVENTO NA CONDIÇÃO DE QUE OUTRO (EVENTO) JÁ TENHA OCORRIDO.**

EM SÍMBOLOS:

$P(V/B) \rightarrow$ PROBABILIDADE DE SAIR BOLA **VERMELHA** DADO QUE **ANTES** JÁ SAIU BOLA **BRANCA**.

$\Rightarrow P(V/B) = \dfrac{6}{9}$

$P(B/V) \rightarrow$ PROBABILIDADE DE SAIR BOLA **BRANCA** DADO QUE **ANTES** JÁ SAIU BOLA **VERMELHA**.

$\Rightarrow P(B/V) = \frac{4}{9}$

SE A ORDEM DAS BOLAS NÃO TIVER IMPORTÂNCIA (ISTO É, SE **QUALQUER** ORDEM SERVIR):

$P[(B \text{ E } V) \text{ ou } (V \text{ E } B)] = P(B \text{ E } V) + P(V \text{ E } B) =$

$= P(B) \cdot P(V) + P(V) \cdot P(B) =$

$= \frac{4}{10} \cdot \frac{6}{9} + \frac{6}{10} \cdot \frac{4}{9} =$

$= \frac{24}{90} + \frac{24}{90} = \boxed{\frac{48}{90}}$

SOCORRO!! É UM ATAQUE DE BOLAS!!!

107

Para terminar, duas informações:

★ A probabilidade calculada com base num experimento chama-se **Probabilidade "a Posteriori"** ou **Probabilidade Experimental**.

★★ A probabilidade calculada a partir de dados teóricos, sem manipulação experimental, chama-se **Probabilidade "a Priori"** ou **Probabilidade Matemática**.

# 8 DISTRIBUIÇÃO BINOMIAL

## OBJETIVOS ESPECÍFICOS

Ao concluir o estudo deste capítulo, o leitor deverá ser capaz de

▲ definir **DISTRIBUIÇÃO DE PROBABILIDADE**;

▲ escrever todos os **RESULTADOS POSSÍVEIS** resultantes do "cruzamento" de $n$ moedas equiprováveis;

▲ identificar **EVENTOS INDEPENDENTES**;

▲ relacionar **REPOSIÇÃO** com **AMOSTRAGEM**;

▲ escrever os **PARÂMETROS FUNDAMENTAIS** de uma distribuição binomial;

▲ usar adequadamente uma **TABELA DE BINOMIAL**;

▲ calcular a **MÉDIA ARITMÉTICA** e a **VARIÂNCIA** de uma distribuição binomial.

Com as noções de probabilidade apresentadas no capítulo anterior, fica fácil definir

# DISTRIBUIÇÃO PROBABILÍSTICA.

Imaginemos um conjunto finito de valores de forma tal que a cada valor corresponda determinada probabilidade.

Por exemplo, se $X$ é uma variável e se a probabilidade associada a ela for $P(X) = p$, então o conjunto

$$X: X_1, X_2, X_3, \ldots, X_i, \ldots, X_N$$
$$P(X): p_1 \quad p_2 \quad p_3, \ldots, p_i, \ldots, p_N$$

forma uma **DISTRIBUIÇÃO PROBABILÍSTICA***.

Existem muitas distribuições probabilísticas. Neste livro vão ser apresentadas algumas: **BINOMIAL, NORMAL, $t$ DE STUDENT** etc.

A **DISTRIBUIÇÃO BINOMIAL**, objeto deste capítulo, tem esse nome porque se baseia no desenvolvimento de $(a+b)^n$, que é o **BINÔMIO DE NEWTON.**

---

\* O quadro acima mostra que
$$P(X_1) = p_1, \quad P(X_4) = p_4, \ldots, \quad P(X_i) = p_i.$$
O símbolo $p_i$ está no lugar de um **NÚMERO**, isto é, representa a **PROBABILIDADE DO VALOR $X_i$.**

No capítulo 7 examinamos alguns problemas que envolviam o lançamento de moedas e de dados. Retomemos o assunto.

Vamos lançar 1 moeda "honesta" duas vezes e colecionar os resultados possíveis. Notemos, de saída, que lançar 1 moeda duas vezes é o mesmo que lançar 2 moedas ("honestas") uma vez. Assim, fazendo
"CARA" = C   e   "COROA" = K,
resulta o seguinte quadro de possibilidades:

| Resultados da 1ª moeda ($M_1$) \ Resultados da 2ª moeda ($M_2$) | C | K |
|---|---|---|
| C | CC | CK |
| K | KC | KK |

Este quadro mostra-nos que os únicos resultados possíveis são: ("CARA"-"CARA"), ("CARA"-"COROA"), ("COROA"-"CARA"), ("COROA"-"COROA").

111

COLOQUEMOS ESSES RESULTADOS EM COLUNAS PARA MELHOR VISUALIZAÇÃO:

# DISTRIBUIÇÃO

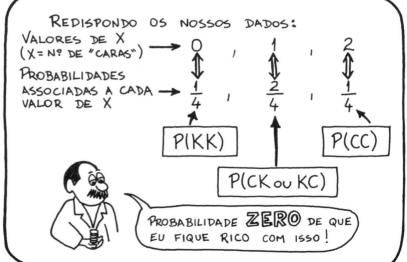

112

ENTÃO

$P(CC) = 0,25$
$P(CK \text{ ou } KC) = 0,50$
$P(KK) = 0,25$

CERTO?

VAMOS REPETIR O RACIOCÍNIO COM 1 MOEDA ("HONESTA") JOGADA TRÊS VEZES.

JÁ SABEMOS QUE O TRABALHO PODE SER SIMPLIFICADO SE JOGARMOS 3 MOEDAS UMA VEZ — O QUE, DO PONTO DE VISTA LÓGICO, DÁ ABSOLUTAMENTE NO MESMO.

| $M_3$ | RESULTADOS JÁ OBTIDOS $(M_1, M_2)$ | CC | CK | KC | KK |
|---|---|---|---|---|---|
| | C | CCC | CCK | CKC | CKK |
| | K | KCC | KCK | KKC | KKK |

MONTANDO O QUADRO DE DISTRIBUIÇÃO, VEM:

$X \longrightarrow 0 \quad , \quad 1 \quad , \quad 2 \quad , \quad 3 \quad$ "CARAS"

$P(X) \longrightarrow \dfrac{1}{8} \quad | \quad \dfrac{3}{8} \quad | \quad \dfrac{3}{8} \quad | \quad \dfrac{1}{8}$

$P(X=0) \qquad P(X=1) \qquad P(X=2) \qquad P(X=3)$

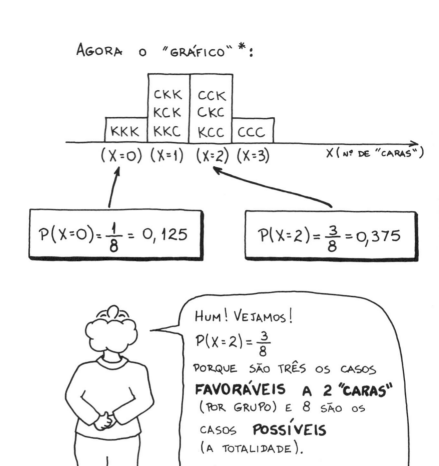

*CUIDADO! O "GRÁFICO" ACIMA É APENAS UM **RECURSO VISUAL**. O **VERDADEIRO GRÁFICO** DE UMA DISTRIBUIÇÃO BINOMIAL CONSTITUI-SE DE **PONTOS** APENAS.

O "GRÁFICO" DA BINOMIAL VAI-SE TORNANDO CADA VEZ MAIS PARECIDO COM A TAL **CURVA EM SINO** À MEDIDA QUE **AUMENTA** O NÚMERO DE MOEDAS (PORQUE AUMENTA TAMBÉM O NÚMERO DE COLUNAS NO "GRÁFICO").

VEJAMOS ENTÃO O QUE OCORRE NO LANÇAMENTO DE 4 MOEDAS:

| $M_4$ \ $M_1,M_2,M_3$ | CCC | KCC | CKC | CCK | KKC | KCK | CKK | KKK |
|---|---|---|---|---|---|---|---|---|
| C | CCCC | CKCC | CCKC | CCCK | CKKC | CKCK | CCKK | CKKK |
| K | KCCC | KKCC | KCKC | KCCK | KKKC | KKCK | KCKK | KKKK |

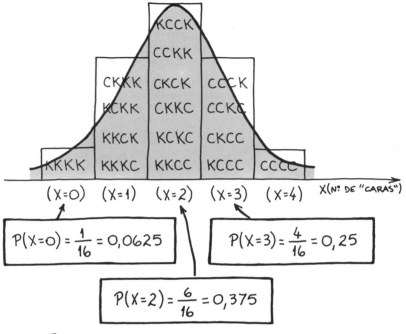

RESUMO DOS VALORES DE X E RESPECTIVAS PROBABILIDADES:

$$X \longrightarrow 0, 1, 2, 3, 4 \quad \text{"CARAS" (*)}$$

$$P(X) \longrightarrow \frac{1}{16}, \frac{4}{16}, \frac{6}{16}, \frac{4}{16}, \frac{1}{16}$$

OS DENOMINADORES REPRESENTAM OS CASOS **POSSÍVEIS**

OS NUMERADORES REPRESENTAM OS CASOS **FAVORÁVEIS**

$P(X=0)$   $P(X=1)$   $P(X=2)$   $P(X=3)$   $P(X=4)$

---

\* PODERIAM SER "COROAS", MAS **DECIDIMOS** TRABALHAR COM "CARAS". A PROPÓSITO, $X$ = Nº DE "CARAS" (OU "COROAS") CHAMA-SE **VARIÁVEL OBSERVACIONAL** OU **VARIÁVEL DE OBSERVAÇÃO**.

Os exercícios que fizemos nas páginas anteriores mostram que numa **DISTRIBUIÇÃO BINOMIAL**

A DISTRIBUIÇÃO BINOMIAL POSSUI DOIS **PARÂMETROS FUNDAMENTAIS: n** E **p**. Esses valores, que se referem **SEMPRE** à **POPULAÇÃO**, possibilitam montar a distribuição, além de fornecerem elementos para uma **NOTAÇÃO ABREVIADA**.

Assim: $B(n;p)$.

SE INTRODUZIRMOS A NOTAÇÃO DE **POTÊNCIA**, OS RESULTADOS DAS PÁGINAS ANTERIORES PODEM SER SIMPLIFICADOS. EXEMPLO:

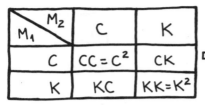
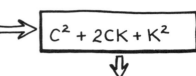

QUE É O DESENVOLVIMENTO DE $(C+K)^2$

**BINÔMIO DE NEWTON**

$$C^3 + 3C^2K + 3CK^2 + K^3$$

QUE É O DESENVOLVIMENTO DE $(C+K)^3$

**BINÔMIO DE NEWTON**

118

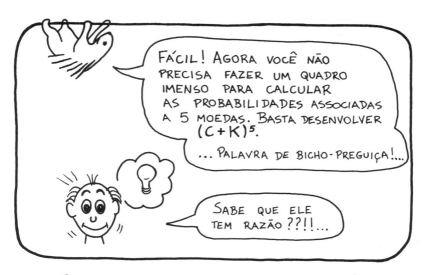

Para facilitar a manipulação dos símbolos, vamos convencionar que

# PROBLEMA

Jogando-se 1 moeda "honesta" 5 vezes, qual a probabilidade, em qualquer ordem, de termos:

A) 5 "caras";
B) 3 "caras";
C) 2 "caras";
D) 1 "coroa"?

Ai de mim!

Observar que o texto desse problema poderia ser abreviado para $B(5; 0,5)$.

# SOLUÇÃO

Introduzindo a notação das páginas anteriores, vem:

$X$ = nº de "caras" (variável observacional)
$P(C) = p$ (sucesso)
$P(K) = q$ (fracasso)

Então:

$$(q+p)^5 = \underbrace{q^5}_{P(X=0)} + \underbrace{5q^4 p}_{P(X=1)} + \underbrace{10q^3 p^2}_{P(X=2)} + \underbrace{10q^2 p^3}_{P(X=3)} + \underbrace{5qp^4}_{P(X=4)} + \underbrace{p^5}_{P(X=5)}$$

Como estamos supondo que a moeda é "honesta", $P(C) = P(K) = 0{,}5$. Logo $(p = 0{,}5)$ e $(q = 0{,}5)$ porque, como vimos no capítulo sobre probabilidades, a maior probabilidade possível é 1. (Lembrar que a moeda tem só 2 faces: se "cara" for **SUCESSO**, "coroa" será **FRACASSO** e esses dois eventos, que se excluem mutuamente, correspondem a **TUDO** o que pode acontecer.)

A) $P(X=5\text{ "CARAS"})=P(X=5)=p^5$

$p^5=(0,5)^5=\boxed{0,03125}$

B) $P(X=3)=10q^2p^3$

$10q^2p^3=10(0,5)^2(0,5)^3=10(0,5)^5\cong\boxed{0,3125}$

RESULTADOS COINCIDENTES

C) $P(X=2)=10q^3p^2$

$10q^3p^2=10(0,5)^3(0,5)^2=10(0,5)^5\cong\boxed{0,3125}$

D) $P(X=4)$

Einn? NÃO ERA $P(X=1)$?

ERA!!!

NOTE QUE $P(1\text{ "COROA"})$ É O MESMO QUE $P(4\text{ "CARAS"})$. COMO ESCOLHEMOS TRABALHAR COM "CARAS"...

$P(X=4)=5qp^4$

$5qp^4=5(0,5)(0,5)^4=5(0,5)^5\cong\boxed{0,15625}$

## → IMPORTANTE ←

No desenvolvimento de $(q+p)^n$,

$n \Rightarrow$ NÚMERO DE MOEDAS OU NÚMERO DE REPETIÇÕES DA JOGADA*

$q \Rightarrow$ DEVE FIGURAR **SEMPRE** ANTES DE $p$ PARA QUE OS RESULTADOS SAIAM ORDENADOS

**$(q+p) = 1$**

Se calcularmos a probabilidade que falta (para $X=0$) e somarmos todas as probabilidades obtidas, o resultado será obrigatoriamente **1**.

Vejamos:

$P(X=0) = 0,03125$
$P(X=1) = 0,15625$
$P(X=2) = 0,31250$
$P(X=3) = 0,31250$
$P(X=4) = 0,15625$
$P(X=5) = 0,03125$
$\phantom{P(X=5) =\ } \overline{1,00000}$

---

*Nem sempre o problema envolverá moedas. De modo geral, $n$ corresponde ao **TAMANHO DA AMOSTRA**.

"$n$ poderia ser o número de pernas........ EPA!!! Tá dando nó!!!!!"

Voltemos ao binômio $(q+p)^5$. No desenvolvimento desse binômio os **EXPOENTES** de **TODOS** os termos somam **SEMPRE** 5. No primeiro termo $(q^5)$, $p$ **APARENTEMENTE** inexiste, mas, na verdade, está lá. Só que com o expoente **ZERO**: $q^5 p^0$. No segundo termo, temos $5q^4 p$ e os expoentes somam 5, isto é, $4+1$; e assim vai até $p^5$, onde o expoente de $q$ é zero (e por isso ele não aparece). Além disso, os **EXPOENTES DE $p$** vão **CRESCENDO DE 1 EM 1** e os **EXPOENTES DE $q$** vão **DIMINUINDO DE 1 EM 1.**

... Não era mais fácil colocar uma placa??....

$q$

$p$

Os **COEFICIENTES** de cada termo (P. EX.: 5, 10, 10) podem ser obtidos numa tabela chamada

# TRIÂNGULO DE PASCAL

(REPRODUZIDA PARCIALMENTE A SEGUIR).

# COEFICIENTES BINOMIAIS *

| VALOR DE n | | | | | | | | | | |
|---|---|---|---|---|---|---|---|---|---|---|
| 2 | 1 | 2 | 1 | | | | | | | |
| 3 | 1 | 3 | 3 | 1 | | | | | | |
| 4 | 1 | 4 | 6 | 4 | 1 | | | | | |
| 5 | 1 | 5 | 10 | 10 | 5 | 1 | | | | |
| 6 | 1 | 6 | 15 | 20 | 15 | 6 | 1 | | | |
| 7 | 1 | 7 | 21 | 35 | 35 | 21 | 7 | 1 | | |
| 8 | 1 | 8 | 28 | 56 | 70 | 56 | 28 | 8 | 1 | |
| 9 | 1 | 9 | 36 | 84 | 126 | 126 | 84 | 36 | 9 | 1 |
| 10 | 1 | 10 | 45 | 120 | 210 | 252 | 210 | 120 | 45 | 10 | 1 |

INEXISTENTE → 0

A DISPOSIÇÃO DOS COEFICIENTES LEMBRA UM TRIÂNGULO. DAÍ O SEU NOME.

* QUALQUER NOVO COEFICIENTE PODE SER OBTIDO POR RECORRÊNCIA À LINHA IMEDIATAMENTE ANTERIOR A ELE. VER NO GRÁFICO QUE O COEFICIENTE 35 FOI OBTIDO SOMANDO 15 COM 20. PARA 36, O RACIOCÍNIO É O MESMO: 36 = 8 + 28.

Então se você quiser calcular a probabilidade de 3 "caras" em 8 jogadas de uma moeda "honesta" faça $(q+p)^8$ e procure o termo que corresponde a $(X=3)$.

Texto abreviado:
$B(8; 0,5)$. Calcular $P(X=3)$.

$$(q+p)^8 = q^8 + 8q^7p + 28q^6p^2 + 56q^5p^3 + 70q^4p^4 + \ldots + p^8$$

Esses coeficientes foram tirados do Triângulo de Pascal. Ver a linha onde $n=8$.

Aqui o coeficiente é 1. Por isso não se escreve, pois $1p^8 = (1)(p^8) = p^8$. O mesmo raciocínio vale para $q^8$.

ENTÃO:
$P(X=3) = 56q^5p^3$

O valor de X é **SEMPRE IGUAL AO EXPOENTE DE $p$**.

$56q^5p^3 = 56(0,5)^5(0,5)^3 = 56(0,5)^8 = \boxed{0,2187472}$

Calma! Existem tabelas prontas que facilitam a vida...

ABAIXO, SOB A FORMA DE TABELA, AS PROBABILIDADES QUE RESULTAM DE $(q + p)^8$ PARA DIVERSOS VALORES DE $p$.

| $p \rightarrow$ | 0,05 | 0,10 | 0,20 | 0,25 | 0,30 | 0,40 | 0,50 | $n = 8$ |
|---|---|---|---|---|---|---|---|---|
| | B(8; 0,05) | | B(8; 0,20) | | | B(8; 0,40) | | |
| X = 0 | 663 | 430 | 168 | 100 | 058 | 017 | 004 | 8 |
| 1 | 279 | 383 | 336 | 267 | 198 | 090 | 031 | 7 |
| 2 | 051 | 149 | 294 | 311 | 296 | 209 | 109 | 6 |
| 3 | 005 | 033 | 147 | 208 | 254 | 279 | 219 | 5 |
| 4 | 0+ | 005 | 046 | 087 | 136 | 232 | 273 | 4 |
| 5 | 0+ | 0+ | 009 | 023 | 047 | 124 | 219 | 3 |
| 6 | 0+ | 0+ | 001 | 004 | 010 | 041 | 109 | 2 |
| 7 | 0+ | 0+ | 0+ | 0+ | 001 | 008 | 031 | 1 |
| 8 | 0+ | 0+ | 0+ | 0+ | 0+ | 001 | 004 | 0 = X |
| $n = 8$ | 0,95 | 0,90 | 0,80 | 0,75 | 0,70 | 0,60 | 0,50 | $\leftarrow p$ |

B(8; 0,75)   B(8; 0,60)

FONTE: BUSSAB E SEVERO. TÁBUAS DE ESTATÍSTICA. SÃO PAULO, HARBRA, 1985, p. 12.

VAMOS AGORA APRENDER A USAR A TABELA.

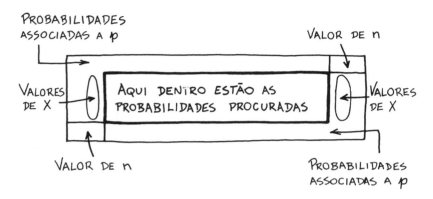

**CUIDADO!!**

Não existe probabilidade maior que 1. Por isso, é preciso acrescentar **0,** (zero + vírgula) a todos os números que figuram no miolo da tabela. Exemplos:

$P(X=4) = 0,046$  para  $p = 0,20$
$P(X=7) = 0,008$  para  $p = 0,40$
$P(X=3) = 0,219$  para  $p = 0,50$

128

> PARA FINALIZAR, FALTAM APENAS DUAS FORMULINHAS.

> SÓ MAIS DUAS? .... ARGH!! ....

PARA CALCULAR

# MÉDIA ARITMÉTICA DE UMA DISTRIBUIÇÃO BINOMIAL: USAR

$$\mu = np$$

# VARIÂNCIA DE UMA DISTRIBUIÇÃO BINOMIAL: USAR

$$\sigma^2 = npq$$

# EXEMPLO — 1 MOEDA "HONESTA" FOI JOGADA 8 VEZES. SE X = Nº DE "CARAS", QUANTO VALEM, NESSA DISTRIBUIÇÃO,

A) A MÉDIA ARITMÉTICA;
B) A VARIÂNCIA;
C) O DESVIO PADRÃO?

129

> É SIMPLES!

# SOLUÇÃO

A) $\mu = np \rightarrow \mu = 8(0,5) =$ $\boxed{4 \text{ "CARAS"}}$

B) $\sigma^2 = npq \rightarrow \sigma^2 = 8(0,5)(0,5) =$ $\boxed{2 \text{ "CARAS"}^2}$

ATENÇÃO: "CARAS" AO **QUADRADO** *.

C) $\sigma = +\sqrt{npq} \rightarrow \sigma = +\sqrt{2 \text{ "CARAS"}^2}$

$$\cong \boxed{1,4 \text{ "CARAS"}}$$

---

\* VALE A PENA INSISTIR: SE $X$ É C("CARA"), A VARIÂNCIA É "CARA"$^2$ (ISTO É, "CARA" AO QUADRADO); SE $X$ É BATATINHA, A VARIÂNCIA É BATATINHA$^2$ (ISTO É, BATATINHA AO QUADRADO); SE $X$ É PEÇA DEFEI-TUOSA, A VARIÂNCIA É PEÇA DEFEITUOSA$^2$ (ISTO É, PEÇA DEFEITUOSA AO QUADRADO).

# 9 PROVA DE HIPÓTESE

## OBJETIVOS ESPECÍFICOS

Ao concluir o estudo deste capítulo, o leitor deverá ser capaz de

- definir **CIENTISTA, EXPERIMENTO, EXPERIÊNCIA, HIPÓTESE**;
- distinguir a diferença entre **HIPÓTESE NULA** e **HIPÓTESE EXPERIMENTAL**;
- reconhecer as situações que levam à **REJEIÇÃO DE UMA HIPÓTESE**;
- nomear as fases de um **PROCEDIMENTO EXPERIMENTAL**;
- definir **HIPÓTESE CIENTÍFICA** e **HIPÓTESE NÃO CIENTÍFICA**;
- definir **ESTIMAÇÃO DE PARÂMETROS**;
- definir **ACASO**;
- dar exemplos de situações em que o pesquisador poderá cometer um **ERRO TIPO I** ou um **ERRO TIPO II**;
- definir **NÍVEL DE SIGNIFICÂNCIA**;
- localizar, num conjunto de resultados, a **REGIÃO CRÍTICA**;
- definir **PODER DE UM EXPERIMENTO**.

Embora a crença popular aponte o **CIENTISTA** como uma pessoa desligada de problemas corriqueiros, a verdade é bem outra...

*Droga! Toda vez eu me enrosco nisso!!...*

O CIENTISTA É UMA PESSOA QUE **"DIALOGA" COM A NATUREZA.** Como todo diálogo pressupõe uma **LINGUAGEM COMUM**, a preparação de um cientista consiste fundamentalmente em fazê-lo adquirir essa linguagem.

O aspecto básico desse "diálogo" é que ele **NÃO** se desenrola como uma conversa social em que ambas as partes perguntam e ambas as partes respondem.

A vida do cientista é mais complicada: é ele que **SEMPRE PERGUNTA** e ainda tem o trabalho de **OBRIGAR A NATUREZA A DAR-LHE RESPOSTAS**.

Mas isso não é tudo. Como a natureza é pródiga, na maioria dos casos ela lhe dá **VÁRIAS RESPOSTAS** e aí ele, com base em **EXPERIÊNCIA** acumulada, **DECIDE** qual das respostas é a **MELHOR**.

★ **HIPÓTESE** É UMA CONJECTURA, UMA **RESPOSTA PROVISÓRIA** QUE, DE ACORDO COM CERTOS CRITÉRIOS, SERÁ **REJEITADA** OU **NÃO REJEITADA**★★.

★ O PESQUISADOR PODE ÀS VEZES PRESCINDIR DE EXPERIMENTOS: TIRA SUAS CONCLUSÕES (RESPOSTAS) DOS PRÓPRIOS DADOS E DAS RELAÇÕES EXISTENTES ENTRE ELES. É COMO SE A NATUREZA — ELA PRÓPRIA — TIVESSE "REALIZADO UM EXPERIMENTO" **ANTES** DA INTERVENÇÃO DO PESQUISADOR.

★★ A NATUREZA NÃO É DETERMINISTA: AS MESMAS CAUSAS **NEM SEMPRE** PRODUZEM OS MESMOS EFEITOS. POR ISSO, EM LUGAR DE **ACEITAR**, O CIENTISTA PREFERE SER MAIS CAUTELOSO E DIZER **NÃO REJEITAR**, ASSOCIANDO A ESSA ÚLTIMA EXPRESSÃO UMA **PROBABILIDADE**.

> ★★ **EXPERIMENTO** É UMA SITUAÇÃO CRIADA/CONSTRUÍDA PELO CIENTISTA COM O OBJETIVO DE **TESTAR UMA HIPÓTESE**.

VAMOS A UM EXEMPLO BEM SIMPLES (INCOMPLETO E ATÉ JOCOSO). UM PESQUISADOR* QUER SABER SE CERTO PÓ BRANCO QUE ENCONTROU É **AÇÚCAR** OU **PÓ DE PEDRA**.

DIANTE DA INDAGAÇÃO:

QUE PÓ É ESTE??

O PESQUISADOR OFERECE, DE SAÍDA, DUAS **RESPOSTAS PROVISÓRIAS**, OU SEJA, DUAS **HIPÓTESES**:

1ª HIPÓTESE ($H_1$): É AÇÚCAR.

2ª HIPÓTESE ($H_2$): É PÓ DE PEDRA.

---

* ESTAMOS USANDO **PESQUISADOR** COMO SINÔNIMO DE **CIENTISTA**.

NÃO QUERENDO USAR SEU PRÓPRIO PALADAR COMO "INSTRUMENTO DE DECISÃO", O CIENTISTA PLANEJA O SEGUINTE EXPERIMENTO:

## FASE 1

**OPERAÇÃO** → ADICIONAR ÁGUA A UMA PARTE* DO PÓ.

**CRITÉRIO** → **SE** O PÓ DISSOLVER-SE, PODERÁ SER **AÇÚCAR**, MAS **NÃO PEDRA**.

SE O PÓ **NÃO** SE DISSOLVER, PODERÁ SER **PEDRA**, MAS **NÃO AÇÚCAR**.

---

\* ESTÁ IMPLÍCITA A IDEIA DE **AMOSTRA**. A TOTALIDADE DO PÓ CONSTITUI A **POPULAÇÃO**. O CIENTISTA PREFERE TRABALHAR COM UMA PARTE (AMOSTRA) PORQUE O EXPERIMENTO PODE SER **DESTRUTIVO** (E AÍ ELE PERDE **TODA** A POPULAÇÃO).

Vamos supor que a mistura tenha atraído grande quantidade de moscas. Então:

**DECISÃO 2** ⇒ **NÃO REJEITAR $H_1$.**

Como $H_1$ é a hipótese que "resistiu por mais tempo", o cientista **ADMITE** que o pó tem "boa" **PROBABILIDADE** de ser **AÇÚCAR**.

## OBSERVAÇÕES IMPORTANTES

▲ Ao rejeitar $H_2$ o cientista **NÃO PODE** ir logo concluindo que o pó **É** AÇÚCAR.

Se essa conclusão pudesse ser tirada com **SEGURANÇA**, seria inócuo pôr o pó na boca.

...E se for veneno...?!

▲▲ Por outro lado, só porque o acúmulo de moscas foi grande, o cientista também **NÃO PODE AFIRMAR** categoricamente que o pó **É AÇÚCAR**.

Se **AQUELAS** moscas gostarem de **SAL**, o pozinho poderá ser **SAL** — e **NÃO** açúcar. Afinal, sal também se dissolve em água...!

*Moscas excêntricas!*

▲▲▲ É a **EXPERIÊNCIA** acumulada do pesquisador que acrescenta **SEGURANÇA** ao seu critério de decisão.

JUNTANDO TUDO

Se pedra não se dissolve em água, então o pó **REALMENTE** não é de pedra.

CERTEZA

Se moscas de fato gostam de açúcar, então é **BEM PROVÁVEL** que o pó seja açúcar.

PROBABILIDADE

A **LÓGICA DA NATUREZA** NÃO SE CONFUNDE COM A **LÓGICA FORMAL**. ESTA TRABALHA COM **CERTEZAS**, AQUELA, COM **PROBABILIDADES**.

A **PROVA DE HIPÓTESE** É UM RECURSO **LÓGICO-PROBABILÍSTICO**. E ONDE HÁ PROBABILIDADE HÁ **RISCO DE ERRO**. POR EXEMPLO, AO "DECIDIR" QUE O PÓ É **AÇÚCAR**, O CIENTISTA PODE ESTAR COMETENDO UM **ERRO**. É GRAVE? PODE SER, MAS SERIA MUITO MAIS GRAVE SE SUA CONCLUSÃO SÓ TIVESSE BASE EMOCIONAL.

...HUM!...
EU ACHO QUE...

A **OBSERVAÇÃO** FAZ PARTE DO PROCEDIMENTO EXPERIMENTAL. O PESQUISADOR NUNCA "ACHA" NADA: ELE **OBSERVA**, **ANALISA** E **CONCLUI**. DEPOIS DE **OBSERVAR**, ELE **DESCREVE** E **MEDE** (OU **CLASSIFICA**). ELE JAMAIS ATRIBUI AO QUE ESTÁ VENDO **JUÍZOS DE VALOR** *.

* OS **JUÍZOS** PODEM SER DE **VALOR** E DE **REALIDADE**. UM JUÍZO DE VALOR ACRESCENTA À COISA UM **ATRIBUTO**. P. EX., MESA BONITA. O ATRIBUTO NÃO ESTÁ NA MESA, MAS NA PESSOA QUE A CONSIDERA COMO TAL.

UM JUÍZO DE REALIDADE É **OBJETIVO** E PODE SER **COMPROVADO**. P. EX., MESA DE 1 m × 0,80 m. REPLICANDO A MENSURAÇÃO, TESTA-SE OBJETIVAMENTE O JUÍZO DE REALIDADE.

As hipóteses classificam-se em

## CIENTÍFICAS
⬇

A sua **VERACIDADE** ou a sua **FALSIDADE** pode ser **POSTA À PROVA**, direta ou indiretamente, por procedimento experimental.

## NÃO CIENTÍFICAS
⬇

A sua **VERACIDADE** ou a sua **FALSIDADE** **NÃO** pode ser **POSTA À PROVA** por procedimento experimental.
Exemplos:
  Hipóteses teológicas,
  Hipóteses filosóficas.

Como posso testar experimentalmente um tratado de lógica de Aristóteles?!! **IMPOSSÍVEL!!!**

Isso **NÃO** significa que essas hipóteses não tenham valor. O problema é que, dada a sua natureza não científica, elas não podem ser testadas por procedimentos experimentais.

Graças aos trabalhos de Neyman e Pearson, a **Teoria da Prova de Hipótese** constitui hoje um dos pilares sobre os quais se assenta a Ciência. O outro pilar é a **Teoria da Estimação**\*.

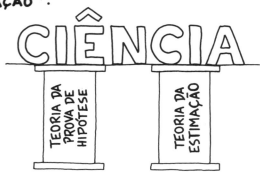

Diante de um problema científico, o procedimento habitual do pesquisador é o seguinte:

- Formular uma hipótese que atribua ao **ACASO** a ocorrência do fenômeno observado;

- Formular **OUTRA** hipótese, que sirva de **ALTERNATIVA** à primeira, se ficar demonstrado que o **ACASO** não pode ser responsabilizado pelo fenômeno observado.

---

\***Estimação** é o procedimento estatístico que permite **PREVER**, com certa probabilidade, o valor de um **PARÂMETRO DESCONHECIDO** (POPULACIONAL) a partir de **INFORMAÇÕES COLHIDAS EM AMOSTRAS**.

Como vimos na p. 139, **CERTEZA** o pesquisador só tem quando está diante de **NEGAÇÕES CATEGÓRICAS** (não emocionais):

> "Se pedra não se dissolve em água, então o pó realmente não é de pedra."

**ATENÇÃO**

A **CERTEZA** está em afirmar que o pó **NÃO É DE PEDRA**.

Uma palavra sobre o **ACASO**.

**ACASO** não é uma figura de retórica. Acaso é uma **VARIÁVEL** (ou um conjunto de variáveis) cuja ação o cientista não consegue controlar (ou medir). Às vezes, **ATÉ PODERIA**, mas os **EFEITOS** produzidos por ela (a variável-acaso) são tão pequenos que desprezá-los fica mais cômodo (e quase sempre mais barato!).

As hipóteses nem sempre são verdadeiras; além disso, o cientista nem sempre decide acertadamente. O quadro abaixo mostra que existem quatro cursos possíveis de ação.

| O cientista pode decidir \ A hipótese pode ser | (V) VERDADEIRA | (F) FALSA |
|---|---|---|
| REJEITAR A HIPÓTESE | AQUI ELE **ERRA** [1] | AQUI ELE **ACERTA** [2] |
| NÃO REJEITAR A HIPÓTESE | AQUI ELE **ACERTA** [3] | AQUI ELE **ERRA** [4] |

Vamos com calma! Na casela 1 ele errou porque **REJEITOU UMA HIPÓTESE VERDADEIRA**. Ao fazer isso, ele cometeu um **ERRO DE 1ª ESPÉCIE** ou **ERRO TIPO I**.

Na casela 4 ele errou de novo: **DEIXOU DE REJEITAR UMA HIPÓTESE FALSA**. Cometeu, assim, um **ERRO DE 2ª ESPÉCIE** ou **ERRO TIPO II**.

É impossível, logicamente, evitarem-se, ao mesmo tempo, os dois tipos de erro.

UM EXEMPLO PRÁTICO PODE AJUDAR A COMPREENDER O QUADRO DA PÁGINA ANTERIOR.

IMAGINEMOS UMA URNA COM 10 BOLAS IGUAIS EM TUDO MENOS NA COR: 4 BRANCAS (B) E 6 VERMELHAS (V).

VAMOS SUPOR AGORA QUE UM PESQUISADOR SAIBA QUE HÁ BOLAS BRANCAS E BOLAS VERMELHAS NA URNA, MAS NÃO CONHEÇA A **PROPORÇÃO** ENTRE AS CORES.

NESSAS CONDIÇÕES, O QUE ELE FAZ É LEVANTAR ALGUMAS **HIPÓTESES**. POR EXEMPLO, ELE PODE **ADMITIR** QUE A DISTRIBUIÇÃO DAS CORES É **CASUAL** E, NESSE CASO, HAVERÁ, PARA CADA COR, IGUAL NÚMERO DE BOLAS. E É PRECISAMENTE **ISSO** QUE ELE FAZ.

NÃO SERIA MAIS FÁCIL ABRIR A URNA?!!

---

A HIPÓTESE QUE VAI SER POSTA À PROVA (TESTADA) CHAMA-SE, EM ESTATÍSTICA, **HIPÓTESE NULA** OU **HIPÓTESE PROBANDA** E DESIGNA-SE POR $H_0$ ("AGÁ-ZERO").

---

A HIPÓTESE QUE PODERÁ "FICAR NO LUGAR" DA $H_0$ — CASO ELA SEJA REJEITADA — CHAMA-SE **HIPÓTESE EXPERIMENTAL** OU **HIPÓTESE ALTERNATIVA** E DESIGNA-SE POR $H_a$ ("AGÁ- Á").

145

# ENTÃO:

$H_0: P(B) = 0,5$ ← Se o pesquisador admite que há igual número de bolas de cada cor: $P(B) = P(V) = \frac{1}{2} = 0,5$.

Isto mostra que o pesquisador **RESOLVEU** trabalhar com X = N? de bolas **BRANCAS***.

(A) $H_a: P(B) \neq 0,5$ ← Esta alternativa indica que a quantidade de bolas brancas é **DIFERENTE** da quantidade de bolas vermelhas, mas não especifica prevalência.

(B) $H_a: P(B) > 0,5$ ← Esta alternativa indica que o pesquisador admite existirem **MAIS** bolas brancas que vermelhas na urna.

(C) $H_a: P(B) < 0,5$ ← Esta alternativa indica que o pesquisador admite existirem **MENOS** bolas brancas que vermelhas na urna.

---

*Ele poderia ter escolhido observar o comportamento só das bolas vermelhas.

VIMOS ANTERIORMENTE QUE **DECISÃO** E **ERRO** CAMINHAM JUNTOS.........

O PESQUISADOR, AO **REJEITAR** OU **NÃO REJEITAR** UMA HIPÓTESE, PODE COMETER ERROS. ELE, DE FATO, **NÃO QUER COMETER ERRO ALGUM**, MAS ESTÁ **DISPOSTO A TOLERAR UM ERRO SE** ESSE ERRO FOR **PEQUENO**.

SE ELE **ESCOLHE** A HIPÓTESE ALTERNATIVA (A) É PORQUE NÃO SABE PARA QUE LADO "PENDE A BALANÇA", ISTO É, ADMITE QUE QUALQUER DAS CORES PODE TER PREVALÊNCIA SOBRE A OUTRA. NESSE CASO, A HIPÓTESE CHAMA-SE **BILATERAL, BIDIRECIONAL** OU **BICAUDAL**. O NOME SUGERE QUE, **SE** ELE ERRAR, O ERRO ESTARÁ REPARTIDO: UM POUCO PARA CADA LADO (SE POSSÍVEL, METADE).

SE ELE ESCOLHE A HIPÓTESE ALTERNATIVA (B) É PORQUE TEM **BOAS RAZÕES PARA SUSPEITAR** QUE HÁ **MAIS** BOLAS BRANCAS QUE VERMELHAS. A HIPÓTESE, NESSE CASO, CHAMA-SE **UNILATERAL DIREITA, UNIDIRECIONAL DIREITA** OU **UNICAUDAL DIREITA** E O ERRO ESTARÁ CONCENTRADO NO LADO **DIREITO**.

NO CASO DE ELE ESCOLHER A HIPÓTESE ALTERNATIVA (C), SUA SUSPEITA DE MAIORIA CAIRÁ SOBRE AS BOLAS VERMELHAS; A HIPÓTESE SERÁ **UNICAUDAL ESQUERDA** E O ERRO, AGORA, ESTARÁ CONCENTRADO NO LADO **ESQUERDO**.

Vamos supor que o pesquisador tenha escolhido a $H_a: P(B) < 0,5$.

O passo seguinte é realizar um **EXPERIMENTO** que lhe permita testar a $H_0: P(B) = 0,5$. Por exemplo, **EXTRAIR POR SORTEIO E COM REPOSIÇÃO 6 BOLAS**.

Seja que ele tenha extraído 1 bola branca e 5 bolas vermelhas.

Indicando por **R (Espaço Experimental)** o **CONJUNTO DE TODOS OS RESULTADOS POSSÍVEIS NO EXPERIMENTO**, temos:

---

R: 0, 1, 2, 3, 4, 5 ou 6 bolas **BRANCAS**

O foco da atenção do pesquisador deverá estar voltado para este lado (esquerdo).

A variável X pode assumir qualquer desses valores.

---

Por alguma razão, o pesquisador suspeitou que poderia haver **MENOS** bolas brancas que vermelhas. Por isso a $H_a: P(B) < 0,5$.

Então, realizado o experimento, ele **ESPERA POUCAS BOLAS BRANCAS**.

E se saírem muitas bolas brancas?

O PESQUISADOR PODE ERRONEAMENTE DECIDIR REJEITAR A $H_0$ MESMO QUE ELA SEJA **VERDADEIRA**. (SÓ QUE ELE **NÃO SABE** DISSO.) MAS, SE ELA FOR **VERDADEIRA**, ELE QUER QUE A **PROBABILIDADE** DE VIR A COMETER ESSE ERRO (TIPO I) SEJA **PEQUENA**. ESSA PROBABILIDADE CHAMA-SE

# NÍVEL DE SIGNIFICÂNCIA.

O QUE O PESQUISADOR EFETIVAMENTE FAZ É O SEGUINTE: ESTABELECE UM **CRITÉRIO** PARA **REPARTIR R** (ESPAÇO EXPERIMENTAL) EM DOIS PEDAÇOS CHAMADOS, RESPECTIVAMENTE, **REGIÃO CRÍTICA ($R_c$)** E **REGIÃO NÃO CRÍTICA ($R_c^*$)** *.

SE O VALOR DE X OBTIDO **NO EXPERIMENTO** PERTENCER À REGIÃO CRÍTICA, A $H_0$ **DEVERÁ SER REJEITADA**; SE O VALOR DE X PERTENCER À REGIÃO NÃO CRÍTICA, A $H_0$ **NÃO DEVERÁ SER REJEITADA**.

EM SUMA:

SE $X \in R_c$ ⟶ $H_0$ REJEITADA
SE $X \in R_c^*$ ⟶ $H_0$ NÃO REJEITADA
OU $X \notin R_c$

---

* $R_c$ LÊ-SE "ERRE-CÊ"; $R_c^*$ LÊ-SE "ERRE-CÊ-ESTRELA".

O **CRITÉRIO** PARA REPARTIR R DE TAL MODO QUE

$$R_c + R_c{}^* = R$$

É DADO PELO NÍVEL DE SIGNIFICÂNCIA (VER P. 149).

O NÍVEL DE SIGNIFICÂNCIA, INDICADO POR $\alpha$, PODE TER QUALQUER VALOR (0,1%, 1%, 2%, 5% ETC.), MAS RARAMENTE EXCEDE 15%.

VAMOS SUPOR $\alpha = 12\%$. $\left(\begin{array}{l}\text{SÓ A TÍTULO DE}\\\text{ILUSTRAÇÃO.}\end{array}\right)$

ADAPTANDO $(q+p)^n$ ÀS CONDIÇÕES DO EXPERIMENTO E DESENVOLVENDO O BINÔMIO, RESULTA QUE:

$$(q+p)^n \to (q+p)^6 = q^6 + 6q^5 p + 15 q^4 p^2 + 20 q^3 p^3 + \ldots + p^6$$

$P(X=0)$ $P(X=2)$

$P(X=1)$ $P(X=3)$

## ENTÃO:

$P(X=0) = q^6 = (0,5)^6 = 0,015625$ *

ORA, $0,015625 < 0,12$.

ENTÃO $(X=0)$ SERVE, ISTO É, FAZ PARTE DA $R_c$.

> NÃO É PRECISO COMPLETAR O DESENVOLVIMENTO POIS SÓ NOS INTERESSAM OS VALORES DE X **MAIS** BAIXOS.

$P(X=1) = 6q^5 p = 6(0,5)^5 (0,5) =$
$= 6(0,015625) = 0,09375$

ORA, $0,09375 < 0,12$.

ENTÃO $(X=1)$ SERVE, ISTO É, FAZ PARTE DA $R_c$.

---

*POR QUE $q = 0,5$? PORQUE $p = 0,5$. ESSA INFORMAÇÃO SAI DA $H_0$.

ALÉM DISSO,
$(0,015625) + (0,09375) = 0,109375 < 0,12$

É PRECISO QUE A **SOMA** DAS PROBABILIDADES **TAMBÉM** SEJA **MENOR** QUE 12%.

$P(X=2) = 15 q^4 p^2 = 15(0,5)^4 (0,5)^2 =$
$= 15(0,015625) = 0,234375$
COMO $0,234375 > 0,12$, $(X=2)$ **NÃO** FAZ PARTE DA $R_C$.

— **CONCLUSÃO** * —

COMO $(X=1) \in R_C \rightarrow H_0$ REJEITADA **

* $(X=1)$ DE ACORDO COM O EXPERIMENTO DA P. 148.
** $H_0$ FOI REJEITADA COM UM $\alpha$ **EFETIVO** DE 10,9% (APROX.). EMBORA O PESQUISADOR ESTIVESSE **DISPOSTO A TRANSIGIR** ATÉ 12%, O EXPERIMENTO, DA FORMA COMO FOI MONTADO, IMPEDIU-O DE "ERRAR TANTO".

Rejeitar $H_0$ significa não concordar com a relação $P(B) = 0,5$. Então, **NA FALTA DE HIPÓTESE MELHOR**, ficamos com a $H_a$ que **SUGERE** ser o número de bolas brancas **MENOR** que o de bolas vermelhas.

⇕

Rejeitar $H_0$ significa **NÃO REJEITAR $H_a$** (com a certeza de não estar cometendo, neste caso, Erro Tipo I superior a 12%).

Como vimos páginas atrás, o pesquisador comete esse tipo de erro sempre que **DEIXA DE REJEITAR UMA HIPÓTESE FALSA**.

Ora, da mesma forma que ele não quer rejeitar uma hipótese verdadeira (e por isso fixa um $\alpha$ **PEQUENO**), tampouco quer deixar de rejeitar uma hipótese falsa.

O jeito é buscar uma **PROBABILIDADE GRANDE** associada a esse risco, pois, sendo **GRANDE**, ela "DENUNCIA" a presença do erro.

Assim ele não fica com a incômoda sensação de ter comido gato por lebre.

152

A PROBABILIDADE DE NÃO COMETER UM ERRO TIPO II CHAMA-SE **PODER DO EXPERIMENTO** (OU SIMPLESMENTE **PODER**) E É DESIGNADA POR $\beta$.
ENTÃO: $P\begin{pmatrix}\text{NÃO COMETER}\\ \text{ERRO TIPO II}\end{pmatrix} = \beta$.

NA VERDADE, O **PODER** REPRESENTA A **SENSIBILIDADE DA REGIÃO CRÍTICA** PARA PERCEBER (E REJEITAR) UMA HIPÓTESE FALSA.

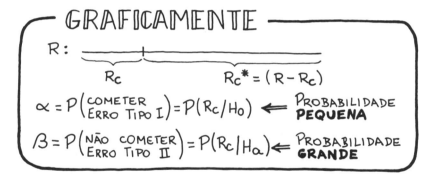

ESSAS NOTAÇÕES SIGNIFICAM O SEGUINTE:

★ $\alpha$ É A PROBABILIDADE DE A $R_C$ **REJEITAR** A $H_0$ **SE** ELA (A $H_0$) FOR VERDADEIRA.

★★ $\beta$ É A PROBABILIDADE DE A $R_C$ **NÃO REJEITAR** A $H_\alpha$ **SE** ELA (A $H_\alpha$) FOR VERDADEIRA.

153

Vamos a um exemplo não numérico*.

Imaginemos as **MÃOS** de duas pessoas: de um **PROFESSOR** e de uma **SENHORA** bem posta na vida, classe A.

A dele, embora "socialmente aceitável", é um pouco **ÁSPERA**, fruto de constante contato com giz.

A dela é **FINA** e bem cuidada, talvez por não ter de fazer os serviços chamados "menos nobres".

Vamos designar a mão do homem por $M_♂$.

Vamos designar a mão da mulher por $M_♀$.

* Dada a natureza elementar deste livro, não serão feitas considerações **NUMÉRICAS** (isto é, cálculo de probabilidades) sobre o **PODER**. O leitor interessado nesse tópico poderá consultar LEVIN, JACK, ESTATÍSTICA APLICADA A CIÊNCIAS HUMANAS, 2. ed., São Paulo, Harbra, 1987, pp. 264 e 265.

**PROBLEMA**

Decidir qual das mãos é mais **DELICADA**.

Como resolver este problema?!

**EXPERIMENTO (N.º 1):** Um **PEDREIRO** vai **CUMPRIMENTAR AMBOS** (o professor e a senhora) apertando a **MÃO** de cada um.

· · · · · · · · · · · · · · · · · · · · · · ·

**EXPERIMENTO (N.º 2):** Uma **ENFERMEIRA DE BERÇÁRIO** vai cumprimentar ambos apertando a mão de cada um.

---

Pois bem, sabemos que $M_♀$ é mais delicada que $M_♂$. (Mas isso **NÓS** sabemos.* O **PEDREIRO** não sabe, nem a **ENFERMEIRA**.)

**ENTÃO:** $H_0: M_♀ = M_♂$
\*   $\updownarrow$
$H_a: M_♀ \neq M_♂$

Admitindo que as diferenças sejam tão pequenas que possam ser explicadas pelo **ACASO**.

Se considerarmos as mãos do pedreiro e da enfermeira como **INSTRUMENTOS DE MEDIDA** (e **GERADORES DE VALORES** que farão parte da $R_c$ e da $R_c^*$) é provável que...

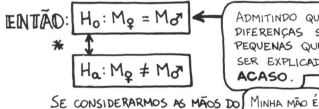

Minha mão é tudo isso?!

---

\* O sinal $\updownarrow$ significa que a $H_0$ deve ser testada **CONTRA** a $H_a$ (e nunca **A FAVOR**), no sentido de que a rejeição de uma leva obrigatoriamente à não rejeição da outra.

155

...A **ENFERMEIRA PERCEBA DIFERENÇA** ENTRE $M_♀$ E $M_♂$ E **CONSIGA** DIZER QUE $M_♀$ É A MAIS **DELICADA**.

...O **PEDREIRO NÃO PERCEBA DIFERENÇA** ENTRE $M_♀$ E $M_♂$ E **NÃO CONSIGA** DIZER QUAL A MAIS **DELICADA**.

POR QUÊ?...

PORQUE A MÃO DO PEDREIRO É, DADA A NATUREZA DE SEU TRABALHO, MUITO GROSSA. OS CALOS TIRAM-LHE **SENSIBILIDADE** E, COM ISSO, ELE TEM MENOR CAPACIDADE DE PERCEBER PEQUENAS DIFERENÇAS TÁCTEIS.

- O $\beta$ DO PEDREIRO É **PEQUENO**.
- A MÃO DO PEDREIRO (= INSTRUMENTO) TEM **PEQUENO PODER**.

...A CASCA DO ABACAXI É SUAVE COMO UMA SEDA, NÃO?

156

A mão da enfermeira (de berçário) deve ter, também dada a natureza de seu trabalho, características opostas às observadas nas mãos do pedreiro. Logo:

- O $\beta$ da enfermeira é **GRANDE**.
- A mão da enfermeira (= INSTRUMENTO) tem **GRANDE PODER**.

Na prática, o Estatístico (pesquisador, cientista) faz o seguinte: **FIXA UM $\alpha$ PEQUENO** e monta o experimento de forma que o seu $\beta$ seja o **MAIOR POSSÍVEL**.

# PARA TERMINAR

- SE APARECER O SINAL $\neq$ NA $H_a$ ELA É **BICAUDAL. SEMPRE!**

- SE APARECER O SINAL $>$ OU $<$, ELA É **UNICAUDAL. SEMPRE!**

- TRANSFORMANDO $>$ OU $<$ EM "FLECHA", "QUALIFICA-SE A UNICAUDAL. ASSIM:
  - $\longrightarrow$ UNICAUDAL **DIREITA**
  - $\longleftarrow$ UNICAUDAL **ESQUERDA**

- UMA **PROVA DE HIPÓTESE** FUNCIONA COMO UMA **LENTE DE AUMENTO**: COM ELA, O PESQUISADOR "AMPLIA" AS DIFERENÇAS E, ENXERGANDO-AS MELHOR, PODE TOMAR DECISÕES INTELIGENTES.

- O VALOR DE $\alpha$ (NÍVEL DE SIGNIFICÂNCIA) DEVE SER FIXADO **ANTES** DA REALIZAÇÃO DO EXPERIMENTO.

CLARO! SE EU NÃO TIVER DE DIZER **ANTES** DO JOGO PARA QUAL TIME EU TORÇO, O "MEU TIME" **NUNCA** VAI PERDER. O $\alpha$ É ISSO!

# — OBSERVAÇÃO IMPORTANTE —

Neste ponto, consideramos importante fazer as seguintes considerações:

➡️ Tradicionalmente, a Estatística comporta duas grandes divisões relativamente à questão inferencial: Estatística Paramétrica e Estatística Não Paramétrica;

➡️ a Estatística Paramétrica engloba todas as técnicas inferenciais que dependem do conhecimento prévio de parâmetros; em outras palavras, conhecimento, relativamente à variável, da **distribuição de probabilidade subjacente**, da **forma da distribuição** e do **campo de variação**. Além disso, muitas dessas técnicas pressupõem que a variável de interesse tenha, na população-mãe, **distribuição normal**. Para completar, as técnicas paramétricas exigem **amostras razoavelmente grandes**, o que nem sempre é possível em função do tempo disponível para a pesquisa, da verba ou dos recursos humanos. É também exigência formal que a variável objeto de análise seja de, no mínimo, 3.º nível de mensuração.

➡️ a Estatística Não Paramétrica, por seu turno, tem **exigências** muito mais **brandas** quando comparadas com as da **Paramétrica**. As **amostras**

NÃO PRECISAM SER MUITO GRANDES (EM GERAL, $n < 30$, EMBORA HAJA EXCEÇÕES), OS **CÁLCULOS SÃO** RAZOAVELMENTE **SIMPLES** E NÃO HÁ A NECESSIDADE FORMAL DE CONHECIMENTO RELACIONADO COM A **DISTRIBUIÇÃO DE PROBABILIDADE** OU COM A **FORMA DA DISTRIBUIÇÃO** DA VARIÁVEL SOB ANÁLISE.

➡ ENTRETANTO, HÁ CONSENSO ENTRE MUITOS AUTORES NO SENTIDO DE QUE AS **TÉCNICAS PARAMÉTRICAS** POSSUEM MAIOR PODER DO QUE AS **NÃO** PARAMÉTRICAS.

# 10 DISTRIBUIÇÃO NORMAL

## OBJETIVOS ESPECÍFICOS

Ao concluir o estudo deste capítulo, o leitor deverá ser capaz de

- Identificar as **CARACTERÍSTICAS VISÍVEIS DE UMA CURVA NORMAL**;

- Nomear os **PARÂMETROS** de uma distribuição normal;

- Distinguir a diferença entre **FENÔMENO NORMAL**, **FENÔMENO IDEAL** e **FENÔMENO COMUM**;

- Operar com a chamada **NORMAL REDUZIDA**;

- Transformar **X** em **Z**;

- Utilizar adequadamente uma **TABELA DE NORMAL**;

- Resolver problemas de **BINOMIAL** por recorrência à distribuição **NORMAL**.

# A DISTRIBUIÇÃO NORMAL

É uma das mais importantes distribuições de probabilidades conhecidas. Isto se deve não só aos recursos que ela própria oferece, mas também ao fato de que muitas outras distribuições de probabilidades **CONVERGEM** para ela.

(... é como um rio que tem vários afluentes...)

A **FORMA GRÁFICA** da distribuição normal lembra um sino. Ela é conhecida por várias denominações: **CURVA NORMAL**, **CURVA EM SINO** e **CURVA DE GAUSS**.

Os primeiros estudos ligados à distribuição normal foram feitos por De Moivre e, cem anos depois, por Laplace, que consolidou as descobertas feitas até então.

Tá bom! Já sei que é curva em sino...!!! Não precisava me deixar surdo!

- Embora Gauss tenha **NASCIDO** 23 anos **DEPOIS** da morte de De Moivre, a **DISTRIBUIÇÃO** e a **CURVA NORMAIS** acabaram recebendo o **SEU** nome.

*É sempre assim: papagaio come o milho e periquito leva a fama...!*

# CARACTERÍSTICAS VISUAIS DE UMA CURVA NORMAL

$-\infty$    X    $+\infty$
MÉDIA = MEDIANA = MODA

A curva é **SIMÉTRICA** com relação à perpendicular no ponto X que coincide com a média aritmética.

$\therefore \begin{pmatrix} \text{ÁREA} \\ \text{PONTILHADA} \end{pmatrix} = \begin{pmatrix} \text{ÁREA} \\ \text{HACHURADA} \end{pmatrix}$

## PARÂMETROS DE UMA DISTRIBUIÇÃO NORMAL são **INDICADORES POPULACIONAIS**. A distribuição normal tem dois: **MÉDIA ARITMÉTICA** ($\mu$) e **VARIÂNCIA** ($\sigma^2$).

## FAMÍLIA NUMEROSA
Existem **INFINITAS DISTRIBUIÇÕES** (e **CURVAS**) **NORMAIS**: basta que mude um dos parâmetros para termos outra distribuição. Ver gráficos abaixo.

MESMA MÉDIA, VARIÂNCIAS DIFERENTES: $\sigma_B^2 > \sigma_A^2$.

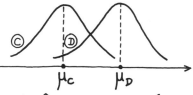

VARIÂNCIAS IGUAIS, MÉDIAS DIFERENTES: $\mu_D > \mu_C$.

## IMPORTANTE

★ A DISTRIBUIÇÃO NORMAL É UMA **DISTRIBUIÇÃO CONTÍNUA**: X PODE ASSUMIR **QUAISQUER VALORES DO CAMPO REAL** DESDE $-\infty$ ATÉ $+\infty$.

- SE X TIVER DISTRIBUIÇÃO **BINOMIAL**, SÓ PODERÁ TER **VALORES INTEIROS**: 0, 1, 2, 3 ETC.
  X → VARIÁVEL **DISCRETA OU DESCONTÍNUA**.

- SE X TIVER DISTRIBUIÇÃO **NORMAL**, PODERÁ ASSUMIR O VALOR $\left[\dfrac{(\sqrt{2})(\sqrt{7})}{13}\right]$, POR EXEMPLO.

★★ UMA FORMA ABREVIADA DE INDICAR QUE A VARIÁVEL X SE DISTRIBUI NORMALMENTE (OU TEM DISTRIBUIÇÃO NORMAL) É ESCREVER $X \to N(\mu; \sigma^2)$, ONDE $\mu$ E $\sigma^2$ SÃO OS **PARÂMETROS FUNDAMENTAIS**.

★★★ POR SER SIMÉTRICA, A CURVA NORMAL POSSUI IMPORTANTE PROPRIEDADE: SE LEVANTARMOS PERPENDICULARES AO EIXO DOS X NOS PONTOS $(\mu \pm \sigma)$, $(\mu \pm 2\sigma)$, $(\mu \pm 3\sigma)$, OBTEREMOS, RESPECTIVAMENTE, AS SEGUINTES **ÁREAS SOB A CURVA**: 68,26%, 95,44% E 99,74%.

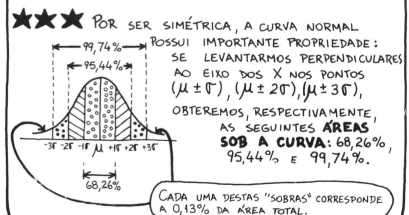

CADA UMA DESTAS "SOBRAS" CORRESPONDE A 0,13% DA ÁREA TOTAL.

★★★★ A curva normal é **ASSINTÓTICA** com relação ao eixo **HORIZONTAL**, isto é, suas **CAUDAS** aproximam-se dele, mas **NÃO** o tocam jamais. Na prática, entretanto, com $\mu \pm 3\sigma$ (média $\pm$ 3 desvios padrões), 99,74% da área sob a curva ficam cobertos. (Lembrar que a área sob a curva corresponde a 100%.)

# NORMAL × IDEAL × COMUM

Essas três ideias são habitualmente confundidas no linguajar comum e usadas como sinônimos entre si.

Um fenômeno é **NORMAL** quando os **VALORES** da **VARIÁVEL** que o exprime encontram abrigo **SOB** a **CURVA NORMAL**. Por exemplo, **ESTATURA** é uma variável que tem distribuição **NORMAL**; logo, não há pessoa por **BAIXA** ou **ALTA** que seja que não se encaixe sob a curva.

Um fenômeno é **IDEAL** quando sua ocorrência é **DESEJÁVEL**. Por exemplo, **NÃO TER CÁRIES** é um fenômeno desejável — portanto **IDEAL** — embora saibamos que, na prática, cáries ocorrem. Então, **TER CÁRIES** é **NORMAL** ainda que não seja **IDEAL**.

**COMUM** é o que acontece **HABITUALMENTE**. As ocorrências comuns estão localizadas no **MEIO DA CURVA** (68% aproximadamente); as ocorrências mais **RARAS** distanciam-se da média ($\mu$) e localizam-se nas **CAUDAS**.

Estaturas **MUITO PEQUENAS** ou **MUITO GRANDES** podem **NÃO** ser **COMUNS** (estão nas **CAUDAS**), mas são **NORMAIS**.

Mamãe diz que eu sou normal! Será??...

# NORMAL REDUZIDA

Vamos imaginar uma variável X que tenha distribuição normal com média aritmética $\mu$ e desvio padrão $\sigma$. (Observar que se trata de uma **POPULAÇÃO**, pois, se se tratasse de uma **AMOSTRA**, os símbolos seriam $\bar{X}$ e $S(X)$.) Se "empurrarmos" o eixo vertical (frequências) para a direita até o centro da curva, teremos feito uma operação chamada **MUDANÇA DE ORIGEM**, em que o **ZERO** "mudou de lugar". Assim:

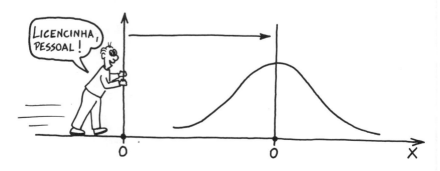

Licencinha, pessoal!

Tomando uma nova variável Z e definindo-a como

$$Z_c = \frac{X_i - \mu}{\sigma}$$

onde $X_i$ é qualquer valor da variável X no campo real $(-\infty$ até $+\infty)$, teremos construído uma **DISTRIBUIÇÃO NORMAL REDUZIDA** (também chamada **DISTRIBUIÇÃO NORMAL PADRONIZADA**) com os seguintes parâmetros:

$$\mu = 0 \qquad \sigma^2 = 1 \qquad \sigma = 1$$

Estas operações e esses dados são muito importantes por duas razões:

- As **INFINITAS** distribuições normais reduzem-se a apenas **UMA**: $N(0;1)$, onde $\mu = 0$ e $\sigma^2 = 1$;

- - A variável Z é desprovida de unidade de medida, ou seja, constitui um **NÚMERO PURO**.

**OBSERVAÇÃO:** $Z_c$ (Z-crítico) é o valor que a variável Z assume para um dado $X_i$.

• • • • • • • • • • • • • • • • • • • • •

# TRANSFORMAÇÃO DE X EM Z

A transformação que fizemos acima fez com que Z viesse expressa em termos de **DESVIOS PADRÕES**.

167

Por exemplo, se $X \to N(40; 16)$; $X_i = 44$ transforma-se em $Z_c = 1$ (isto é, 1 desvio padrão à direita da média). Assim:

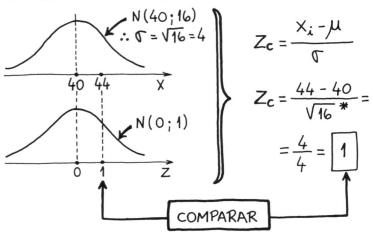

COMPARAR

Mais um exercício. Seja X com os seguintes parâmetros: $N(25; 36)$. Qual o valor de $Z_c$ para $X_i = 18$?

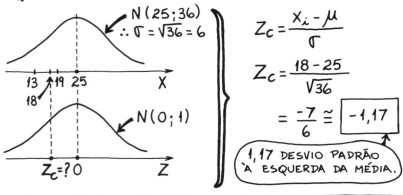

1,17 desvio padrão à esquerda da média.

*Lembrar que desvio padrão é sempre **POSITIVO**.

Para consultar a tábua, é preciso **DECOMPOR** o $Z_c$ em **DUAS PARCELAS**:

$\underbrace{\text{PARTE INTEIRA} + 1^{\underline{a}}\text{ CASA DECIMAL}}_{1^{\underline{a}}\text{ PARCELA}}$ E $\underbrace{0{,}0 + 2^{\underline{a}}\text{ CASA DECIMAL}}_{2^{\underline{a}}\text{ PARCELA}}$

Assim:

se $Z_c = 1{,}39 \Rightarrow$  $1^{\underline{a}}$ PARCELA → $1{,}3$
 $2^{\underline{a}}$ PARCELA → $0{,}09$

se $Z_c = 2{,}00 \Rightarrow$  $1^{\underline{a}}$ PARCELA → $2{,}0$
 $2^{\underline{a}}$ PARCELA → $0{,}00$

O Z decomposto em duas parcelas compõe a "moldura" da tábua. No **CRUZAMENTO** das duas parcelas encontra-se a **PROBABILIDADE CORRESPONDENTE À ÁREA DA CURVA ENTRE 0 E O** $Z_c$ CALCULADO (também chamado **CRÍTICO**).

| $Z_c$ | 0,00 | 0,01 | 0,02 | 0,03 | 0,04 | 0,05 | 0,06 | 0,07 | 0,08 | 0,09 |
|---|---|---|---|---|---|---|---|---|---|---|
| 0,0 | 0,0000 | 0,0040 | 0,0080 | 0,0120 | 0,0160 | 0,0199 | 0,0239 | 0,0279 | 0,0319 | 0,0359 |
| 0,1 | 0,0398 | 0,0438 | 0,0478 | 0,0517 | 0,0557 | 0,0596 | 0,0636 | 0,0675 | 0,0714 | 0,0753 |
| 0,2 | 0,0793 | 0,0832 | 0,0871 | 0,0910 | 0,0948 | 0,0987 | 0,1026 | 0,1064 | 0,1103 | 0,1141 |
| 0,3 | 0,1179 | 0,1217 | 0,1255 | 0,1293 | 0,1331 | 0,1368 | 0,1406 | 0,1443 | 0,1480 | 0,1517 |
| 0,4 | 0,1554 | 0,1591 | 0,1628 | 0,1664 | 0,1700 | 0,1736 | 0,1772 | 0,1808 | 0,1844 | 0,1879 |
| 0,5 | 0,1915 | 0,1950 | 0,1985 | 0,2019 | 0,2054 | 0,2088 | 0,2123 | 0,2157 | 0,2190 | 0,2224 |
| 0,6 | 0,2257 | 0,2291 | 0,2324 | 0,2357 | 0,2389 | 0,2422 | 0,2454 | 0,2486 | 0,2517 | 0,2549 |
| 0,7 | 0,2580 | 0,2611 | 0,2642 | 0,2673 | 0,2704 | 0,2734 | 0,2764 | 0,2794 | 0,2823 | 0,2852 |
| 0,8 | 0,2881 | 0,2910 | 0,2939 | 0,2967 | 0,2995 | 0,3023 | 0,3051 | 0,3078 | 0,3106 | 0,3133 |
| 0,9 | 0,3159 | 0,3186 | 0,3212 | 0,3238 | 0,3264 | 0,3290 | 0,3315 | 0,3340 | 0,3365 | 0,3389 |
| 1,0 | 0,3413 | 0,3438 | 0,3461 | 0,3485 | 0,3508 | 0,3531 | 0,3554 | 0,3577 | 0,3599 | 0,3621 |
| 1,1 | 0,3643 | 0,3665 | 0,3686 | 0,3708 | 0,3729 | 0,3749 | 0,3770 | 0,3790 | 0,3810 | 0,3830 |
| 1,2 | 0,3849 | 0,3869 | 0,3888 | 0,3907 | 0,3925 | **0,3944** | 0,3962 | 0,3980 | 0,3997 | 0,4015 |
| 1,3 | 0,4032 | 0,4049 | 0,4066 | 0,4082 | 0,4099 | 0,4115 | 0,4131 | 0,4147 | 0,4162 | **0,4177** |
| 1,4 | 0,4192 | 0,4207 | 0,4222 | 0,4236 | 0,4251 | 0,4265 | 0,4279 | 0,4292 | 0,4306 | 0,4319 |

| $Z_c$ | 0,00 | 0,01 | 0,02 | 0,03 | 0,04 | 0,05 | 0,06 | 0,07 | 0,08 | 0,09 |
|---|---|---|---|---|---|---|---|---|---|---|
| 1,5 | 0,4332 | 0,4345 | 0,4357 | 0,4370 | 0,4383 | 0,4394 | 0,4406 | 0,4418 | 0,4429 | 0,4441 |
| 1,6 | 0,4452 | 0,4463 | 0,4474 | 0,4484 | 0,4495 | 0,4505 | 0,4515 | 0,4525 | 0,4535 | 0,4545 |
| 1,7 | 0,4554 | 0,4564 | 0,4573 | 0,4582 | 0,4591 | 0,4599 | 0,4608 | 0,4616 | 0,4625 | 0,4633 |
| 1,8 | 0,4641 | 0,4649 | 0,4656 | 0,4664 | 0,4671 | 0,4678 | 0,4686 | 0,4693 | 0,4699 | 0,4706 |
| 1,9 | 0,4713 | 0,4719 | 0,4726 | 0,4732 | 0,4738 | 0,4744 | 0,4750 | 0,4756 | 0,4761 | 0,4767 |
| 2,0 | **0,4772** | 0,4778 | 0,4783 | 0,4788 | 0,4793 | 0,4798 | 0,4803 | 0,4808 | 0,4812 | 0,4817 |
| 2,1 | 0,4821 | 0,4826 | 0,4830 | 0,4834 | 0,4838 | 0,4842 | 0,4846 | 0,4850 | 0,4854 | 0,4857 |
| 2,2 | 0,4861 | 0,4864 | 0,4868 | 0,4871 | 0,4875 | 0,4878 | 0,4881 | 0,4884 | 0,4887 | 0,4890 |
| 2,3 | 0,4893 | 0,4896 | 0,4898 | 0,4901 | 0,4904 | 0,4906 | 0,4909 | 0,4911 | 0,4913 | 0,4916 |
| 2,4 | 0,4918 | 0,4920 | 0,4922 | 0,4925 | 0,4927 | 0,4929 | 0,4931 | 0,4932 | 0,4934 | 0,4936 |
| 2,5 | 0,4938 | 0,4940 | 0,4941 | 0,4943 | 0,4945 | 0,4946 | 0,4948 | 0,4949 | 0,4951 | 0,4952 |
| 2,6 | 0,4953 | 0,4955 | 0,4956 | 0,4957 | 0,4959 | 0,4960 | 0,4961 | 0,4962 | 0,4963 | 0,4964 |
| 2,7 | 0,4965 | 0,4966 | 0,4967 | 0,4968 | 0,4969 | 0,4970 | 0,4971 | 0,4972 | 0,4973 | 0,4974 |
| 2,8 | 0,4974 | 0,4975 | 0,4976 | 0,4977 | 0,4977 | 0,4978 | 0,4979 | 0,4979 | 0,4980 | 0,4981 |
| 2,9 | 0,4981 | 0,4982 | 0,4982 | 0,4983 | 0,4984 | 0,4984 | 0,4985 | 0,4985 | 0,4986 | 0,4986 |
| 3,0 | 0,4987 | | | | | | | | | |
| 4,0 | 0,49997 | | | | | | | | | |

FONTE: LEVIN, JACK. ESTATÍSTICA APLICADA A CIÊNCIAS HUMANAS. 2.ED., SÃO PAULO, HARBRA, 1987, P. 357 (ADAPTAÇÃO).

Então: VOLTEMOS AO EXEMPLO DA P. 167, ONDE $Z_c = 1,39$.

→ PROCURAR 1,3 NA MARGEM ESQUERDA (VERTICAL);
→ PROCURAR 0,09 NA MARGEM SUPERIOR (HORIZONTAL);
→ CRUZAR ESSES VALORES E LER A PROBABILIDADE NO MIOLO DA TÁBUA.

TEMOS:

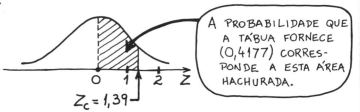

A PROBABILIDADE QUE A TÁBUA FORNECE (0,4177) CORRESPONDE A ESTA ÁREA HACHURADA.

---

VAMOS AGORA A UM PROBLEMA UM POUCO MAIS COMPLEXO. SUPONHAMOS $X \to N(40; 16)$. QUAL A PROBABILIDADE DE X PERTENCER AO INTERVALO 40 ⊢⊣ 45?

## SOLUÇÃO

$P(40 \leq X \leq 45) =$
$= P(0 \leq Z \leq ?)$

ESTE VALOR PRECISA SER CALCULADO.

ENTÃO: $Z_c = \dfrac{X_i - \mu}{\sigma} =$

$= \dfrac{45 - 40}{\sqrt{16}} = \dfrac{5}{4} = \underline{\underline{1,25}}$

∴ $P(40 \leq X \leq 45) = P(0 \leq Z \leq 1,25)$

Decompondo 1,25, vem que:

$$1{,}25 = 1{,}2 + 0{,}05$$

↑ PROCURAR NA MARGEM ESQUERDA
← PROCURAR NA MARGEM SUPERIOR

P(CORRESPONDENTE A $Z_c = 1{,}25$) = 0,3944

∴ $P(40 \leq X \leq 45) = 0{,}3944$

Essa probabilidade "mede" a **ÁREA** da **PORÇÃO HACHURADA** da curva.

NÃO VEJO A MENOR PROBABILIDADE DE NAMORAR AQUELE VIRA-LATA.....

Vamos agora examinar a seguinte questão: $X \to N(30; 16)$. Calcular:
  A) $P(X \geq 40)$;
  B) $P(X \leq 20)$;
  C) $P(35 \leq X \leq 42)$*.

---

*Sendo Z **CONTÍNUA**, tanto faz < ou ≤ ; > ou ≥.

- **PASSO 1 —** TRANSFORMAR $X$ EM $Z$, ISTO É, PARA CADA CASO ESCREVER O $Z_c$ QUE CORRESPONDE AO $X_i$ DADO*.

- **PASSO 2 —** FAZER OS GRÁFICOS PARA VISUALIZAÇÃO.

- **PASSO 3 —** LER NA TÁBUA AS PROBABILIDADES PEDIDAS (ÀS VEZES É PRECISO FAZER ALGUMAS OPERAÇÕES SIMPLES ( + OU – ) PARA OBTER A RESPOSTA FINAL).

• • • • • • • • • • • • • • • • • • • • • •

A) $P(X \geqslant 40) = P(Z \geqslant ?)$ ← É ESTE O VALOR QUE VAMOS CALCULAR INICIALMENTE.

$$Z_c = \frac{X_i - \mu}{\sigma} = \frac{40 - 30}{\sqrt{16}} = \frac{10}{4} = \mathbf{2{,}50}$$

∴ $P(X \geqslant 40) = P(Z \geqslant 2{,}50)$

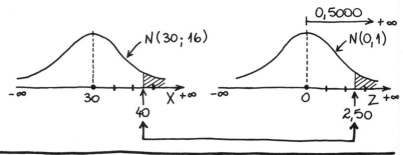

———————————————————————————

*NA RESOLUÇÃO, ELIMINAMOS O ÍNDICE $i$ DO $X$ E DO $Z$.

Ora, a tábua dá probabilidades correspondentes ao intervalo $0 \vdash\!\!\dashv Z_c$, mas o que está sendo pedido cai **ALÉM** (para a direita) de $Z_c = 2,50$. Sabemos, entretanto, que a **ÁREA TOTAL** sob a curva corresponde a 1, em termos de **PROBABILIDADE** (ou a 100%, em termos de **PORCENTAGEM**); logo, sendo simétrica a curva, a probabilidade correspondente ao intervalo $0 \vdash +\infty$ é 0,5 (ver gráfico da p. 172).

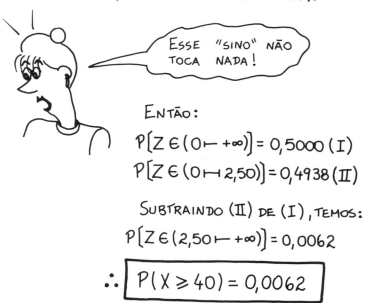

Esse "sino" não toca nada!

Então:

$$P[Z \in (0 \vdash +\infty)] = 0,5000 \quad (I)$$
$$P[Z \in (0 \vdash 2,50)] = 0,4938 \quad (II)$$

Subtraindo (II) de (I), temos:

$$P[Z \in (2,50 \vdash +\infty)] = 0,0062$$

$$\therefore \boxed{P(X \geq 40) = 0,0062}$$

• • • • • • • • • • • • • • • • • • • • • •

B) $P(X \leq 20) = P(Z \leq \boxed{?})$ ← Este é o valor que vamos calcular inicialmente.

$$Z_c = \frac{X_i - \mu}{\sigma} = \frac{20 - 30}{\sqrt{16}} = \frac{-10}{4} = -2,50$$

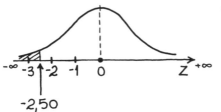

-2,50

Por este resultado vemos que este problema é **QUASE IGUAL** ao anterior. A diferença é que o $Z_c$ é **NEGATIVO**, isto é, **À ESQUERDA** de $\mu = 0$, mas a probabilidade procurada é **POSITIVA**. (PROBABILIDADE **NEGATIVA NÃO EXISTE**.)

ENTÃO:

$$P(Z \leq -2,50) = \underbrace{P(-\infty \leq Z \leq 0)}_{0,5000} - \underbrace{P(-2,50 \leq Z \leq 0)}_{0,4938}$$

$P(Z \leq -2,50) = 0,5000 - 0,4938 = 0,0062$

$$\therefore \boxed{P(X \leq 20) = 0,0062}$$

○ ○ ○ ○ ○ ○ ○ ○ ○ ○ ○ ○ ○ ○ ○ ○ ○ ○ ○ ○

c) $P(35 \leq X \leq 42)$

⟦**ATENÇÃO**: Aqui temos de encontrar dois valores de $Z_c$: um para $X = 35$, outro para $X = 42$.⟧

$$Z_c = \frac{X_i - \mu}{\sigma} \begin{array}{l} \nearrow Z_{c_1} = \dfrac{35 - 30}{4} = \dfrac{5}{4} = 1,25 \\ \\ \searrow Z_{c_2} = \dfrac{42 - 30}{4} = \dfrac{12}{4} = 3,00 \end{array}$$

$P(35 \leqslant X \leqslant 42) = P(1,25 \leqslant Z \leqslant 3,00)$

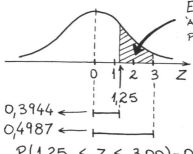

ESTA ÁREA CORRESPONDE À PROBABILIDADE PROCURADA.

ENTÃO:

$P(1,25 \leqslant Z \leqslant 3,00) =$
$= P(0 \leqslant Z \leqslant 3,00) -$
$\quad - P(0 \leqslant Z \leqslant 1,25)$

0,3944
0,4987

$P(1,25 \leqslant Z \leqslant 3,00) = 0,4987 - 0,3944 = 0,1043$

$\therefore \boxed{P(35 \leqslant X \leqslant 42) = 0,1043}$

## BINOMIAL × NORMAL

NA $B(n;p)$, QUANDO **n CRESCE**, A **BINOMIAL** (QUE É UMA DISTRIBUIÇÃO **EXATA**) TENDE PARA A **NORMAL** (QUE É UMA DISTRIBUIÇÃO **APROXIMADA**). EM GERAL, A APROXIMAÇÃO É **BOA** SEMPRE QUE **np** OU **nq** (SEMPRE O **MENOR** PRODUTO) FOR $\geqslant$ **5**. (E A APROXIMAÇÃO TORNA-SE AINDA **MELHOR** QUANDO **n** $\geqslant$ **30**.)

## FÓRMULA RESOLUTIVA

$$Z_c = \frac{(X_i \pm 0,5) - np}{\sqrt{npq}}$$

, ONDE

177

⟶ $X_i$ = VALOR DE R (DO ESPAÇO EXPERIMENTAL)
0,5 = VALOR QUE SE SOMA OU SE SUBTRAI PARA TRANSFORMAR X (DISCRETA) EM Z (CONTÍNUA)

**PROBLEMA:** UMA MOEDA "HONESTA" FOI LANÇADA 12 VEZES. QUAL A PROBABILIDADE DE TEREM SAÍDO NO **MÍNIMO** 8 "CARAS"?

## SOLUÇÃO BINOMIAL (SÓ PARA FINS DE COMPARAÇÃO COM A SOLUÇÃO NORMAL.)

$$P(X \geq 8) = 0,194$$ *

## SOLUÇÃO NORMAL
### GRÁFICO

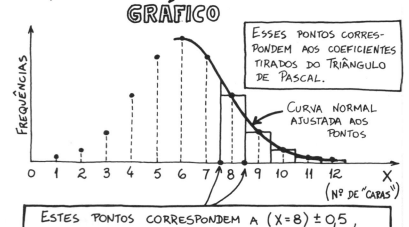

ESSES PONTOS CORRESPONDEM AOS COEFICIENTES TIRADOS DO TRIÂNGULO DE PASCAL.

CURVA NORMAL AJUSTADA AOS PONTOS

ESTES PONTOS CORRESPONDEM A $(X=8) \pm 0,5$, DE ACORDO COM A FÓRMULA DA PÁGINA ANTERIOR.

**CUIDADO!!!** PARA $X \geq 8$, $(X_i - 0,5) = 8 - 0,5 = 7,5$ PORQUE **SÓ ASSIM O 8 ESTARÁ INCLUÍDO.**

---

* A VERIFICAÇÃO FICA POR CONTA DO LEITOR.

# CÁLCULOS

$$Z_c = \frac{(X_i - 0,5) - np}{\sqrt{npq}} = \frac{(8 - 0,5) - (12)(0,5)}{\sqrt{(12)(0,5)(0,5)}} \cong 0,87$$

ENTÃO:
$P(X \geq 8) = P(Z \geq 0,87)$

TEMOS:
$P(Z \geq 0,87) =$
$= P(0 \leq Z \leq +\infty) - P(0 \leq Z \leq 0,87)$
$P(Z \geq 0,87) = 0,5000 - 0,3078 = 0,1922$

∴ $\boxed{P(X \geq 8) = 0,1922}$

ATENÇÃO:
RESPOSTA PELA **BINOMIAL**: 0,194
RESPOSTA PELA **NORMAL**: 0,1922

→ ERRO DE APROXIMAÇÃO = **0,0018** [DESPREZÍVEL NA PRÁTICA]

## APLICAÇÃO NUMA PROVA DE HIPÓTESE

VAMOS IMAGINAR QUE UMA MOEDA TENHA SIDO JOGADA 40 VEZES E QUE TENHAM OCORRIDO 28 "CARAS"(C). QUEREMOS TESTAR, COM $\alpha = 10\%$, SE ESSA MOEDA PODE SER CONSIDERADA "HONESTA".

$H_0: P(C) = 0,5$

$H_a: P(C) \neq 0,5$ ← $H_a$ **BICAUDAL** PORQUE NÃO HÁ NENHUMA INDICAÇÃO SOBRE O LADO DA MOEDA QUE PODERIA ESTAR "DESBALANCEADO".

NESTE EXERCÍCIO VAMOS PROCEDER DE MODO DIFERENTE. EM LUGAR DE BUSCARMOS UMA **PROBABILIDADE A PARTIR DE UM $Z_c$**, VAMOS BUSCAR UM $Z_c$ **A PARTIR** DE UMA **PROBABILIDADE**. E ESSA PROBABILIDADE É DADA PELO **NÍVEL DE SIGNIFICÂNCIA ($\alpha$ = 10%)**.

COMO A $H_a$ É BICAUDAL, $\frac{\alpha}{2}$ = 5% DEVERÁ PRODUZIR EM **AMBAS** AS CAUDAS UM $Z_c$ QUE DEFINIRÁ A **REGIÃO CRÍTICA** ($R_c$).

VAMOS CALCULAR O $Z_c$. SE METADE DA CURVA CORRESPONDE A 0,5000 E $\frac{\alpha}{2}$ DETERMINA A $R_c$ DIREITA, TEMOS:
0,5000 - 0,0500 = **0,4500**

PROCURANDO NO MIOLO DA TÁBUA A PROBABILIDADE 0,4500, ENCONTRAMOS **DOIS** VALORES PARA $Z_c$: UM **POR FALTA**: $Z_{c_1}$ = 1,64 (QUE CORRESPONDE A $p_1$ = 0,4495)

E OUTRO **POR EXCESSO**: $Z_{c_2}$ = 1,65 (QUE CORRESPONDE A $p_2$ = 0,4505).

EM GERAL, O ESTATÍSTICO FICA COM O VALOR QUE PRODUZ A **MENOR DIFERENÇA**. NESTE CASO, É **INDIFERENTE**, POIS AS DIFERENÇAS SÃO RIGOROSAMENTE **IGUAIS**. ENTÃO JÁ TEMOS AS REGIÕES CRÍTICAS DETERMINADAS:

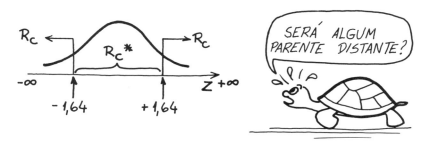

SÓ FALTA AGORA ENCONTRAR O $Z$ QUE CORRESPONDE A $X = 28$ E VERIFICAR SE ELE CAI **DENTRO** OU **FORA** DA $R_c$.

$$Z_c = \frac{(X_i \pm 0,5) - np}{\sqrt{npq}} = \frac{28 \pm 0,5 - 20}{\sqrt{10}} = \frac{28 \pm 0,5 - 20}{3,16}$$

COMO A APROXIMAÇÃO AO 28 PODE SER FEITA **POR FALTA E POR EXCESSO**, VAMOS CONSIDERAR OS DOIS VALORES DE $Z$ QUE DECORREM DA FÓRMULA ACIMA:

$$Z_{c_1} = \frac{27,5 - 20}{3,16} = \frac{7,5}{3,16} = 2,37$$

E

$$Z_{c_2} = \frac{28,5 - 20}{3,16} = \frac{8,5}{3,16} = 2,69$$

Vemos, assim, que $(X=28)$, em termos de $Z$, define um intervalo com os seguintes limites: $2,37 \vdash\!\!\dashv 2,69$.

Ora, **ESSE INTERVALO CAI NA $R_c$ DIREITA**, donde resulta que

$H_0$ REJEITADA.  (Ou seja, a moeda não pode ser considerada equiprovável.)

Vamos ver isso no gráfico:

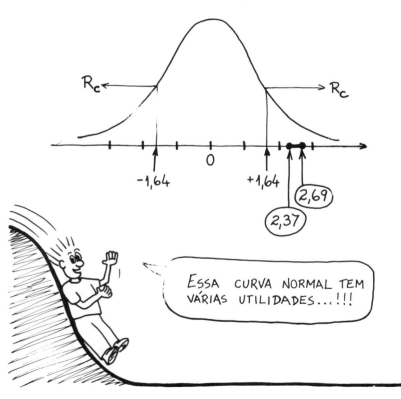

Essa curva normal tem várias utilidades...!!!

# 11 COMPARAÇÃO ENTRE PROPORÇÕES

## OBJETIVOS ESPECÍFICOS

Ao concluir o estudo deste capítulo, o leitor deverá ser capaz de:

- Construir o **INTERVALO DE CONFIANÇA** relativo à proporção de determinado evento;
- Comparar duas proporções mediante **PROVA DE HIPÓTESE**;
- Determinar o **TAMANHO** ideal de uma **AMOSTRA** a partir do nível de significância ($\alpha$) e da proporção de sucessos ($p$).

---

Vamos supor que um candidato postulante à prefeitura de um município encomende uma prévia com uma amostra $n = 1.000$ eleitores. Terminado o trabalho, a agência de pesquisa conclui que o candidato ficou com 55% da preferência. Que significa essa proporção? Será que ele ganha?

*Por que você não pergunta aos parentes e amigos dele?*

PROPORÇÕES PODEM SER MUITO ENGANOSAS À PRIMEIRA VISTA. SUA CORRETA INTERPRETAÇÃO, BASEADA NA DISTRIBUIÇÃO BINOMIAL ESTUDADA NO CAPÍTULO 8, DEPENDE DA CONSTRUÇÃO DE **INTERVALOS DE CONFIANÇA** QUE LEVEM EM CONTA NÃO SÓ A **PROPORÇÃO** DETECTADA PELA CONTAGEM DAS INTENÇÕES DE VOTOS, MAS, TAMBÉM, O **TAMANHO DA AMOSTRA** UTILIZADA E O **NÍVEL DE CONFIANÇA** REQUERIDO.

RECAPITULEMOS O SEGUINTE:

$$MÉDIA \to \mu_B = np$$

$$DESVIO\ PADRÃO \to \sigma_B = \sqrt{npq}$$

SE DIVIDIRMOS AGORA $\mu$ E $\sigma$ POR $n$, E FIZERMOS ALGUMAS OPERAÇÕES ALGÉBRICAS, OBTEREMOS, RESPECTIVAMENTE, A MÉDIA $(\mu_p)$ E O DESVIO PADRÃO $(\sigma_p)$ DE PROPORÇÕES, CUJAS FÓRMULAS SÃO:

$$\mu_p = p$$

$$\sigma_p = \frac{\sqrt{pq}}{n}$$

JUNTANDO ESSAS EXPRESSÕES NUMA SÓ, PODEMOS CALCULAR, COM A CONFIANÇA DESEJADA, O INTERVALO DA PROPORÇÃO $p$. ASSIM:

$$INTERVALO\ DE\ CONFIANÇA\ DE\ i\% = p \pm Z_c \frac{\sqrt{pq}}{n}$$

ONDE $i\%$ = CONFIANÇA DESEJADA.

Assim, com $\alpha = 5\%$, donde resulta $Z_c = 1,96$ (NORMAL), TEMOS:

INTERVALO DE CONFIANÇA DE 95% =
$= 0,55 \pm 1,96 \sqrt{(0,55)(0,45)/1.000}$ *
$= 0,55 \pm 1,96 \sqrt{(0,2475)/1.000}$
$= 0,55 \pm 1,96 \sqrt{0,0002475}$
$= 0,55 \pm (1,96)(0,0157)$
$= 0,55 \pm 0,0308$, DONDE RESULTA O INTERVALO:

$0,55 - 0,0308 = 0,52$
E
$0,55 + 0,0308 = 0,58$

(CONSIDERANDO APENAS DUAS CASAS DECIMAIS). ENTÃO, A PROPORÇÃO DE 55%, NAS CONDIÇÕES PROPOSTAS, ESTÁ **COMPREENDIDA ENTRE 52% E 58%**. DITO DE OUTRA FORMA: 55% É A MÉDIA DOS EXTREMOS DO INTERVALO ACIMA.

---

* NÃO ESQUECER DE QUE $pq = p(q-1)$

Suponhamos agora que um produto, lançado no mercado em 2001, revelasse aceitação de 40 consumidores, numa amostra n = 100. Alguns meses depois, pesquisa realizada com a mesma finalidade demonstra, com uma amostra de n = 300, que o produto estava sendo utilizado por 114 consumidores. Que conclusão pode tirar o gerente do produto? Trabalhar com $\alpha = 0,05$.

## SOLUÇÃO

É possível trabalhar com uma estatística, baseada na Distribuição Normal, que reúne, num só valor, todas as informações necessárias para a decisão. Essa estatística tem a seguinte expressão:

$$Z_0 = (p_1 - p_2) / \sqrt{(p'q')(1/n_1 + 1/n_2)}, \text{ onde}$$

$p_2$ = proporção (porcentagem) observada na última pesquisa;

$p_1$ = proporção obtida em algum momento do passado;

$n_1$ = AMOSTRA CORRESPONDENTE A $p_1$;

$n_2$ = AMOSTRA CORRESPONDENTE A $p_2$;

$Z_0$ = Z OBSERVADO, ISTO É, CALCULADO COM BASE NOS DADOS DO ENUNCIADO.

PARA RESOLVERMOS O PROBLEMA ANTERIOR, VAMOS ESTABELECER UMA PROPORÇÃO MÉDIA QUE EXPRIMA SIMULTANEAMENTE $p_1$ E $p_2$. ASSIM:

$$p' = (X_1 + X_2) / (n_1 + n_2)$$

, ONDE

$X_1$ = NÚMERO DE SUCESSOS NA AMOSTRA $n_1$;

$X_2$ = NÚMERO DE SUCESSOS NA AMOSTRA $n_2$.

AS HIPÓTESES ESTATÍSTICAS SEGUEM A MESMA LÓGICA DAS ESTUDADAS ATÉ AQUI:

$$H_0 : p_1 = p_2$$

$$\updownarrow$$

$$H_a : p_1 \neq p_2 \ (H_a \text{ BICAUDAL})$$

$$\alpha = 0,05$$

ENTÃO: $p' = (40 + 114)/(100+300) =$
$= 154/400 = 0,385$, LEMBRANDO QUE 114
EM 300 CORRESPONDE A 38%, CONFORME
O ENUNCIADO DO PROBLEMA. ENTRANDO
AGORA NA FÓRMULA RESOLUTIVA:

$Z_0 = (0,40 - 0,38)/\sqrt{(0,385)(0,615)(1/100 + 1/300)}$

$= 0,02/\sqrt{(0,236775)(0,013333)}$

$= 0,02/0,0562 = 0,36$

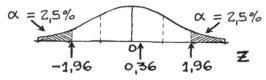

ENTÃO, COMO $(Z_0 = 0,36) < (Z_c = 1,96)$,

$H_0$ **NÃO REJEITADA**, OU SEJA, COM 95%
DE CONFIANÇA, PODEMOS AFIRMAR QUE
A **DIFERENÇA** OBSERVADA É **CASUAL**.

# DIMENSIONAMENTO
# DA AMOSTRA

SELECIONAR AMOSTRAS E TRABALHAR COM
ELAS, PRINCIPALMENTE SE FOREM MUITO
GRANDES, CONSTITUI PROCESSO QUE, ALÉM DE
TRABALHOSO, COSTUMA SER CARO E DEMORADO.

Retomemos a fórmula utilizada no problema da prévia eleitoral. Fazendo

$$\varepsilon = Z_c \sqrt{pq/n}$$

e tirando o valor de n com algumas operações algébricas, temos:

$$n = \frac{Z_c^2 \cdot p \cdot q}{\varepsilon^2}$$

onde os símbolos têm significado já conhecido, com exceção de $\varepsilon$ que corresponde ao erro amostral, inevitável, inerente a toda e qualquer amostra.

# EXEMPLO DE APLICAÇÃO

Um cientista social desconfia, baseado em sondagens anteriores, que a proporção de simpatizantes com determinado candidato à prefeitura seja igual a 55%. Que tamanho deverá ter a amostra utilizada numa prévia eleitoral para que, com 95% de confiança, o erro inerente (à amostra) não ultrapasse 3,08%?

# SOLUÇÃO

Transformando as porcentagens em decimais (basta dividi-las por 100) e entrando na fórmula acima:

$$n = \frac{(1,96)^2 (0,55)(0,45)}{(0,0308)^2} = \frac{0,950796}{0,000948} =$$

$$= 1.002,9 \text{ eleitores}$$

$$\boxed{n = 1.003 \text{ eleitores}}$$

(Arredondamento sempre para o inteiro mais próximo.)

Peraí! No problema da prévia eleitoral, N era igual a 1.000. Como é que agora, fazendo o caminho contrário, N = 1.003?

Bem, isso é "rebarba" de cálculo. Muitas casas decimais foram ajustadas para mais ou para menos e, por isso, essa pequena diferença. Mas, quando se trata de amostra, a regra de ouro é a seguinte: arredondamos sempre para mais.

# PROBLEMA

Uma loja de eletrodomésticos vende a clientes de dois bairros de classe média. No bairro A, numa amostra de 250 residências foram identificados 50 clientes; no bairro B, numa amostra de 280 residências, foram identificados 70 compradores. Será possível afirmar, com $\alpha = 5\%$, que o bairro B compra mais do que o bairro A?

# SOLUÇÃO:

$H_0$: As proporções de vendas são iguais.

$H_a$: As proporções são diferentes, isto é, $p_A \neq p_B$.

$p_A = 50 / 250 = 0{,}20$

$p_B = 70 / 280 = 0{,}25$

$p' = (50 + 70) / (250 + 280) = 120/530 = 0{,}2264$

Como a hipótese alternativa $(H_a)$ é bicaudal direita, o $Z_c$ correspondente a 5% é 1,96. Então, entrando na fórmula, temos:

$Z_0 = (0{,}25 - 0{,}20) / \sqrt{(0{,}2264)(0{,}7736)(1/250 + 1/280)}$

$Z_0 = (0{,}05) / 0{,}001326 = 37{,}71$

Ora, como $(Z_0 = 37{,}71) > (Z_c = 1{,}96)$, $H_0$ rejeitada, ou seja, as proporções de vendas são diferentes.

## OBSERVAÇÃO IMPORTANTE

Para reduzir o erro amostral à metade, é preciso aumentar 4 vezes o tamanho da amostra.

Para demonstrarmos a observação acima, calculemos o erro amostral de uma proporção $p = 0,40$, com $n_1 = 200$ e $n_2 = 800$.

$$\text{Amostra} = 200 \rightarrow \sqrt{(0,40)(0,60)/200} = 0,0346, \text{ isto é, } 3,46\%$$

$$\text{Amostra} = 800 \rightarrow \sqrt{(0,40)(0,60)/800} = 0,0173, \text{ isto é, } 1,73\%$$

(que é a metade de 3,46%).

Essa observação é importante porque tempo, trabalho e custos aumentam quase proporcionalmente ao tamanho das amostras. Desse modo, o preço que o pesquisador paga ao reduzir o erro amostral de 3,46% para 1,73%, por exemplo, é ter de trabalhar com uma amostra de tamanho 800 — o que dá muito mais trabalho e consome mais tempo (além do custo!).

TUDO NA VIDA TEM SEU PREÇO!

### E QUANDO $p$ NÃO É CONHECIDO?

Quando $p$ não é conhecido, há dois caminhos possíveis:

a) Realizar um **ESTUDO-PILOTO** com o objetivo de **ESTIMAR** o valor de $p$.

b) Calcular o tamanho da amostra supondo $p = q = 0,50$, donde resulta a **MAIOR AMOSTRA POSSÍVEL**.

## EXEMPLO

PARA AVALIAR A PROPORÇÃO DE ESTUDANTES QUE SE UTILIZAM DE LIVROS COMPRADOS EM SEBOS, UM PESQUISADOR PRETENDE, 30 DIAS APÓS O INÍCIO DO PERÍODO LETIVO, ENTREVISTAR ALUNOS DO *CAMPUS*. QUE TAMANHO DEVERÁ TER SUA AMOSTRA PARA QUE, COM 95% DE CONFIANÇA, O ERRO NÃO ULTRAPASSE 4%?

## SOLUÇÃO

COMO **p** NÃO FOI ESPECIFICADO (E SUPONDO IMPOSSÍVEL A REALIZAÇÃO DE ESTUDO-PILOTO), A AMOSTRA PODERÁ SER CALCULADA COM ($p = 0,50$) E ($q = 0,50$). ASSIM:

$$n = \frac{Z_c^2 \cdot p \cdot q}{\mathcal{E}^2}$$

$$n = \frac{(1,96)^2 \, (0,50)(0,50)}{(0,04)^2} = \frac{0,9604}{0,0016} =$$

$$= 600,25, \text{ OU SEJA, } \mathbf{601 \text{ ENTREVISTAS.}}$$

# 12 PROVA DE QUI-QUADRADO

## OBJETIVOS ESPECÍFICOS

Ao concluir o estudo deste capítulo, o leitor deverá ser capaz de

★ IDENTIFICAR AS SITUAÇÕES QUE REQUEREM UMA **PROVA DE ADERÊNCIA**;

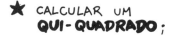

*Hum!... E dizem que estas panelas são antiaderentes!...*

★ IDENTIFICAR AS SITUAÇÕES QUE REQUEREM UMA **PROVA DE INDEPENDÊNCIA**;

★ CALCULAR UM **QUI-QUADRADO**;

★ USAR ADEQUADAMENTE UMA **TABELA DE QUI-QUADRADO**;

★ EXPLICAR O SIGNIFICADO DE **GRAUS DE LIBERDADE**;

★ APLICAR A **FÓRMULA SIMPLIFICADA** PARA O CÁLCULO DE QUI-QUADRADO EM TABELAS $2 \times 2$;

★ CALCULAR O QUI-QUADRADO COM A **CORREÇÃO DE YATES**.

Vamos supor que uma moeda tenha sido lançada 30 vezes, produzindo os seguintes resultados: 18 "caras" (C) e 12 "coroas" (K). Queremos saber, com $\alpha = 5\%$, se essa moeda pode ser considerada "honesta".

Para resolvermos esse problema, podemos adotar uma das duas seguintes soluções: **BINOMIAL** ou **QUI-QUADRADO** ou **NORMAL**, segundo orientação oferecida nas páginas 175, 176 e 177.

A solução binomial segue o modelo oferecido no capítulo intitulado "Prova de Hipótese". Fica por conta do leitor testar a "honestidade" dessa moeda por binomial.

# Solução por Qui-Quadrado

**QUI-QUADRADO** (indicado $\chi^2$) é uma estatística concebida por Karl Pearson em 1899 e presta-se a testar basicamente dois tipos de hipóteses: **ADERÊNCIA** e **INDEPENDÊNCIA**.

Vamos ao primeiro.

Aderência? Independência? Estão confundindo Estatística com Medicina ou Política?!!

Um **TESTE DE ADERÊNCIA**\* serve para ajudar o pesquisador a decidir se os dados que ele colheu se **AJUSTAM** bem a uma determinada **LEI**.

---

\*Também chamado **TESTE** (ou prova) **DE AJUSTAMENTO**.

As hipóteses — $H_0$ e $H_a$ — podem ser as mesmas que utilizamos páginas atrás.

A **LEI** é tirada da $H_0$, sob a forma de **PROBABILIDADE**. Então, para **MOEDAS "HONESTAS"**, a lei é $p = 0,5$; para **DADOS "HONESTOS"** $p = 0,1666...$

A **LEI** varia de acordo com cada situação específica*.

O teste de qui-quadrado de aderência consiste em **COMPARAR** os **DADOS OBTIDOS EXPERIMENTALMENTE** com os **DADOS ESPERADOS DE ACORDO COM A LEI**. Das comparações surgem **DIFERENÇAS** — que podem ser **GRANDES** ou **PEQUENAS**. Se forem **GRANDES**, a $H_0$ (que pressupõe "bom" ajustamento) deverá ser **REJEITADA** em favor da $H_a$; se forem **PEQUENAS**, a $H_0$ **NÃO** será rejeitada e as diferenças serão atribuíveis ao **ACASO**.

*Isso quer dizer que se estivermos trabalhando com um **DADO "HONESTO" DE 5 FACES**, a **LEI** será: $p = 0,2$.

Como os dados experimentais podem variar de amostra para amostra, uma maneira sensata de avaliar quão grandes ou quão pequenas são as diferenças é elevá-las ao quadrado* e, em seguida, **dividi-las** por um **valor estável**, isto é, um valor que se mantenha **constante** em **qualquer amostra**. Esse valor é dado pela **lei**.

Em resumo, esse tal de $\chi^2$ ajuda-nos a decidir se, de fato, **muito é muito** e **pouco é pouco**!

A soma resultante desses quocientes chama-se **qui-quadrado observado** e nota-se assim: $\chi_o^2$.

A decisão final resulta da comparação entre $\chi_o^2$ e um $\chi_c^2$ ($\chi^2$-crítico). ($\chi_c^2 \rightarrow$ tabelado).

*Ao elevar as diferenças ao quadrado, o estatístico "livra"-se do efeito dos sinais **negativos**.

# ENTÃO:

$H_0: P(K) = 0,5$ ← LEI
$H_a: P(K) \neq 0,5$

| VALORES | | DIFERENÇAS | | $\frac{(O-E)^2}{E}$ |
|---|---|---|---|---|
| OBSERVADOS (O) | ESPERADOS (E) | $(O-E)$ | $(O-E)^2$ | |
| LINHAS($\ell$) → (C) 18 | $(30)(0,5)=15$ | $18-15=3$ | 9 | $9/15 = 0,6$ |
| → (K) 12 | $(30)(0,5)=15$ | $12-15=-3$ | 9 | $9/15 = 0,6$ |
| 30 | 30 | | | $\chi_0^2 = 1,200$ |

# A SEGUIR,

UMA PEQUENA TÁBUA DE **QUI-QUADRADOS CRÍTICOS** A 1% E A 5%.

| GRAUS DE LIBERDADE \ $\alpha$ | 1% | 5% |
|---|---|---|
| 1 | 6,635 | 3,841 |
| 2 | 9,210 | 5,991 |
| 3 | 11,345 | 7,815 |
| 4 | 13,277 | 9,488 |
| 5 | 15,086 | 11,070 |
| 10 | 23,209 | 18,307 |
| 20 | 37,566 | 31,410 |
| 30 | 50,892 | 43,773 |

FONTE: LEVIN, JACK. ESTATÍSTICA APLICADA A CIÊNCIAS HUMANAS. 2. ED., SÃO PAULO, HARBRA, 1987.

## COMO CONSULTAR A TÁBUA?

★ LOCALIZAR O $\alpha$.

★★ DETERMINAR O NÚMERO DE **GRAUS DE LIBERDADE** (GLIB).

★★★ CRUZAR $\alpha$ COM GLIB E LER O VALOR DE $\chi_c^2$.

## Como determinar o número de graus de liberdade?*

★ Contar o número de **LINHAS** da **TABELA ORIGINAL DE DADOS**.

★★ Subtrair 1 desse número.

Então: $GLIB = (\ell - 1)$

## Regra de decisão

Se $\chi_o^2 > \chi_c^2 \rightarrow H_0$ REJEITADA

Se $\chi_o^2 < \chi_c^2 \rightarrow H_0$ NÃO REJEITADA

## Conclusão

$(\chi_o^2 = 1,200) < (\chi_c^2 = 3,841)$

∴ $H_0$ NÃO REJEITADA

---

\* No quadro original da p. 186 temos duas parcelas que, somadas, dão 30. Ora, se "chutarmos" o valor de **UMA** das parcelas, o valor da **OUTRA** estará fatalmente **DETERMINADO** em virtude da restrição representada por **SOMA 30**. Vejamos:

19 ← "CHUTE"
11 ← DETERMINADO
30 ← RESTRIÇÃO

} Então, se só podemos "chutar" 1 dado, só temos **1 GRAU DE LIBERDADE**.

# ATENÇÃO

- AFIRMAR QUE A $H_0$ FOI **NÃO REJEITADA** SIGNIFICA ADMITIR QUE $P(K) = 0,5$, O QUE, EM **PALAVRAS**, EQUIVALE A: **A MOEDA PODE SER CONSIDERADA EQUILIBRADA** (= EQUIPROVÁVEL, "HONESTA").

- • A CERTEZA COM QUE FAZEMOS A AFIRMAÇÃO ACIMA É DE, PELO MENOS, **95%** *.

- • • DO PONTO DE VISTA "TRABALHO DE CÁLCULO", A PROVA DE QUI-QUADRADO É MAIS "CÔMODA" QUE A BINOMIAL. E LEVA À **MESMA CONCLUSÃO**.

\* EM OUTRAS PALAVRAS: SERIA NECESSÁRIO REALIZAR O MESMO EXPERIMENTO (JOGAR 1 MOEDA 30 VEZES) **100** VEZES PARA, EVENTUALMENTE, OCORRER UM ERRO (MÁXIMO) DE 5%.

UM ERRO! FINALMENTE UM ERRO!...

Um **Teste de Independência** serve para ajudar o pesquisador a decidir se duas variáveis estão ou não "amarradas" uma à outra por uma relação de **DEPENDÊNCIA**.

A prova de qui-quadrado de independência também depende de uma **LEI** — só que esta "sai" da **PRÓPRIA TABELA DE DADOS ORIGINAIS**.

A lógica subjacente a essa prova é muito simples: quanto **MENOR A DEPENDÊNCIA** entre as duas variáveis, **MENOR O VALOR DE** $\chi_0^2$. (Lembrar que o $\chi_0^2$ é **CALCULADO**; o $\chi_c^2$ é **TABELADO**.)

...E quanto maior a dependência?...

A regra de decisão também é a mesma: para um dado valor de $\alpha$ e certo número de graus de liberdade,
- se $\chi_0^2 > \chi_c^2 \rightarrow H_0$ rejeitada;
- •• se $\chi_0^2 < \chi_c^2 \rightarrow H_0$ não rejeitada.

Você também foi rejeitado?

Pois é! Menina pretensiosa...

# CÁLCULO do NÚMERO DE GRAUS DE LIBERDADE

Se, na **TABELA ORIGINAL** (DUPLA ENTRADA), fizermos $c$ = número de **COLUNAS** e $\ell$ = número de **LINHAS**, então:

$$GLIB = (c-1)(\ell-1)$$

Para uma **PROVA DE $\chi^2$ DE INDEPENDÊNCIA** usa-se uma tabela especial denominada **TABELA DE DUPLA ENTRADA**. Nessa tabela há **LINHAS** e **COLUNAS** e de seu cruzamento resultam **CASELAS**. Fala-se em tabela de $\ell$ linhas e $c$ colunas e indica-se por $\ell \times c$.

Os valores que figuram nas caselas são mutuamente excludentes: **NÃO PODEM PERTENCER AO MESMO TEMPO A MAIS DE UMA CASELA.**

Assim como você não pode pertencer a mais de um coraçãozinho.....

# CÁLCULO DA LEI

Para cada casela, vale a relação:

$$\frac{(\text{TOTAL DE LINHA})(\text{TOTAL DE COLUNA})}{(\text{TOTAL GERAL})}$$

# EXEMPLO PRÁTICO

Suponhamos que certo pesquisador tenha colhido uma amostra de 200 fumantes (homens e mulheres) e que os tenha classificado em função de três marcas de cigarro: A, B e C. A pesquisa tinha por objetivo verificar se as variáveis **MARCA** (do cigarro) e **SEXO** (do fumante) eram **DEPENDENTES** ($\alpha = 5\%$).

| LINHAS ($\ell$) \ | MARCA \ SEXO | COLUNAS (c) | | | |
|---|---|---|---|---|---|
| | | A | B | C | $\Sigma$ |
| | Masc. (M) | 20 | 70 | 30 | 120 |
| | Fem. (F) | 40 | 15 | 25 | 80 |
| | $\Sigma$ | 60 | 85 | 55 | 200 |

Nesta tabela há $\ell = 2$ linhas e $c = 3$ colunas.
∴ → tabela $2 \times 3$

---

## LEITURA DA TABELA

Exemplos: 15 mulheres fumam marca B; 30 homens fumam marca C. No total há 120 homens e 80 mulheres. A marca A é consumida por 60 pessoas (homens e mulheres).

Observemos agora que os valores 60, 120 são **FIXOS** porque saíram **DIRETAMENTE DO EXPERIMENTO**. (A amostra de tamanho 200 foi decidida pelo pesquisador e a partir desse momento torna-se **TAMBÉM** um valor **FIXO**.) Ora, mantidos os **TOTAIS MARGINAIS** (linhas e colunas), o valor 20 poderia **VARIAR** em sucessivas **RÉPLICAS** do experimento. Então, a pergunta: **QUE VALOR RAZOÁVEL PODERIA SER POSTO NESSA CASELA PARA "SUBSTITUIR" O 20?**

Vamos pensar em termos de **PROPORÇÃO**: 20 está para 60 assim como 120 está para 200.

ENTÃO: $\dfrac{20}{60} = \dfrac{120}{200}$

E como sabemos que o 20 pode **VARIAR** e vamos **SUBSTITUÍ**-lo por **D** (=DESCONHECIDO) e tirar o seu valor:

$\dfrac{D}{60} = \dfrac{120}{200} \longrightarrow D(200) = (120)(60)$

$\therefore D = \dfrac{(120)(60)}{200} = \boxed{36}$

Observemos que isso é o mesmo que calcular:

$$\dfrac{\overset{(120)}{\text{(TOTAL DE LINHA)}} \cdot \overset{(60)}{\text{(TOTAL DE COLUNA)}}}{\underset{(200)}{\text{(TOTAL GERAL)}}}$$

E, no lugar de 15 (dado experimental) podemos pôr 34 (que sai da lei), e assim por diante.

207

AGORA É CONSTRUIR AS HIPÓTESES ESTATÍSTICAS, MONTAR A TABELA NOS MESMOS MOLDES DO QUE JÁ FOI VISTO, FAZER OS CÁLCULOS E TIRAR A CONCLUSÃO FINAL.

$$H_0: P(M/A) = P(M/B) = P(M/C) \text{ *}$$
$$\text{ou}$$
$$P(F/A) = P(F/B) = P(F/C)$$
$$H_\alpha: \text{ALGUM} = \longrightarrow \neq$$

| O | E | (O-E) | $(O-E)^2$ | $\dfrac{(O-E)^2}{E}$ |
|---|---|---|---|---|
| 20 | 36 | -16 | 256 | 7,1111 |
| 70 | 51 | 19 | 361 | 7,0784 |
| 30 | 33 | -3 | 9 | 0,2727 |
| 40 | 24 | 16 | 256 | 10,6667 |
| 15 | 34 | -19 | 361 | 10,6176 |
| 25 | 22 | 3 | 9 | 0,4091 |
| 200 | 200 | 0 | | $36,1556 \cong 36,156 \leftarrow \chi_0^2$ |

## AGORA:

$$GLIB = (\ell-1)(c-1)$$
$$GLIB = (2-1)(3-1) =$$
$$= (1)(2) = \boxed{2}$$

$$(\chi_0^2 = 36,156) > (\chi_c^2 = 5,991)$$

$$\therefore \boxed{H_0 \text{ REJEITADA}}$$

\* Ou, $H_0$: AS VARIÁVEIS **SEXO** E **MARCA** SÃO **INDEPENDENTES.**

Dizer que a $H_0$ foi **REJEITADA** é o mesmo que dizer que **MARCA E SEXO** são variáveis **DEPENDENTES**.

... Por que mulheres fumam os mesmos cigarros que eu?

— **IMPORTANTE** —

Quando as variáveis são **INDEPENDENTES**, o $\chi_0^2$ **TENDE A ZERO**. Por exemplo, examinemos, com $\alpha = 5\%$, o que ocorre com 1 dado e 1 moeda (honestos) jogados simultaneamente 50 vezes.

| DADO \ MOEDA | C | K | |
|---|---|---|---|
| FACE ÍMPAR | 14 | 13 | 27 |
| FACE PAR | 10 | 13 | 23 |
| $\Sigma$ | 24 | 26 | 50 |

| O | E | (O−E) | (O−E)² | $\frac{(O-E)^2}{E}$ |
|---|---|---|---|---|
| 14 | 12,96 | 1,04 | 1,0816 | 0,0834567 |
| 13 | 14,04 | −1,04 | 1,0816 | 0,0770370 |
| 10 | 11,04 | −1,04 | 1,0816 | 0,0979710 |
| 13 | 11,96 | 1,04 | 1,0816 | 0,0904347 |
| 50 | 50,00 | 0 | | $0,349 \cong \chi_0^2$ |

## CUIDADO!

- Os valores das caselas (na tabela de dupla entrada original) devem ser **INTEIROS** e resultar de **CONTAGENS**.
- • Em nenhuma casela o valor **ESPERADO** (resultante da **LEI**) poderá ser **MENOR QUE 5**.
- • • A **AMOSTRA NÃO** poderá ser **MENOR QUE 30**.

## PARA FACILITAR SUA VIDA

(E sobrar mais tempo para o lazer!...)

Em tabelas 2×2 é possível ganhar **PRECISÃO** e **TEMPO** usando a seguinte fórmula:

$$\chi_0^2 = \frac{n(AD-BC)^2}{(A+B)(C+D)(A+C)(B+D)}$$

# CRITÉRIO

Nessa fórmula "FACILITADA", as letras devem ser substituídas por **FREQUÊNCIAS OBSERVADAS**, isto é, por **DADOS EXPERIMENTAIS**, de acordo com o seguinte critério:

| A | B | A + B |
|---|---|-------|
| C | D | C + D |
| A + C | B + D | A + B + C + D = n |

· · · · · · · · · · · · · · · · ·

# APLICAÇÃO

Refazendo o problema da P. 195, vem:

| DADO \ MOEDA | C | K | |
|---|---|---|---|
| FACE ÍMPAR | 14 | 13 | 27 |
| FACE PAR | 10 | 13 | 23 |
| $\Sigma$ | 24 | 26 | 50 |

## ENTÃO:

$$\chi_0^2 = \frac{50\left[(14)(13) - (13)(10)\right]^2}{(27)(23)(24)(26)} \cong \underline{\mathbf{0{,}349}}$$

# QUI-QUADRADO INFLACIONADO

> Ó DEUS, **ATÉ AQUI?!**

EM TABELAS $2 \times 2$, QUANDO AS **FREQUÊNCIAS ESPERADAS** (E) ESTÃO **ENTRE 5 E 10**, É COMUM O SURGIMENTO DE UM $\chi^2_0$ **"INFLACIONADO"**, ISTO É, **UM POUCO MAIOR DO QUE O RAZOÁVEL**. POR ESSA RAZÃO, ALGUMAS VEZES $\chi^2_0 > \chi^2_c$ SOMENTE POR **INFLUÊNCIA** DESSA "INFLAÇÃO" E A $H_0$ VAI SER **REJEITADA** SEM NECESSIDADE.

PARA CONTORNAR ESSE OBSTÁCULO, YATES CRIOU UM PROCEDIMENTO, TAMBÉM CONHECIDO PELO NOME **CORREÇÃO DE CONTINUIDADE**, QUE CONSISTE EM **SUBTRAIR 0,5 DO VALOR ABSOLUTO**[*] **DAS DIFERENÇAS (O-E) ANTES DE ELEVÁ-LAS AO QUADRADO.**

# EXEMPLO

SEJA ($\alpha = 5\%$) E A SEGUINTE TABELA:

| X \ Y | $Y_1$ | $Y_2$ | $\Sigma$ |
|---|---|---|---|
| $X_1$ | 16 | 4 | 20 |
| $X_2$ | 7 | 9 | 16 |
| $\Sigma$ | 23 | 13 | 36 |

$H_0$: X E Y SÃO **INDEPENDENTES**.

$H_a$: X E Y SÃO **DEPENDENTES**.

[*] ISTO É, **SEM LEVAR EM CONTA O SINAL** ALGÉBRICO + OU −.

| O | E | (O-E) | \|(O-E)\| - 0,5 | {\|(O-E)\|-0,5}² | $\frac{\{|(O-E)|-0,5\}^2}{E}$ |
|---|---|---|---|---|---|
| 16 | 12,78 | 3,22 | \|3,22\|-0,5=2,72 | 7,3984 | 0,5789 |
| 4 | 7,22 | -3,22 | \|-3,22\|-0,5=2,72 | 7,3984 | 1,0247 |
| 7 | 10,22 | -3,22 | \|-3,22\|-0,5=2,72 | 7,3984 | 0,7239 |
| 9 | 5,78 | 3,22 | \|3,22\|-0,5=2,72 | 7,3984 | 1,2800 |
| 36 | 36,00 | 0 | | | 3,6075 |

Como $(\chi^2_{0_{CORRIG.}} = 3,608) < (\chi^2_c = 3,841)$, $\chi^2_{0_{CORRIG.}}$ ⇑

★ $H_0$ **NÃO REJEITADA**.

## POR INCRÍVEL QUE PAREÇA...

EURECA! CONSEGUIMOS!!

Os estatísticos desenvolveram uma **FÓRMULA** que economiza tempo e espaço sempre que a **CORREÇÃO DE YATES** se faça necessária:

$$\chi^2_{0_{CORRIG.}} = \frac{n[|(AD-BC)| - \frac{n}{2}]^2}{(A+B)(C+D)(A+C)(B+D)}$$

Vejamos (tabela da p. 198):

$$\chi^2_{o_{\text{CORRIG.}}} = \frac{36\left[|(16)(9)-(7)(4)| - \frac{36}{2}\right]^2}{(20)(16)(23)(13)} =$$

$$= \frac{36\left[|144-28| - 18\right]^2}{95.680} \cong \boxed{3,614}$$

↑

Este resultado é praticamente o **MESMO** que obtivemos na página anterior. A pequena diferença observada deve-se a **ERROS DE ARREDONDAMENTO**.

# FINALMENTE

Só tem sentido fazer a correção de Yates se a $H_0$ tiver sido **REJEITADA**.

Ah!... Agora posso ler o meu jornal!...

# 13 PROVA DE SUBSEQUÊNCIAS

## OBJETIVOS ESPECÍFICOS

Ao concluir o estudo deste capítulo, o leitor deverá ser capaz de:

- **DEFINIR** e **CONSTRUIR** subsequências;
- **IDENTIFICAR** situações que possam ser analisadas por subsequências;
- **TESTAR HIPÓTESES** relacionadas com a geração de subsequências.

Um prêmio deveria ser sorteado entre os membros de uma agremiação. No momento do sorteio, o animador do evento descobre que não dispõe de nenhum recurso válido para decidir a quem entregar o presente. Por sugestão de um dos agremiados, decide usar uma moeda - e aí surge o seguinte questionamento: será confiável a moeda? Estará ela suficientemente balanceada para garantir um sorteio isento? A ideia subjacente é simples: se a moeda puder ser considerada balanceada (equiprovável, "honesta"), não haverá por que recusá-la como instrumento de premiação.

Eis aí uma situação em que tem cabimento pensar em **SUBSEQUÊNCIAS**. Para analisar a confiabilidade desse instrumento, podemos realizar um experimento bem simples: lançar a moeda, por um processo técnico *, $n = 20$ vezes, por exemplo, e anotar os resultados na **ORDEM EM QUE SURGIREM** - designando "CARA" por **C** e "CORDA" por **K**.

Suponhamos realizado o experimento, donde resultaram os seguintes lances: **CCCKCCCKCCCKCCCKCCKC**. Será balanceada uma moeda que produza tais resultados? Que podemos afirmar com 95% de confiança?

PARECE BATUCADA!
CCCKCCCKCCCK.

---

\* EXISTEM APARELHOS ESPECIAIS PARA LANÇAMENTO DE MOEDAS.

# DEFINIÇÃO

CHAMA-SE **SUBSEQUÊNCIA** TODO O CONJUNTO DE **SINAIS IGUAIS QUE SEJA PRECEDIDO POR OU SEGUIDO DE SINAIS DIFERENTES (OU POR NENHUM SINAL)**. AO MUDAR O SINAL, MUDA A SUBSEQUÊNCIA. DESSE MODO, EXISTEM SUBSEQUÊNCIAS DE TAMANHO 1, DE TAMANHO 2, DE TAMANHO 3 E ASSIM POR DIANTE.

## OBSERVAÇÃO - OS SINAIS DEVEM TER CARÁTER DICOTÔMICO:
$$A \text{ E } B; \ C \text{ E } K \text{ ETC.}$$

CADA GRUPO DE C's E CADA GRUPO DE K's CONSTITUI UMA **SUBSEQUÊNCIA**. NO RESULTADO EXPERIMENTAL ACIMA EXISTEM, PORTANTO, 11 SUBSEQUÊNCIAS COMPOSTAS DE 15 C's E 5 K's. É EVIDENTE QUE OUTRAS PERMUTAÇÕES SERIAM POSSÍVEIS. POR EXEMPLO:

**1.** KKKKKCCCCCCCCCCCCCCC → 2 SUBSEQUÊNCIAS COM OS MESMOS SINAIS

**2.** KCCCCCKCCCCCKCCCCCKK → 7 SUBSEQUÊNCIAS COM OS MESMOS SINAIS

**3.** KKKCCCCCCCCCCCCCCCKK → 3 SUBSEQUÊNCIAS COM OS MESMOS SINAIS

**4.** KCKCKCKCKCKCCCCCCCCCCC → 10
SUBSEQUÊNCIAS COM OS MESMOS SINAIS

**5.** CKCKCKCKCKCCCCCCCCCCC → 11
SUBSEQUÊNCIAS COM OS MESMOS SINAIS

Do EXAME DAS SEQUÊNCIAS ACIMA, PODEMOS CONCLUIR O SEGUINTE:

a) O **MENOR** NÚMERO POSSÍVEL DE SUBSEQUÊNCIAS É **2** E OCORRE QUANDO OS **SINAIS IGUAIS** SÃO **AGRUPADOS** NUM **ÚNICO BLOCO**; É O CASO DO EXEMPLO 1, ACIMA;

b) O **MAIOR** NÚMERO POSSÍVEL DE SUBSEQUÊNCIAS OCORRE QUANDO OS SINAIS SÃO **ALTERNADOS** A PARTIR DO QUE FIGURA EM **MAIOR QUANTIDADE**; ESSE NÚMERO É DETERMINADO PELA FÓRMULA: **2(SINAL QUE FIGURA EM MENOR QUANTIDADE) + 1**; ENTÃO, COMO HÁ 5 K's, APLICANDO A FÓRMULA, TEMOS: $2(5) + 1 = 10 + 1 = 11$ (VER EXEMPLO 5, ACIMA);

c) ENTRE **2 (MÍNIMO)** E O **MÁXIMO** DE SUBSEQUÊNCIAS OCORREM TODAS AS OUTRAS POSSIBILIDADES EXPRESSAS POR NÚMEROS **INTEIROS**; ESSE CONJUNTO CONSTITUI O **CAMPO DE VARIAÇÃO** DA **VARIÁVEL** DENOMINADA SUBSEQUÊNCIA.

FIQUE DESDE LOGO CLARO O SEGUINTE: A VARIÁVEL SUBSEQUÊNCIA SÓ SE APLICA A SITUAÇÕES **DICOTOMIZÁVEIS** (ONDE SOMENTE HAJA **DOIS TIPOS DE SINAL**) E SERVE PARA

AUXILIAR O PESQUISADOR A DECIDIR SE A **ORDEM** DOS SINAIS PODE TER SIDO CAUSADA POR ALGUM **FATOR ESPECÍFICO** OU SE, AO CONTRÁRIO, PODE SER ATRIBUÍDA AO **ACASO.**

EXISTEM **TÁBUAS**, BASEADAS NUMA DISTRIBUIÇÃO DE PROBABILIDADE CHAMADA **HIPERGEOMÉTRICA**, QUE, AO NÍVEL DE SIGNIFICÂNCIA $(\alpha)$ DESEJADO, INDICAM A POSSÍVEL **ORIGEM DA ORDEM** DE UM CONJUNTO DE SINAIS: SE **CASUAL** OU SE MOTIVADA POR ALGUM **FATOR ESPECÍFICO**. ESSA TÁBUA FIGURA DO APÊNDICE H, NO FINAL DO LIVRO. BASICAMENTE, ESSA TÁBUA CONSTA DE UM QUADRO COM NÚMEROS NAS MOLDURAS: NAS HORIZONTAIS (SUPERIOR E INFERIOR) APARECE O NÚMERO QUE CORRESPONDE AO SINAL QUE FIGURA EM **MENOR** QUANTIDADE; NAS MOLDURAS LATERAIS (ESQUERDA E DIREITA), O NÚMERO QUE SE REFERE AO SINAL **MAIS ABUNDANTE**. POR EXEMPLO, COM AS INFORMAÇÕES DO EXPERIMENTO REALIZADO, TEMOS:

- $(S_0-$ OBSERVADO), ISTO É, **NÚMERO** DE SUBSEQUÊNCIAS: 11;

- **SINAL MAIS ABUNDANTE**: C (QUE APARECE 15 VEZES E FIGURA NA MOLDURA LATERAL ESQUERDA);

- **SINAL MENOS ABUNDANTE**: K (QUE APARECE 5 VEZES E FIGURA NA MOLDURA SUPERIOR HORIZONTAL).

PARA CONSULTAR A TÁBUA H (FIM DO LIVRO), BASTA LOCALIZAR NAS MOLDURAS O NÚMERO DE SINAIS DE CADA TIPO E LER, NO CRUZAMENTO DESSES NÚMEROS, NO CORPO DO QUADRO, A INFORMAÇÃO BUSCADA. PARA O NOSSO EXPERIMENTO, DO CRUZAMENTO DE 15 (MOLDURA VERTICAL ESQUERDA) COM 5 (MOLDURA HORIZONTAL SUPERIOR) RESULTA O INTERVALO FECHADO 5 ⊢── 11. ESSE INTERVALO (DE CONFIANÇA) CORRESPONDE AO NÍVEL DE SIGNIFICÂNCIA DE 5%; SOB ESSES DOIS NÚMEROS (LIMITES DO INTERVALO) APARECEM OUTROS DOIS NÚMEROS: 4 E 11, QUE DEVEM SER USADOS SEMPRE QUE O INTERVALO DE CONFIANÇA REQUERIDO SEJA DE 99%.

---

# INTERPRETAÇÃO DOS INTERVALOS (TÁBUA)

→ TODOS OS VALORES QUE CAÍREM **FORA DO INTERVALO** PERTENCEM À **REGIÃO CRÍTICA** $(R_c)$ E LEVAM À **REJEIÇÃO** DA $H_0$;

→ TODOS OS VALORES QUE CAÍREM **DENTRO DO INTERVALO** (EXTREMOS INCLUÍDOS) PERTENCEM À **REGIÃO NÃO CRÍTICA** $(R_c^*)$ E LEVAM À **NÃO REJEIÇÃO** DA $H_0$.

# PROVA DE HIPÓTESE

**PROBLEMA** - Será que os $C's$ e os $K's$, na ordem dada (experimento), podem ter resultado da ação do acaso? Trabalhar com $\alpha = 5\%$.

## HIPÓTESES

$H_0$ : A ordem dos sinais é aleatória.

$\updownarrow$

$H_a$ : A ordem dos sinais não é aleatória.

## SOLUÇÃO

Como vimos, do cruzamento de $15\,C's$ com $5\,K's$ resulta o intervalo $5\vdash\dashv 11$. Como $(S_0 = 11)$ está dentro do intervalo, ou seja, na região não crítica, a $H_0$ não deve ser rejeitada.

## INTERPRETAÇÃO

Com $95\%$ de confiança, é possível admitir que os $C's$ e os $K's$, na ordem apresentada, tenham sido gerados casualmente. Então, com base nessa evidência (que **não é muito forte!**), o animador do concurso poderá utilizar a moeda para o sorteio **com reservas**, desde que ela **resista a um teste complementar**, baseado na distribuição binomial, que leva em conta não só a ordem das $C's$ e das $K's$, mas, também, o número de $C's$ (ou de $K's$) no total amostrado.

221

BATEU NA TRAVE, NÉ? POIS É! POR ESSA RAZÃO, O RECOMENDÁVEL É FAZER O TESTE COMPLEMENTAR SUGERIDO. VEJA MAIS ADIANTE.

## MAIS UM EXEMPLO

Numa fila de ônibus há homens (H) e mulheres (M) — conforme indicado abaixo. Verificar se a ordem de chegada dessas pessoas pode ser considerada casual. Trabalhar com $\alpha = 1\%$.

MHHHMMMHMHHMMHHHMM MMHMHHHMMMMHHHHHH

### HIPÓTESES

$H_0$ : Os M's e os H's, na ordem dada, ocorreram por acaso.

$H_a$ : Os M's e os H's, na ordem dada, não ocorreram por acaso.

### SOLUÇÃO

Temos 15 M's, 19 H's e 14 subsequências ($S_0$). Entrando na tábua com esses dados, encontramos o intervalo 11 ⊢—⊣ 25, ao nível de 1%. Ora, como

$$(S_0 = 14) \in R_c^*, H_0 \text{ não rejeitada.}$$

222

# INTERPRETAÇÃO

Com 99% de confiança, é possível admitir que as pessoas chegaram à fila de ônibus em ordem **ALEATÓRIA**.

Agora é que eu quero ver! Se a moeda for lançada com recurso de um copinho, basta que o jogador misture sempre o açúcar do fundo para que a moeda não mude de posição ou só mude conforme a vontade do jogador. Vai me dizer que as jogadas são honestas?

Veja bem, além de a *MOEDA* poder ser *VICIADA* (não balanceada), o próprio *JOGADOR* pode fazer lançamentos *VICIOSOS* (embora não necessariamente desonestos, pelo menos de forma intencional).

E aí a gente come gato por lebre?

Não! Quase tudo do que foi mencionado pode ser evitado (ou amenizado) com cuidadoso *PLANEJAMENTO EXPERIMENTAL*. Em caso de dúvida, é possível realizar uma *OUTRA PROVA*, que ajude a *TESTAR OUTROS ASPECTOS* da questão. Veremos isso mais adiante, conforme já anunciado há pouco.

## PROBLEMA

Numa linha de produção, o técnico em controle de qualidade retira uma peça a cada 30 minutos, classificando-a de perfeita (P) ou defeituosa (D). Como são 8 horas de trabalho contínuo, no fim do expediente o técnico tem o seguinte conjunto de 16 informações na ordem em que foram colhidas:

$$PPDPPPDPPPPPDDPD$$

Será possível afirmar, ao nível de 5%, que o processo industrial esteja sob controle? Em outras palavras, será que os defeitos observados decorrem de falhas aleatórias ou falhas sistemáticas?

Lembrar que defeitos *SISTEMÁTICOS* são decorrentes de *FALHAS HUMANAS* (treinamento deficiente, boicote) ou *FALHAS MECÂNICAS* (ajuste inadequado da máquina).

Já entendi. Quando os defeitos são *SISTEMÁTICOS* podem ser *CORRIGIDOS* ou *REDUZIDOS*, certo?

Sim! E quando são *ALEATÓRIOS*, isto é, decorrentes da *AÇÃO DO ACASO, POUCA COISA PODE SER FEITA*. Mesmo assim, aprimorando a *VIGILÂNCIA*, os *ERROS ALEATÓRIOS* também podem sofrer *REDUÇÃO*!

# HIPÓTESES

$H_o$ : O PROCESSO ESTÁ SOB CONTROLE.

$\updownarrow$

$H_a$ : O PROCESSO ESTÁ FORA DE CONTROLE.

# SOLUÇÃO

DA OBSERVAÇÃO DA SEQUÊNCIA APRESENTADA, TEMOS:

$$S_o = 8$$

NÚMERO DE P's = 11

NÚMERO DE D's = 5

ENTÃO, O CAMPO DE VARIAÇÃO DAS SUBSEQUÊNCIAS POSSÍVEIS COM ESSES SINAIS É

$$R: 2, 3, 4, 5, 6, 7, \underset{\underset{S_o}{\uparrow}}{8}, 9, 10, 11, \text{JÁ QUE}$$

NÚMERO MÁXIMO $\rightarrow 2(5) + 1 = 10 + 1 = 11$

NÚMERO MÍNIMO $\rightarrow 2$

PROCURANDO NA TÁBUA O INTERVALO CORRESPONDENTE A 99% DE CONFIANÇA, TEMOS;

$$4 \vdash\!\!\!-\!\!\!-\!\!\!-\!\!\!-\!\!\!-\!\!\!\dashv 11$$

COMO $(S_o = 8) \in R_c^*$ (= REGIÃO NÃO CRÍTICA), $H_o$ NÃO REJEITADA.

# INTERPRETAÇÃO

TUDO FAZ CRER, COM 99% DE CONFIANÇA, QUE O PROCESSO ESTEJA SOB CONTROLE. NÃO ESTÁ EM DISCUSSÃO SE OS DEFEITOS SÃO OU NÃO DESAGRADÁVEIS. CERTAMENTE, ELES O SÃO, MAS NÃO OCORRERAM EM POSIÇÕES QUE FAÇAM O TÉCNICO PENSAR, NUMA AMOSTRAGEM DE 16 ITENS, EM ERROS SISTEMÁTICOS.

225

## OBSERVAÇÃO

Claro que seria altamente desejável repetir essa coleta, em idênticas condições, em vários dias subsequentes, para aumentar a crença de que o processo esteja sob controle.

## MACETES

A tábua de subsequências (Apêndice H) só permite análises dentro de certos limites: quando $n_1 \leq 20$ e $n_2 \leq 30$. Para efeito de consulta, $n_1$ é sempre o número que corresponde ao **sinal mais abundante** (molduras verticais) e $n_2$, o número que corresponde ao **sinal menos abundante** (molduras horizontais). Ocorre que, não raro, o pesquisador defronta-se com amostras que ultrapassam os limites da tábua oferecida. Felizmente, quando $(n_1 > 10)$ ou $(n_2 > 10)$, a variável S ( = número de subsequências) **tende** para a **Distribuição Normal** — e aí as coisas ficam mais simples.

APOSTO QUE VÊM FÓRMULAS POR AÍ!!!

TEM RAZÃO! MAS ENTENDA QUE AS FÓRMULAS TÊM FUNÇÃO SIMPLIFICADORA. APRENDENDO A INTERPRETAR OS SÍMBOLOS E NÃO ERRANDO NOS CÁLCULOS...

SERÃO NECESSÁRIAS AS SEGUINTES FÓRMULAS:

## MÉDIA DE SUBSEQUÊNCIAS

$$\mu_s = \frac{2P}{S} + 1$$

## DESVIO PADRÃO DE SUBSEQUÊNCIAS

$$\sigma_s = \sqrt{\frac{2P(2P-S)}{S^2(S-1)}}$$

$$\begin{bmatrix} \text{INTERVALO DE} \\ \text{CONFIANÇA} \\ \text{DE } i\% \end{bmatrix} = \mu_s \pm Z_c \cdot \sigma_s$$

NESSAS FÓRMULAS,

$$P = n_1 \cdot n_2$$

E

$$S = n_1 + n_2$$

# EXEMPLO DE APLICAÇÃO

Um colar composto de contas vermelhas (V) e contas brancas (B) rompeu-se na rua, ocasionando dispersão das esferas ao longo do meio-fio. Um transeunte mostrou-se curioso diante da ordem das contas e anotou a sequência completa para posterior exame. Analisar a amostra abaixo, adotando o nível de significância de 5%.

VVBBVVBBVVBBVVBBVVBBVVBBVVBBVVBBVVBBVVBBVVBBVV

---

## HIPÓTESES

$H_0$: Os V's e os B's, na ordem apresentada, gerados por **ACASO**.

$H_a$: Os V's e os B's, na ordem apresentada, gerados por alguma **CAUSA ESPECÍFICA** (além de, naturalmente, a ação do acaso).

---

## SOLUÇÃO

Número de V's = 24
Número de B's = 22

$S_0 = 23$ (Como $24 + 22 = 46$, $S_0$ é a **METADE** desse número. Isso só acontece quando a **SOMA** é **PAR**.)

ORA, OS VALORES $22$ E $24$ **ULTRAPASSAM OS LIMITES DA TÁBUA** OFERECIDA NO APÊNDICE H. APLICAM-SE, PORTANTO, AS FÓRMULAS APRESENTADAS ACIMA. PARA O CÁLCULO DO INTERVALO DE CONFIANÇA, PRECISAMOS DO VALOR DA MÉDIA E DO DESVIO PADRÃO, CONFORME SEGUE:

$$\mu_S = \frac{2(22)(24)}{22+24} + 1 = \frac{1.056}{46} + 1 =$$

$$= 22,96 + 1 = \mathbf{23,96}$$

$$\sigma_S^2 = \frac{1.506(1.056-46)}{(46)^2(46-1)} = \frac{1.056(1.010)}{2.025(45)} =$$

$$= \frac{1.066.560}{91.125} = \mathbf{11,7044}$$

$$\sigma_S = \sqrt{11,7044} = \mathbf{3,42} \text{ (DESVIO PADRÃO)}$$

ENTÃO, O INTERVALO PROCURADO RESULTA DE:
$$23,96 \pm 1,96(3,42) = 23,96 \pm 6,70$$

PORTANTO: $23,96 - 6,70 = 17,26 = 17$ (ARREDONDANDO)
E $23,96 + 6,70 = 30,66 = 31$ (ARREDONDANDO).

E O INTERVALO DE CONFIANÇA DE $95\%$ É $17\vdash 31$.

COMO $(S_o = 23) \in R_c^*$ (ISTO É, PERTENCE AO INTERVALO DE CONFIANÇA),

## $H_o$ NÃO REJEITADA.

# INTERPRETAÇÃO

COM $95\%$ DE CONFIANÇA, É POSSÍVEL ADMITIR QUE, APESAR DE UM POUCO ESTRANHA A CONFIGURAÇÃO FINAL DAS CONTAS NO MEIO-FIO, A **ORDEM** SEJA CASUAL.

CASUAL??!!

SIM, CASUAL. PODE SER QUE AO SE ROMPER O FIO AS CONTAS TENHAM PARADO NA MESMA ORDEM EM QUE COMPUNHAM O COLAR. ALÉM DISSO, OBSERVE QUE ALGUMAS CONTAS PODERIAM TER ASSUMIDO OUTRAS POSIÇÕES, GERANDO, EM LUGAR DE 23 SUBSEQUÊNCIAS, 30 OU 31, E, AINDA ASSIM, A ORDEM PODERIA SER ADMITIDA COMO CASUAL.

TEM RAZÃO. DE FATO, QUALQUER VALOR ENTRE 17 E 21 LEVARIA À MESMA CONCLUSÃO. MAS FICA FALTANDO ALGUMA COISA: *COMO TER CERTEZA DE QUE ESSE INTERVALO ESTÁ CORRETO? AFINAL, ELE NÃO CONSTA DA TÁBUA!!!*

## PROVA

VAMOS TOMAR DOIS VALORES QUE CONSTAM DA TÁBUA. POR EXEMPLO, 14 E 18. SEGUINDO A MESMA RECEITA, CHEGAMOS AOS SEGUINTES EXTREMOS DO INTERVALO DE 95% DE CONFIANÇA: 11⊢⊣22, APÓS, EVIDENTEMENTE, OS ARREDONDAMENTOS. CONSULTANDO A TÁBUA NO APÊNDICE H, VERIFICAMOS QUE O INTERVALO OBTIDO É RIGOROSAMENTE O QUE ESTÁ ALI REGISTRADO!

VOCÊ GANHOU, PROFESSOR!
NÃO BRINCO MAIS!!

## —— OUTRO MACETE ——

Vimos, na p. 221, que o teste da moeda (para o sorteio do prêmio) levou à não rejeição da $H_0$. Embora uma moeda não eqüiprovável dificilmente produzisse resultados que resistissem a **várias** provas de subseqüências (com o pressuposto de que o processo de lançamento fosse honesto), podemos aumentar o nosso grau de confiança realizando uma prova complementar regida pela distribuição binomial.

---

### PROBLEMA

Será que uma moeda lançada $n = 20$ vezes, com a ocorrência de 15 caras (C) e 5 coroas (K), pode, com 95% de confiança, ser considerada equiprovável?

### HIPÓTESES

$H_0 : P(C) = P(K) = 0{,}50$
$\updownarrow$
$H_a : P(C) \neq P(K)$

231

# SOLUÇÃO

Estamos diante de um típico experimento binomial, com as seguintes características: $X \to B(20; 0,50)$. Para analisarmos os dados, devemos eleger uma variável de observação. Seja $X$ = número de $K$'s (mas poderia também ser o número de $C$'s). Então, neste problema, $X = 5$ (coroas). O espaço experimental, $R$, compõe-se de:

$$R: 0, 1, 2, 3, 4, 5, 6, \ldots 17, 18, 19, 20 \text{ coroas}$$

Para determinarmos as regiões críticas (da esquerda e da direita, já que a $H_a$ é bicaudal), devemos recorrer a uma tábua binomial, nos moldes do que segue:

$$P(X=0) = P(X=20) = 0^+$$
$$P(X=1) = P(X=19) = 0^+$$
$$P(X=2) = P(X=18) = 0^+$$
$$P(X=3) = P(X=17) = 0,001$$
$$P(X=4) = P(X=16) = 0,005$$
$$P(X=5) = P(X=15) = \underline{0,015}$$

$$\text{Soma} \quad 0,021$$

Então: $R_c$ (esquerda): 0, 1, 2, 3, 4, 5 com nível efetivo de 0,021

$R_c$ (direita): 15, 16, 17, 18, 19, 20 com nível efetivo de 0,021

$R_c^*$: 6, 7, 8, 9, 10, 11, 12, 13, 14

Vemos, pelos cálculos acima, que, embora $\alpha$ tenha sido fixado em 5%, o nível máximo (efetivo) conseguido é 4,2%, o que aumenta um pouco a confiança do experimento (de 95% para 95,8%).

$$\text{Como}\ (X = 5) \in R_c\ (\text{esquerda}),$$

a $H_0$ deve ser rejeitada.

# INTERPRETAÇÃO

Se **ambos** os testes tivessem produzido o **mesmo** resultado, ou seja, $H_0$ não rejeitada, haveria maior garantia de que a moeda fosse equiprovável. Entretanto, como a segunda prova **não** confirmou o resultado da primeira, é prudente fazer:

a) **novos testes** com essa mesma moeda — evidentemente com **n maior**;

b) **trocar de moeda** e **refazer os testes** nos moldes já exemplificados.

# COMO CONSTRUIR INTERVALOS COM OUTROS NÍVEIS DE CONFIANÇA?

Para construir intervalos com níveis de confiança diferentes de 95% ou 99%, basta fazer o seguinte: substituir na fórmula o $Z_c$ pelo valor que conste da tábua de

NORMAL COM O α DESEJADO. POR EXEMPLO, SE α = 0,08, OU SEJA, 8%, O INTERVALO DE CONFIANÇA TERÁ 92%. ENTÃO, BUSCANDO NUMA TÁBUA DE **NORMAL** O $Z_c$ CORRESPONDENTE A α (**BICAUDAL**!!!), ENCONTRAMOS 1,75. ENTÃO, SE ESSE INTERVALO FOSSE CONSTRUÍDO COM BASE DO EXERCÍCIO ANTERIOR, TERÍAMOS:

INTERVALO DE 92% = 16,75 ± 1,75(2,74) =
= 16,75 ± 4,80, DONDE RESULTA

12 |————————| 22

FALAR É MAIS FÁCIL DO QUE FAZER! NÃO ESTOU SEGURO DE TER ENTENDIDO!

VOU-LHE EXPLICAR O SEGREDO DA COISA. PEGANDO O JEITO, VOCÊ CONSTRÓI QUALQUER INTERVALO.

# VAMOS ENTENDER A MECÂNICA

O SEGREDO ESTÁ EM CONSEGUIR O $Z_c$ QUE CONVÉM A α = 8%. ORA, SENDO BICAUDAL O INTERVALO, BASTA SUBTRAIR α/2 = 4% DE CADA LADO DA CURVA NORMAL E LER O Z-CRÍTICO CORRESPONDENTE. NA VERDADE, A OPERAÇÃO SÓ PRECISA SER FEITA DE UM LADO DA CURVA, JÁ QUE ELA É SIMÉTRICA.

Assim:

➡ PROBABILIDADE ASSOCIADA
 A METADE DA CURVA  = 0,5

➡ PROBABILIDADE EQUIVALENTE
 A $\alpha/2$  = 0,04

➡ PROBABILIDADE RESULTANTE = 0,46

Observar que $2(0,46) = 0,92$ — que corresponde à probabilidade (confiança) do intervalo buscado.

Agora, é procurar numa tábua de normal a probabilidade $0,46$ e ler o $Z$-crítico correspondente. Às vezes, a probabilidade procurada não se encontra na tábua; então, a solução é tomar a probabilidade **MAIS PRÓXIMA**, isto é, a que produza o **MENOR ERRO** (= a menor diferença). No presente caso, o $Z_c = 1,75$. Assim:

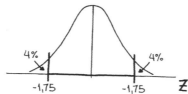

ENTÃO, É BICO! POSSO FAZER ISSO SEM RESTRIÇÕES, NÃO É MESMO?

VEJA, O PROCESSO FUNCIONA BEM, E CADA VEZ MELHOR, À MEDIDA QUE AS AMOSTRAS $N_1$ E $N_2$ AUMENTAM DE TAMANHO. A PARTIR DE $N_1 > 10$ E $N_2 > 10$ DÁ MUITO CERTO!

# 14 DISTRIBUIÇÃO t (STUDENT)

## OBJETIVOS ESPECÍFICOS

Ao concluir o estudo deste capítulo, o leitor deverá ser capaz de

- construir uma **DISTRIBUIÇÃO DE MÉDIAS AMOSTRAIS;**

- calcular o **ERRO PADRÃO DA MÉDIA;**

- citar as conse-quências do **TEOREMA DO LIMITE CENTRAL;**

- construir **INTERVALOS DE CONFIANÇA PARA A MÉDIA;**

- calcular o **TAMANHO DE UMA AMOSTRA;**

- distinguir entre **ESTIMAÇÃO, ESTIMADOR** e **ESTIMATIVA;**

- identificar as situações em que se aplica a **DISTRIBUIÇÃO t;**

- localizar um **t CRÍTICO NA TABELA;**

- **TESTAR UMA HIPÓTESE** usando a distribuição t.

# DISTRIBUIÇÃO DE MÉDIAS AMOSTRAIS

SUPONHAMOS QUE A VARIÁVEL X ASSUMA OS VALORES 1, 2, 3, 4, 5. VAMOS TIRAR **TODAS AS AMOSTRAS POSSÍVEIS, COM REPOSIÇÃO, DE TAMANHO n=2**, E DEPOIS CALCULAR AS **MÉDIAS** (ARITMÉTICAS) RELATIVAS A TODAS AS AMOSTRAS.

*EXTRA! EXTRA! OLHA A NOVA "TABLITA"!!!*

*IH! IH! É SÓ FALAR QUE TEM "TABLITA" E TODO MUNDO COMPRA!...*

| SORTEIO 1 \ SORTEIO 2 | 1 | 2 | 3 | 4 | 5 |
|---|---|---|---|---|---|
| 1 | 1,0 | 1,5 | 2,0 | 2,5 | 3,0 |
| 2 | 1,5 | 2,0 | 2,5 | 3,0 | 3,5 |
| 3 | 2,0 | 2,5 | 3,0 | 3,5 | 4,0 |
| 4 | 2,5 | 3,0 | 3,5 | 4,0 | 4,5 |
| 5 | 3,0 | 3,5 | 4,0 | 4,5 | 5,0 |

A TABELA MOSTRA QUE A **MÉDIA** É **TAMBÉM** UMA **VARIÁVEL**: AFINAL, NO QUADRO ACIMA, ELA ASSUMIU VALORES DE 1,0 A 5,0.

*ESTOU DE CASTIGO SÓ PORQUE MINHA MÉDIA FOI 2!!??*

▶ NOTE QUE PARA UM PARTICULAR GRUPO DE DADOS $\bar{X}$ É CONSTANTE. MAS SE VOCÊ TRABALHAR COM AMOSTRAS TIRADAS DESSE MESMO GRUPO DE DADOS, VOCÊ OBTERÁ VÁRIAS MÉDIAS. TRATA-SE DE UMA AMPLIAÇÃO DO CONCEITO DE MÉDIA.

237

$O$ CONJUNTO DE VALORES $1, 2, 3, 4$ E $5$ CONSTITUI A **POPULAÇÃO** $(\pi)$ DE ONDE FORAM TIRADAS $25$ **AMOSTRAS** DE TAMANHO $n = 2$.

VAMOS CALCULAR A **MÉDIA ARITMÉTICA** DA **POPULAÇÃO** E DAS **MÉDIAS AMOSTRAIS** E **COMPARAR** OS RESULTADOS.

---

POPULAÇÃO $(\pi)$

$N = 5$ (ISTO É, TAMANHO $5$)

$X: 1, 2, 3, 4, 5$

$$\mu = \frac{\sum X_i}{N}$$

$$\mu = \frac{1 + 2 + 3 + 4 + 5}{5} = \frac{15}{5} = \boxed{3}$$

---

COMPARANDO OS RESULTADOS, VERIFICAMOS QUE A **MÉDIA DAS MÉDIAS AMOSTRAIS** É **RIGOROSAMENTE IGUAL** À **MÉDIA POPULACIONAL.**

$$\overline{\overline{X}} = \mu$$

(VER CÁLCULO DE $\overline{\overline{X}}$ ABAIXO.)

---

AMOSTRA $(A)$

$n = 2$ (ISTO É, TAMANHO $2$)

$\overline{X}: 1,0 ; 1,5 ; \ldots ; 4,5 ; 5,0$

$$\overline{\overline{X}} = \frac{\sum \overline{X}_i n_i}{\sum n_i}$$

$$\overline{\overline{X}} = \frac{75,0}{25} = \boxed{3}$$

($\overline{\overline{X}}$ SIGNIFICA **MÉDIA** DAS **MÉDIAS**)

| $\overline{X}_i$ | $n_i$ | $\overline{X}_i n_i$ |
|---|---|---|
| 1,0 | 1 | 1,0 |
| 1,5 | 2 | 3,0 |
| 2,0 | 3 | 6,0 |
| 2,5 | 4 | 10,0 |
| 3,0 | 5 | 15,0 |
| 3,5 | 4 | 14,0 |
| 4,0 | 3 | 12,0 |
| 4,5 | 2 | 9,0 |
| 5,0 | 1 | 5,0 |
| | 25 | 75,0 |

---

DIANTE DISSO, PODERÍAMOS PENSAR QUE O MESMO RACIOCÍNIO SE APLICA AO CÁLCULO DA VARIÂNCIA.

238

Se tal **FOSSE** verdade, $\sigma^2(X) = \sigma^2(\bar{X})$.
O que **DE FATO** ocorre é: $Var(\bar{X}) = \dfrac{Var(X)}{n}$,

ou seja: $\boxed{\sigma^2(\bar{X}) = \dfrac{\sigma^2(X)}{n}}$, donde

$$\boxed{\sigma(\bar{X}) = \dfrac{\sigma(X)}{\sqrt{n}}}$$ ← Esta estatística chama-se **ERRO PADRÃO DA MÉDIA**.

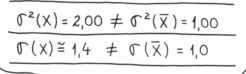

ATENÇÃO!!
$\sigma^2(X) = 2{,}00 \neq \sigma^2(\bar{X}) = 1{,}00$
$\sigma(X) \cong 1{,}4 \neq \sigma(\bar{X}) = 1{,}0$

**Entretanto**, se fizermos $\sigma(\bar{X}) = \dfrac{\sigma(X)}{\sqrt{n}}$, teremos:

DESVIO PADRÃO DA POPULAÇÃO ↓
$\sigma(\bar{X}) = \dfrac{1{,}4}{\sqrt{2}} = \dfrac{1{,}4}{1{,}4} = \boxed{1{,}0}$
↑
TAMANHO DAS AMOSTRAS

# TEOREMA DO LIMITE CENTRAL

As relações que acabamos de examinar constituem a base de um importante teorema da estatística chamado **TEOREMA DO LIMITE CENTRAL**.

À MEDIDA QUE $n$ (TAMANHO DAS AMOSTRAS) **CRESCE**, AS **MÉDIAS AMOSTRAIS** VÃO PROGRESSIVAMENTE **TENDENDO** A UMA **DISTRIBUIÇÃO LIMITE** — QUE É A **DISTRIBUIÇÃO NORMAL**.

PARA EFEITOS PRÁTICOS, COM $n \geqslant 30$ A APROXIMAÇÃO É MUITO **BOA**.

MESMO PARA $n=2$, A CURVA JÁ LEMBRA UMA **NORMAL**.

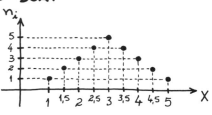

PARA CALCULARMOS O **ERRO PADRÃO DA MÉDIA** (QUE, NA VERDADE, É O **DESVIO PADRÃO** DA **DISTRIBUIÇÃO DE MÉDIAS AMOSTRAIS**), PODEMOS USAR DUAS FÓRMULAS:

(I) $\sigma(\bar{X}) = \dfrac{\sigma(X)}{\sqrt{n}}$   E   (II) $S(\bar{X}) = \dfrac{S(X)}{\sqrt{n}}$ ← $S(X)$ REPRESENTA O DESVIO PADRÃO DA AMOSTRA.

USADA QUANDO A VARIÂNCIA DA POPULAÇÃO É **CONHECIDA**.

USADA QUANDO A VARIÂNCIA DA POPULAÇÃO É **DESCONHECIDA**.

CUIDADO!

PARA QUE A FÓRMULA "FUNCIONE" BEM — NO CASO DE A **VARIÂNCIA POPULACIONAL SER DESCONHECIDA** — É PRECISO QUE $n \geqslant 30$.

VOCÊS OUVIRAM? CUIDADO ONDE PISAM!!!

Como raramente o pesquisador conhece a variância da população, ele cerca-se de alguns cuidados e usa a fórmula II (página anterior).

# INTERVALOS DE CONFIANÇA

A fórmula II possibilita-nos construir **INTERVALOS DE CONFIANÇA** para a média.

Vejamos a sua mesada:

$$\bar{X} \pm 1,96 \left( \frac{S(X)}{\sqrt{n}} \right)$$

INTERVALO COM 95% DE CERTEZA

$$\bar{X} \pm 2,58 \left( \frac{S(X)}{\sqrt{n}} \right)$$

INTERVALO COM 99% DE CERTEZA (CERTEZA DE QUE A MÉDIA CAI **DENTRO** DO INTERVALO)

Ô PAI!!! Você tem certeza de que as minhas necessidades estão dentro desses cálculos???

# EXEMPLO

Para pesquisar o **SALÁRIO MÉDIO** ($\bar{X}$) de funcionários de determinada categoria, um estatístico selecionou uma amostra casual de 225 funcionários e verificou que

$\bar{X} = \$45.000,00$ e que $S(X) = \$270,00$.

Para estar certo em 95% das vezes, que intervalo de confiança ele deveria ter usado?

## SOLUÇÃO

Como $n > 30$, podemos usar o **DESVIO PADRÃO** da **AMOSTRA** para **ESTIMAR** o **DESVIO PADRÃO** da **POPULAÇÃO**. Assim:

$$S(\bar{x}) = \frac{S(x)}{\sqrt{n}} = \frac{\$270,00}{\sqrt{225}} = \frac{\$270,00}{15} = \$18,00$$

Para estar certo em 95% das vezes, o seu resultado deverá "fugir" das pontas (caudas) de uma curva normal em 2,5% de cada lado. Ora, considerando **UMA METADE** da curva, temos:

$$(0,5000 - 0,0250) = 0,4750.$$

Procurando $p = 0,4750$ numa tábua de $N(0;1)$, verificamos que $Z_c = 1,96$. Então:

$$\boxed{\$45.000,00 \pm 1,96\,(\$18,00)}$$

"Gera" o **INTERVALO DE CONFIANÇA** desejado. Assim:

$$\$45.000,00 \pm \$35,28$$

```
   $ 45.000,00              $ 45.000,00
-  $      35,28          +  $      35,28
   ──────────                ──────────
   $ 44.964,72               $ 45.035,28
  (Limite inferior)         (Limite superior)
```

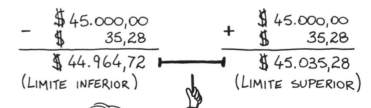

Esse intervalo deve ser interpretado da seguinte maneira:

242

→ Se o estatístico colhesse 100 amostras de tamanho $n = 225$ da população em estudo e se, para cada amostra, ele calculasse a respectiva média e intervalo de confiança, no **FINAL** da operação ele teria 100 intervalos de limites bem definidos.
A **MÉDIA POPULACIONAL** (a "verdadeira" média) deveria estar **CONTIDA** em **95** desses intervalos e cair **FORA** de apenas **5**.

# CÁLCULO DO TAMANHO DE UMA AMOSTRA

Vimos, no exemplo anterior, que a média $\overline{X} = \$45.000,00$ "admite" um **ERRO DE ESTIMAÇÃO**\* de $\pm \$35,28$. Chamando esse erro de $\mathcal{E}$, podemos escrever que $\mathcal{E} = \$35,28$. Mas, se lembrarmos que

$$1,96 \left( \frac{S(X)}{\sqrt{n}} \right) = \$35,28 \text{, concluímos que}$$

$$\boxed{\mathcal{E} = 1,96 \left( \frac{S(X)}{\sqrt{n}} \right)} \qquad \left( \begin{array}{c} \text{Duas quantidades iguais} \\ \text{a uma terceira são} \\ \text{iguais entre si.} \end{array} \right)$$

Como a "confiança desejada" nem sempre é de 95%, é preferível substituir o valor de 1,96 por $Z_c$. Assim, quando a confiança desejada for de 95%, $Z_c = 1,96$; quando for de 99%, $Z_c = 2,58$ e assim por diante.

Então:

$$\mathcal{E} = Z_c \left[ \frac{S(X)}{\sqrt{n}} \right] \text{, de onde sai que } \boxed{n = \left[ \frac{Z_c \cdot S(X)}{\mathcal{E}} \right]^2}$$

---

\* Convém ler novamente o que ficou dito na p. 142 sobre **ESTIMAÇÃO**. E acrescente-se o seguinte:

**Estimação** → **PROCESSO**

**Estimador** → **ESTATÍSTICA** (P. ex., $\overline{X}$ é um estimador de $\mu$.)

**Estimativa** → **VALOR PARTICULAR DE UM ESTIMADOR** (P. ex., $\mu = 3$ e $\overline{X}$ (amostra) varia de 1,0 a 5,0. Ver pp. 202 e 203. Então, quando $\overline{X} = 2,5$, **2,5 É UMA ESTIMATIVA DE** $\mu$.)

Vamos experimentar esta fórmula no problema que acabamos de resolver. A questão, agora, é a seguinte: numa pesquisa salarial de funcionários de determinada categoria, não se admite erro na **MÉDIA** superior a $35,28. Qual deverá ser o **TAMANHO MÍNIMO DA AMOSTRA** para que os resultados sejam dados com 95% de confiança?

# SOLUÇÃO

Falta-nos um dado **ESSENCIAL** para que possamos "entrar" na fórmula anterior: o **DESVIO PADRÃO DA POPULAÇÃO**. Para contornar o problema, fazemos um **ESTUDO-PILOTO** colhendo uma amostra de, digamos, 30 funcionários e calculamos o desvio padrão de seus salários. Suponhamos que esse desvio seja da ordem de $285,00. Pois bem, na "falta de coisa melhor" é essa a informação que será levada à fórmula. Assim:

$$n = \left[\frac{Z_c \cdot S(X)}{\varepsilon}\right]^2 =$$

$$= \left[\frac{(1,96)(285,00)}{35,28}\right]^2 =$$

$$= \frac{312.033,96}{1.244,6784} =$$

$$= 250,69$$

Então, como não podemos trabalhar com "0,69 de funcionário", arredondamos para **MAIS\***, donde $n = 251$.

O leitor poderá perguntar agora:

n NÃO ERA 225?

ERA!!! Mas quando n era 225, o **DESVIO PADRÃO** também era **CONHECIDO**. Agora, não! O importante, entretanto, é que com pouquíssima informação foi-nos possível determinar um **TAMANHO** (mínimo) **DE AMOSTRA** que só excede a primeira em 26 pessoas: $251 - 225 = \mathbf{26}$. Assim procedendo, resultam as seguintes vantagens:

- ■ A determinação do **TAMANHO MÍNIMO DA AMOSTRA**;
- ■ ■ **95% DE CONFIANÇA** nos resultados;
- ■ ■ ■ **ECONOMIA**: uma amostra **MENOR** reduz gastos desnecessários de **VERBA** e **TEMPO**.

## DISTRIBUIÇÃO t DE STUDENT

A **Distribuição t de Student** foi criada no início deste século por um pesquisador de nome William Sealy Gosset (1876-1936).

\* Sempre para **MAIS**.

WILLIAM S. GOSSET

GOSSET TRABALHAVA, NA ÉPOCA, NUMA CERVEJARIA NA IRLANDA E ESTAVA CIENTE DE QUE SEUS EMPREGADORES NÃO QUERIAM QUE FUNCIONÁRIOS PUBLICASSEM O QUE QUER QUE FOSSE — COM RECEIO, TALVEZ, DE QUE SEGREDOS INDUSTRIAIS CAÍSSEM NO DOMÍNIO PÚBLICO E, PRINCIPALMENTE, NAS MÃOS DA CONCORRÊNCIA.

POR ISSO, GOSSET, AO DESCOBRIR UMA NOVA DISTRIBUIÇÃO DE PROBABILIDADES (**DISTRIBUIÇÃO t**), PUBLICOU SEUS TRABALHOS SOB O PSEUDÔNIMO DE **STUDENT**.

SABEDOR DAS **LIMITAÇÕES** QUE UMA AMOSTRA GRANDE ($n \geq 30$) IMPÕE AO PESQUISADOR, GOSSET CRIOU UMA ESTATÍSTICA ADEQUADA A **PEQUENAS AMOSTRAS** ($n < 30$). A FÓRMULA DESSA ESTATÍSTICA É:

$$t = \frac{\bar{x} - \mu}{\frac{S(x)}{\sqrt{n}}}$$, ONDE 
$\bar{x} \rightarrow$ MÉDIA ARITMÉTICA DE UMA **AMOSTRA** (PEQUENA)
$\mu \rightarrow$ MÉDIA ARITMÉTICA (**PRESUMIDA**) DA **POPULAÇÃO** DE ONDE SAIU A AMOSTRA

▶ NOTE QUE ESSA FÓRMULA LEMBRA UMA OUTRA: $Z_c = \frac{x_i - \mu}{\sigma}$. ELA RESULTA DA SUBSTITUIÇÃO DE $x_i$ POR $\bar{x}$ E DE $\sigma$ POR $\frac{S(x)}{\sqrt{n}}$.

## DISTRIBUIÇÃO t DE STUDENT

| CARACTERÍSTICAS | GRÁFICO |
|---|---|
| • CONTÍNUA<br>•• SIMÉTRICA<br>••• DE FORMA CAMPANULAR<br>•••• VARIA DE $-\infty$ A $+\infty$<br>••••• MÉDIA = 0<br>•••••• DESVIO PADRÃO VARIÁVEL DE ACORDO COM $n$ | 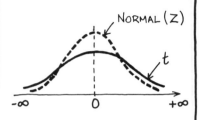<br>$t$ É **MAIS ACHATADA** NO CENTRO E **MAIS ESPALHADA** NAS CAUDAS. |

⚡ O USO DA ESTATÍSTICA $t$ PRESSUPÕE QUE A **VARIÁVEL OBSERVACIONAL** TENHA, NA **POPULAÇÃO** (DE ONDE FOI COLHIDA A AMOSTRA), DISTRIBUIÇÃO **NORMAL**.

⚡ NÃO EXISTE **UMA** DISTRIBUIÇÃO $t$, MAS, SIM, UMA **FAMÍLIA**. PARA CADA $n$ (TAMANHO DE AMOSTRA) EXISTE UMA **DISTRIBUIÇÃO** (E UMA **CURVA**) **ESPECÍFICA**.

⚡ À MEDIDA QUE $n$ **CRESCE**, $t$ **TENDE** A Z. (A APROXIMAÇÃO ENTRE $t$ E $Z$ COMEÇA A FICAR "BOA" A PARTIR DE $n \geq 30$.)

## QUE FAZER PARA TESTAR UMA HIPÓTESE?

★ **CALCULAR** A ESTATÍSTICA $t$ ($t_o = t$ OBSERVADO).

★★ **COMPARAR** O $t_o$ COM O $t_c$ ($t$-CRÍTICO) ENCONTRADO NA TÁBUA.

## COMO LOCALIZAR UM $t_c$ NA TÁBUA?

★ **LOCALIZAR** $\alpha$ NA MOLDURA SUPERIOR DA TÁBUA.

★★ **LOCALIZAR GLIB** (GRAUS DE LIBERDADE) NA MOLDURA VERTICAL DA TÁBUA.

★★★ **LER** O $t_c$ NO CRUZAMENTO DE $\alpha$ COM GLIB.

## COMO ENCONTRAR GLIB?

GLIB = TAMANHO DA AMOSTRA − 1

GLIB = $(n-1)$

## REGRA DE DECISÃO

• $t_o > t_c$
  **REJEITAR** $H_0$.

•• $t_o < t_c$
  **NÃO REJEITAR** $H_0$.

# APLICAÇÃO

NUMA FÁBRICA DE FITA GOMADA, A EXPERIÊNCIA MOSTROU QUE A PRODUÇÃO MÉDIA, POR HORA, É DA ORDEM DE 1.000 m. NUM DIA, SORTEADO ALEATORIAMENTE, FORAM FEITAS AS SEGUINTES MENSURAÇÕES AO LONGO DE 8 HORAS:

| METROS → | 1.010 | 980 | 980 | 950 | 970 | 930 | 950 | 990 |
|---|---|---|---|---|---|---|---|---|
| HORA → | 1ª | 2ª | 3ª | 4ª | 5ª | 6ª | 7ª | 8ª |

A PRODUÇÃO DESSE DIA CONFIRMA A EXPECTATIVA? $(\alpha = 5\%)$.

... HUM!... FITA "ENROLADA" ATRASA A PRODUÇÃO!...

## SOLUÇÃO

VEJAMOS:  ENTÃO:

$$t = \dfrac{\overline{X} - \mu}{\dfrac{S(X)}{\sqrt{n}}}$$

- NÃO TEMOS
- TEMOS
- $(\mu = 1000\,m)$
- NÃO TEMOS
- TEMOS
- $(n = 8)$

| $X_i$ | $(X_i - \overline{X}) = x_i$ | $x_i^2$ |
|---|---|---|
| 1.010 | 40 | 1.600 |
| 980 | 10 | 100 |
| 980 | 10 | 100 |
| 950 | -20 | 400 |
| 970 | 0 | 0 |
| 930 | -40 | 1.600 |
| 950 | -20 | 400 |
| 990 | 20 | 400 |
| 7.760 | 0 | 4.600 |

$$\overline{X} = \dfrac{\sum X_i}{n} \Rightarrow \overline{X} = \dfrac{7.760}{8} = \; = 970\,m$$

$$S(X) = +\sqrt{\dfrac{\sum x_i^2}{n}} \Rightarrow S(X) = +\sqrt{\dfrac{4.600}{8}} \cong 23,98\,m^*$$

$$t_0 = \dfrac{970\,m - 1.000\,m}{\dfrac{23,98\,m}{\sqrt{8}}} = \dfrac{-30\,m}{8,47\,m} \cong -3,542$$

---

\* PARA n **PEQUENO**, O DENOMINADOR DE $S(X)$ DEVERIA SER $(n-1)$ PARA **ATENUAÇÃO** DE **PROVÁVEIS VIESES**. NÃO ADOTAMOS ESSE PROCEDIMENTO NESTE CAPÍTULO POR QUESTÃO DE SIMPLICIDADE.

# TÁBUA DE $t_c$

| GLIB | $\alpha$ PARA $H_a$ UNICAUDAL | | | | GLIB |
|---|---|---|---|---|---|
| | 5% | | 1% | | |
| | $\alpha$ PARA $H_a$ BICAUDAL | | | | |
| | 5% | | 1% | | |
| 3 | 2,353 | 3,182 | 4,541 | 5,841 | 3 |
| 4 | 2,132 | 2,776 | 3,747 | 4,604 | 4 |
| 5 | 2,015 | 2,571 | 3,365 | 4,032 | 5 |
| 6 | 1,943 | 2,447 | 3,143 | 3,707 | 6 |
| 7 | 1,895 | 2,365 | 2,998 | 3,499 | 7 |
| 8 | 1,860 | 2,306 | 2,896 | 3,355 | 8 |
| 9 | 1,833 | 2,262 | 2,821 | 3,250 | 9 |
| 10 | 1,812 | 2,228 | 2,764 | 3,169 | 10 |
| 15 | 1,753 | 2,131 | 2,602 | 2,947 | 15 |
| 20 | 1,725 | 2,086 | 2,528 | 2,845 | 20 |
| 22 | 1,717 | 2,074 | 2,508 | 2,819 | 22 |
| 24 | 1,711 | 2,064 | 2,492 | 2,797 | 24 |
| 26 | 1,706 | 2,056 | 2,479 | 2,779 | 26 |
| 28 | 1,701 | 2,048 | 2,467 | 2,763 | 28 |
| 30 | 1,697 | 2,042 | 2,457 | 2,750 | 30 |
| 40 | 1,684 | 2,021 | 2,423 | 2,704 | 40 |
| 60 | 1,671 | 2,000 | 2,390 | 2,660 | 60 |
| 120 | 1,658 | 1,980 | 2,358 | 2,617 | 120 |
| $\infty$ | 1,645 | 1,960 | 2,326 | 2,576 | $\infty$ |
| | $t_c$ (CRÍTICO) | | | | |

COM GLIB $= \infty$, OS VALORES DE $t$ SÃO IGUAIS AOS VALORES DE $Z$.

FONTE: BUSSAB E SEVERO. TÁBUAS DE ESTATÍSTICA. SÃO PAULO, HARBRA, 1985 (ADAPTAÇÃO).

Não nos esqueçamos de que:

→ $H_0: \mu = 1.000\,m$

→ $H_a: \mu \neq 1.000\,m$ (∴ BICAUDAL)

Como $n = 8$, GLIB = 7. Então, com $\alpha = 5\%$ (BICAUDAL),

$$t_c = 2,365$$

Então:

$$(t_0 = -3,542) < (t_c = -2,365)$$
$$\therefore H_0 \textbf{ REJEITADA}$$

252

Na p. 213 ficou dito que a distribuição $t$ é **SIMÉTRICA**. Por essa razão, as tábuas só registram os $t_c$ **POSITIVOS** (na metade direita da curva).

### CONCLUSÃO

Ao rejeitarmos a $H_0$ estamos, de fato, admitindo a hipótese (alternativa) de que naquele dia sorteado a produção média horária foi **DIFERENTE** da expectativa.

# 15 CORRELAÇÃO LINEAR SIMPLES

## OBJETIVOS ESPECÍFICOS

Ao concluir o estudo deste capítulo, o leitor deverá ser capaz de

► DEFINIR **CORRELAÇÃO**;

► DEFINIR **CORRELAÇÃO LINEAR SIMPLES**;

► CALCULAR o **COEFICIENTE DE CORRELAÇÃO LINEAR DE PEARSON**;

► CONSTRUIR UMA **NUVEM DE PONTOS** COM OS VALORES DE $X$ E DE $Y$;

► INTERPRETAR OS **DIFERENTES VALORES QUE $r_{xy}$ PODE ASSUMIR**;

► TESTAR A **SIGNIFICÂNCIA** DE $r_{xy}$;

► EXEMPLIFICAR A **DIFERENÇA ENTRE CORRELAÇÃO E CAUSA-E-EFEITO**;

► CALCULAR o **COEFICIENTE DE DETERMINAÇÃO**.

QUE VOCÊ FEZ NA PAREDE?

UMA NUVEM DE PONTOS, MÃE!...

O termo **CORRELAÇÃO** significa **RELAÇÃO EM DOIS SENTIDOS** (co + relação) e é usado em Estatística para designar a **FORÇA** que mantém "unidos" dois conjuntos de valores.

*É como se **CORRELAÇÃO** significasse "JUNTIDÃO"!*

Vamos imaginar que tenhamos sorteado 5 pessoas adultas (+ de 30 anos, p. ex.), num centro urbano, e que a cada uma tenham sido feitas as seguintes perguntas:

1) Durante quantos anos você frequentou regularmente a escola?

2) Quantos livros você tem em sua biblioteca (estante, armário) particular?

Admitamos que as respostas obtidas tenham sido:

| SUJEITOS | A | B | C | D | E | Σ |
|---|---|---|---|---|---|---|
| FREQUENTOU ESCOLA (ANOS) : $X_i$ | 5 | 8 | 10 | 12 | 15 | 50 |
| BIBLIOTECA PARTICULAR (LIVROS) : $Y_i$ | 10 | 30 | 45 | 50 | 75 | 210 |

255

$$\left(\overline{X} = \frac{50 \text{ anos}}{5} = 10 \text{ anos}\right);$$

$$\left(\overline{Y} = \frac{210 \text{ livros}}{5} = 42 \text{ livros}\right).$$

$X_i$ representa o número de anos que cada sujeito frequentou a escola. Por exemplo, o sujeito C frequentou $X_{i=3} = X_3 = 10$ anos; o sujeito E frequentou $X_{i=5} = X_5 = 15$ anos.

Então ($i=5$) corresponde à ordem, da esquerda para direita, em que se encontra o sujeito E.

$Y_i$ representa o número de livros que cada um desses sujeitos tem em sua biblioteca particular. Assim, o sujeito C possui $Y_{i=3} = Y_3 = 45$ livros.

Observando as médias aritméticas acima, verificamos que para cada 10 anos de escola (em média), o sujeito correspondente possui 42 livros (também em média).

256

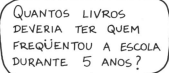

A média aritmética sozinha é insuficiente para exprimir bem a força que mantém unidas as variáveis X e Y. Por isso, usa-se uma estatística desenvolvida por Pearson* chamada **Coeficiente de Correlação Linear** ($r_{xy}$).

---

*O **NOME** Coeficiente de Correlação Linear foi introduzido por F. Y. Edgeworth. O **CONCEITO** de correlação é devido a Bravais. A Pearson coube o mérito de desenvolver a **FÓRMULA** de $r_{xy}$.

# KARL PEARSON
(1857 - 1936)

Para o cálculo de $r_{xy}$ é necessário encontrar primeiro o valor das seguintes quantidades:

$$\sum X_i Y_i, \sum X_i, \sum Y_i, \sum X_i^2, \sum Y_i^2$$

Depois é ajustar essas quantidades convenientemente numa fórmula:

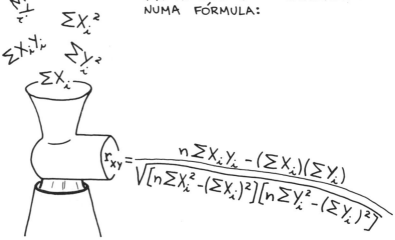

$$r_{xy} = \frac{n\sum X_i Y_i - (\sum X_i)(\sum Y_i)}{\sqrt{[n\sum X_i^2 - (\sum X_i)^2][n\sum Y_i^2 - (\sum Y_i)^2]}}$$

VAMOS À TABELA E CALCULEMOS ESSAS
QUANTIDADES:

| Sujeito | Escolaridade $X_i$ (anos) | Biblioteca $Y_i$ (livros) | $X_i Y_i$ | $X_i^2$ | $Y_i^2$ |
|---|---|---|---|---|---|
| A | 5 | 10 | 50 | 25 | 100 |
| B | 8 | 30 | 240 | 64 | 900 |
| C | 10 | 45 | 450 | 100 | 2.025 |
| D | 12 | 50 | 600 | 144 | 2.500 |
| E | 15 | 75 | 1.125 | 225 | 5.625 |
| $\Sigma$ | 50 | 210 | 2.465 | 558 | 11.150 |

NATURALMENTE, O **n** DA FÓRMULA CORRESPONDE AO NÚMERO DE **PARES DE INFORMAÇÕES**, ISTO É, $n = 5$.

# ENTÃO:

$$r_{xy} = \frac{5(2.465) - (50)(210)}{\sqrt{[5(558) - (50)^2][5(11.150) - (210)^2]}} =$$

$$= \frac{12.325 - 10.500}{\sqrt{(2.790 - 2.500)(55.750 - 44.100)}} =$$

$$= 0,9928894756 \cong \mathbf{0{,}99}$$

# RECOMENDAÇÕES IMPORTANTES

**1** Já que o cálculo de $r_{xy}$ é trabalhoso, é conveniente **FAZER O GRÁFICO ANTES** de começar qualquer cálculo. Se os pontos do gráfico distribuírem-se de tal modo que **LEMBREM** uma **LINHA RETA, CONVÉM CALCULAR** $r_{xy}$; se os pontos estiverem dispersos de modo **NÃO LINEAR, NÃO CONVÉM CALCULAR** $r_{xy}$.

**2** O Coeficiente de Correlação Linear de Pearson pode ser calculado por uma **FÓRMULA ALTERNATIVA** que é

$$r_{xy} = \frac{\sum x_i y_i}{n S_x S_y}$$

Para verificar se o valor de $r_{xy}$ está correto, convém calculá-lo novamente usando a fórmula alternativa.

Vamos ao gráfico. A primeira coisa que devemos fazer é **ORDENAR** os valores de X, do menor para o maior, e distribuir, ao longo do eixo das abscissas, os valores que compõem a tabela.

Como os pares $(X_i, Y_i)$ são fixos, a ordenação de Y será determinada pela ordenação de X. Aí, é colocar os valores de Y no eixo das ordenadas e montar o gráfico, também chamado **DIAGRAMA DE DISPERSÃO**.

| Sujeito | Escolaridade $X_i$ (anos) | Biblioteca $Y_i$ (livros) |
|---------|---------------------------|---------------------------|
| A | 5  | 10 |
| B | 8  | 30 |
| C | 10 | 45 |
| D | 12 | 50 |
| E | 15 | 75 |

...Não estou vendo nenhuma **RETA**!

Mas a **DISPOSIÇÃO** dos pontos **LEMBRA** uma **RETA**. E isso é o bastante!

Os pontos* podem distribuir-se de diferentes maneiras num diagrama de dispersão. Assim:

No diagrama A, a distribuição de pontos é tal que lembra uma **RETA**; no diagrama B, os pontos lembram uma **PARÁBOLA**; no C, uma **CIRCUNFERÊNCIA/CÍRCULO**.

> Só vale a pena gastar tempo com o cálculo de $r_{xy}$ **SE** a disposição dos pontos lembrar uma **RETA**.

*Fala-se também em **NUVEM DE PONTOS**.

PARA O CÁLCULO DE $r_{xy}$ PELA FÓRMULA ALTERNATIVA É PRECISO CALCULAR ANTES AS SEGUINTES QUANTIDADES:

$$\Sigma x_i y_i \; ; \; S_x \; ; \; S_y \; .$$

VAMOS AOS CÁLCULOS.

| SUJEITOS | $X_i$ | $Y_i$ | $x_i = (X_i - \overline{X})$ | $y_i = (Y_i - \overline{Y})$ | $x_i y_i$ | $x_i^2$ | $y_i^2$ |
|---|---|---|---|---|---|---|---|
| A | 5 | 10 | $-5 = (5-10)$ | $-32 = (10-42)$ | 160 | 25 | 1.024 |
| B | 8 | 30 | $-2 = (8-10)$ | $-12 = (30-42)$ | 24 | 4 | 144 |
| C | 10 | 45 | $0 = (10-10)$ | $3 = (45-42)$ | 0 | 0 | 9 |
| D | 12 | 50 | $2 = (12-10)$ | $8 = (50-42)$ | 16 | 4 | 64 |
| E | 15 | 75 | $5 = (15-10)$ | $33 = (75-42)$ | 165 | 25 | 1.089 |
| $\Sigma$ | 50 | 210 | 0 | 0 | 365 | 58 | 2.330 |

$\overline{X} = 10 \quad \overline{Y} = 42$

$$S_x = +\sqrt{\frac{\Sigma x_i^2}{n}} = +\sqrt{\frac{58}{5}} \cong 3,4 \text{ ANOS} \quad \left( \begin{array}{l} \text{DESVIO PADRÃO DA} \\ \text{VARIÁVEL } X \end{array} \right)$$

$$S_y = +\sqrt{\frac{\Sigma y_i^2}{n}} = +\sqrt{\frac{2.330}{5}} \cong 21,6 \text{ LIVROS} \quad \left( \begin{array}{l} \text{DESVIO PADRÃO DA} \\ \text{VARIÁVEL } Y \end{array} \right)$$

LEVANDO ESSAS QUANTIDADES À FÓRMULA ALTERNATIVA, RESULTA O SEGUINTE:

$$r_{xy} = \frac{\sum x_i y_i}{n\, S_x \cdot S_y} = \frac{365}{5(3,4)(21,6)} = \frac{365}{367,2} \cong 0,99$$

... MAS ISSO NÃO OCORRE **SEMPRE**! ÀS VEZES, HÁ PEQUENÍSSIMAS **DIFERENÇAS** PROVOCADAS POR **ARREDONDAMENTOS**.

O $r_{xy}$ CALCULADO PELA FÓRMULA DA P. 223 É MAIS PRECISO QUE O $r_{xy}$ CALCULADO PELA FÓRMULA DA P. 225.
**MOTIVO:** A PRIMEIRA FÓRMULA TRABALHA COM OS DADOS **BRUTOS**, SEM TRANSFORMAÇÕES, SEM ARREDONDAMENTOS.

# NATUREZA e CAMPO de VARIAÇÃO de $r_{xy}$

O coeficiente de correlação linear é um **NÚMERO PURO**: não vem acompanhado de unidade de medida. Isso é fácil de perceber, pois:

- se $X_i$ é **ANO** e $\overline{X}$ é **ANO**, $(X_i - \overline{X}) = x_i$ é também **ANO**;

- se $Y_i$ é **LIVRO** e $\overline{Y}$ é **LIVRO**, $(Y_i - \overline{Y}) = y_i$ é também **LIVRO**;

- se $\dfrac{\sum x_i^2}{n}$ $\left(\begin{matrix}\text{VARIÂNCIA} \\ \text{DE } X\end{matrix}\right)$ é **ANO²** $\left(\begin{matrix}\text{ANO AO} \\ \text{QUADRADO}\end{matrix}\right)$,

  $\sqrt{\dfrac{\sum x_i^2}{n}}$ é **ANO**;

- se $\dfrac{\sum y_i^2}{n}$ $\left(\begin{matrix}\text{VARIÂNCIA} \\ \text{DE } Y\end{matrix}\right)$ é **LIVRO²** $\left(\begin{matrix}\text{LIVRO AO} \\ \text{QUADRADO}\end{matrix}\right)$,

  $\sqrt{\dfrac{\sum y_i^2}{n}}$ é **LIVRO**.

## ENTÃO:

$$r_{xy} = \frac{\sum x_i y_i}{n\, S_x \cdot S_y} = \frac{365 \;\;\cancel{\text{ANO} \times \text{LIVRO}}}{367{,}2 \;\;\cancel{\text{ANO} \times \text{LIVRO}}} \cong 0{,}99$$

Por outro lado, $r_{xy}$ varia de $-1$ a $+1$. Em outras palavras: não existe $r_{xy}$ menor que $-1$ nem maior que $+1$.

Em símbolos matemáticos isso pode ser indicado assim:

$$-1 \leq r_{xy} \leq +1$$

Os coeficientes de correlação recebem nomes especiais conforme estejam próximos ou distantes do zero.

- CORRELAÇÃO POSITIVA **PERFEITA**
- CORRELAÇÃO POSITIVA **FORTE**
- CORRELAÇÃO POSITIVA **MÉDIA**
- CORRELAÇÃO POSITIVA **FRACA**
- CORRELAÇÃO **LINEAR INEXISTENTE**
- CORRELAÇÃO NEGATIVA **FRACA**
- CORRELAÇÃO NEGATIVA **MÉDIA**
- CORRELAÇÃO NEGATIVA **FORTE**
- CORRELAÇÃO NEGATIVA **PERFEITA**

# OBSERVAÇÃO

A natureza não produz correlações perfeitas (do tipo $r_{xy} = 1,00$ ou $r_{xy} = -1,00$). Essas correlações pertencem ao campo da Matemática. Ver exemplo a seguir.

**SE** $Y = 2X \Longrightarrow$

| $X_i$ | $Y_i$ |
|---|---|
| 0 | 0 |
| 1 | 2 |
| 2 | 4 |
| 3 | 6 |
| 4 | 8 |

**ENTÃO...**

| $X_i$ | $Y_i$ | $X_i^2$ | $Y_i^2$ | $X_i Y_i$ |
|---|---|---|---|---|
| 0 | 0 | 0 | 0 | 0 |
| 1 | 2 | 1 | 4 | 2 |
| 2 | 4 | 4 | 16 | 8 |
| 3 | 6 | 9 | 36 | 18 |
| 4 | 8 | 16 | 64 | 32 |
| 10 | 20 | 30 | 120 | 60 |

$$r_{xy} = \frac{n \sum X_i Y_i - (\sum X_i)(\sum Y_i)}{\sqrt{[n \sum X_i^2 - (\sum X_i)^2][n \sum Y_i^2 - (\sum Y_i)^2]}} =$$

$$= \frac{5(60) - (10)(20)}{\sqrt{[5(30) - (10)^2][5(120) - (20)^2]}} = 1$$

267

A ESCALA NA P. 231 MOSTRA QUE AS CORRELAÇÕES PODEM SER **POSITIVAS** E **NEGATIVAS**. VEJAMOS COMO ISSO ACONTECE.

CORRELAÇÃO POSITIVA

QUANDO AS VARIÁVEIS X E Y VARIAM NO **MESMO SENTIDO**, ISTO É, SE, AUMENTANDO X, Y **TAMBÉM** AUMENTA (OU SE, DIMINUINDO X, Y **TAMBÉM** DIMINUI),

$r_{xy} > 0$

CORRELAÇÃO NEGATIVA

QUANDO AS VARIÁVEIS X E Y VARIAM EM **SENTIDOS CONTRÁRIOS**, ISTO É, SE, COM O AUMENTO DE X, Y DIMINUI (OU SE, COM A DIMINUIÇÃO DE X, Y AUMENTA),

$r_{xy} < 0$

HUM!... O PONTEIRO QUASE NEM SAIU DO LUGAR!!!

UM BOM EXEMPLO DE CORRELAÇÃO POSITIVA ($r_{xy} > 0$) É DADO POR X = ESTATURA E Y = PESO. EMBORA EXISTAM EXCEÇÕES, A REGRA GERAL É: INDIVÍDUOS DE GRANDE ESTATURA TENDEM A PESAR MAIS E INDIVÍDUOS DE PEQUENA ESTATURA TENDEM A PESAR MENOS.

PARA COMPLETAR ESTA PARTE, VAMOS A UM EXEMPLO EM QUE $r_{xy}$ É IGUAL A UM VALOR TÃO PEQUENO QUE PRATICAMENTE SE CONFUNDE COM ZERO.

SUPONHAMOS DOIS DADOS "HONESTOS", $D_1$ E $D_2$, JOGADOS SIMULTANEAMENTE 10 VEZES. OS VALORES PRODUZIDOS POR $D_1$ VÃO REPRESENTAR $X_i$ E OS VALORES PRODUZIDOS POR $D_2$, $Y_i$:

| $D_1 \longrightarrow X_i$ | 4 | 3 | 5 | 5 | 4 | 3 | 2 | 3 | 2 | 4 |
|---|---|---|---|---|---|---|---|---|---|---|
| $D_2 \longrightarrow Y_i$ | 5 | 3 | 5 | 4 | 4 | 6 | 5 | 6 | 5 | 2 |

VAMOS ORDENAR OS VALORES DE $X$ (ORDEM CRESCENTE) E, A SEGUIR, LEVAR OS PARES $X_i$, $Y_i$ A UM GRÁFICO. ASSIM:

| $X_i$ | $Y_i$ |
|-------|-------|
| 2 | 5 |
| 2 | 5 |
| 3 | 3 |
| 3 | 6 |
| 3 | 6 |
| 4 | 5 |
| 4 | 4 |
| 4 | 2 |
| 5 | 5 |
| 5 | 4 |

CALCULEMOS AGORA O $r_{xy}$ PARA ESSE GRUPO DE DADOS. JÁ SABEMOS, ANTECIPADAMENTE, PELO EXAME DO DIAGRAMA DE DISPERSÃO, QUE $r_{xy}$ **DEVERÁ ESTAR MUITO PRÓXIMO DE ZERO**, UMA VEZ QUE A NUVEM DE PONTOS TEM A FORMA DE UMA QUASE CIRCUNFERÊNCIA.

| $X_i$ | $Y_i$ | $X_i^2$ | $Y_i^2$ | $X_i Y_i$ |
|-------|-------|---------|---------|-----------|
| 2 | 5 | 4 | 25 | 10 |
| 2 | 5 | 4 | 25 | 10 |
| 3 | 3 | 9 | 9 | 9 |
| 3 | 6 | 9 | 36 | 18 |
| 3 | 6 | 9 | 36 | 18 |
| 4 | 5 | 16 | 25 | 20 |
| 4 | 4 | 16 | 16 | 16 |
| 4 | 2 | 16 | 4 | 8 |
| 5 | 5 | 25 | 25 | 25 |
| 5 | 4 | 25 | 16 | 20 |
| 35 | 45 | 133 | 217 | 154 |

$$r_{xy} = \frac{n \sum X_i Y_i - (\sum X_i)(\sum Y_i)}{\sqrt{\left[n \sum X_i^2 - (\sum X_i)^2\right]\left[n \sum Y_i^2 - (\sum Y_i)^2\right]}} =$$

$$= \frac{10(154) - (35)(45)}{\sqrt{\left[10(133) - (35)^2\right]\left[10(217) - (45)^2\right]}} \cong \mathbf{-0{,}28}$$

# SIGNIFICÂNCIA DE $r_{xy}$

Voltemos ao exemplo inicial onde $X_i$ = anos de escola e $Y_i$ = quantidade de livros.

Vamos imaginar que a **POPULAÇÃO DE ADULTOS** de onde a amostra foi tirada fosse tal que sua representação gráfica desse o seguinte diagrama de dispersão:

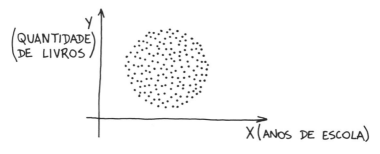

Mas, como os 5 sujeitos foram sorteados, os valores assim obtidos poderiam, por **PURO ACASO**, estar "simulando" uma disposição retilínea, quando, na verdade, essa configuração sequer existisse.

O diagrama de dispersão seguinte mostra isso:

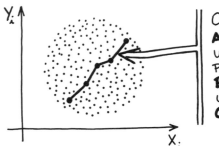

Os pontos da **AMOSTRA** lembram uma **RETA**, mas os pontos da **POPULAÇÃO** têm uma disposição **CIRCULAR**.

Estamos aqui diante de um problema de inferência. Como saber se a correlação, na população, é diferente de zero? Vimos no gráfico acima que $r_{xy} \neq 0$ (no caso específico, $r_{xy} > 0$) não é garantia de que o mesmo ocorra na população-mãe *.

Quer dizer então, professor, que o jeito é adivinhar?!

Glup! **NÃO**!! Os estatísticos criaram uma **PROVA DE SIGNIFICÂNCIA** que resolve facilmente esse problema!!

* POPULAÇÃO-MÃE é a população da qual se extraiu a amostra.

272

$O$ NOSSO PROBLEMA PODERIA SER ASSIM COLOCADO: JÁ QUE NA AMOSTRA $r_{xy} \neq 0$, SERÁ QUE NA POPULAÇÃO A CORRELAÇÃO* É TAMBÉM DIFERENTE DE ZERO?

ENTÃO:

$$H_0 : \rho_{xy} = 0$$

$$\updownarrow$$

$$H_a : \rho_{xy} \neq 0 \qquad\qquad (\alpha = 5\%)$$

---

PARA RESOLVER ESTE PROBLEMA, VAMOS USAR A SEGUINTE ESTATÍSTICA:

$$t_0 = \frac{r_{xy}\sqrt{n-2}}{\sqrt{1-(r_{xy})^2}} \qquad\text{, ONDE}$$

$t_0 = t$ OBSERVADO (CALCULADO);

$r_{xy} =$ COEFICIENTE DE CORRELAÇÃO LINEAR (PEARSON) OBTIDO;

$(n-2) =$ NÚMERO DE GRAUS DE LIBERDADE.

---

ENTRANDO NA FÓRMULA, TEMOS:

$$t_0 = \frac{r_{xy}\sqrt{n-2}}{\sqrt{1-(r_{xy})^2}} = \frac{0{,}99\sqrt{5-2}}{\sqrt{1-(0{,}99)^2}} = \mathbf{12{,}1382}$$

---

*A CORRELAÇÃO NA POPULAÇÃO VAI SER INDICADA PELA LETRA GREGA "RÔ". ASSIM: $\rho_{xy}$.

A ESTATÍSTICA $\dfrac{r_{xy}\sqrt{n-2}}{\sqrt{1-(r_{xy})^2}}$ TEM DISTRIBUIÇÃO $t$ DE STUDENT COM $(n-2)$ GRAUS DE LIBERDADE. O VALOR $t_0$ DEVE SER COMPARADO COM UM VALOR $t_c$ TABELADO ($t_c = t$-CRÍTICO) E DESSA COMPARAÇÃO RESULTAM AS SEGUINTES CONCLUSÕES (MUTUAMENTE EXCLUDENTES):

SE O RESULTADO FOR I NÃO PODERÁ SER II. ENTÃO, QUAL DOS DOIS?

**I.** SE $t_0 > t_c \Longrightarrow$ REJEITAR A $H_0$
 (E ADOTAR A $H_a$)

**II.** SE $t_0 < t_c \Longrightarrow$ NÃO REJEITAR A $H_0$
 (MAS REJEITAR A $H_a$)

NA TABELA DA PÁGINA SEGUINTE, PARA 3 GRAUS DE LIBERDADE E $\alpha = 5\%$, $t_c = 3{,}182$.

ENTÃO: $(t_0 = 12{,}1382) > (t_c = 3{,}182)$

∴ $H_0$ REJEITADA, ISTO É, COM 95% DE CERTEZA, PODEMOS CONCLUIR QUE A CORRELAÇÃO NA POPULAÇÃO **NÃO** É ZERO.

# EXTRATO DE TABELA DE $t$

| GLIB | $\alpha$ | |
|---|---|---|
| | 5% | 1% |
| 3 | 3,182 | 5,841 |
| 4 | 2,776 | 4,604 |
| ⋮ | ⋮ | ⋮ |
| 8 | 2,306 | 3,355 |
| ⋮ | ⋮ | ⋮ |
| 10 | 2,228 | 3,169 |
| ⋮ | ⋮ | ⋮ |
| 20 | 2,086 | 2,845 |

AH! ESSA TABELA EU JÁ VI NO CAPÍTULO 12!

AGORA QUE SABEMOS TESTAR A SIGNIFICÂNCIA DE $r_{xy}$, VAMOS VER SE NO EXEMPLO DA P. 235 $\rho_{xy} = 0$?

$H_0: \rho_{xy} = 0 \rightarrow$ NÃO EXISTE CORRELAÇÃO LINEAR NA POPULAÇÃO.

$H_a: \rho_{xy} \neq 0 \rightarrow$ EXISTE CORRELAÇÃO LINEAR NA POPULAÇÃO.

$\alpha = 0,05$

$$t_0 = \frac{r_{xy}\sqrt{n-2}}{\sqrt{1-(r_{xy})^2}} \rightarrow t_0 = \frac{-0,28\sqrt{10-2}}{\sqrt{1-(-0,28)^2}} =$$

$$= \frac{-0,28\sqrt{8}}{\sqrt{1-0,0784}} \cong \mp\,\underline{0,825}$$

Como $(t_0 = 0{,}825) < (t_c = 2{,}306)$,

com 8 GLIB

{ $H_0$ NÃO REJEITADA }, isto é, com 95% de certeza, podemos afirmar que não existe correlação linear na população. (Então $\rho_{xy} = 0$.)

# Observação

Se em lugar de $t_0 = 0{,}825$ tivéssemos usado $t_0 = -0{,}825$, a conclusão seria a **MESMA**: $(t_0 = -0{,}825) > (t_c = -2{,}306)$.

∴ $H_0$ NÃO REJEITADA. (Ver gráfico abaixo.)

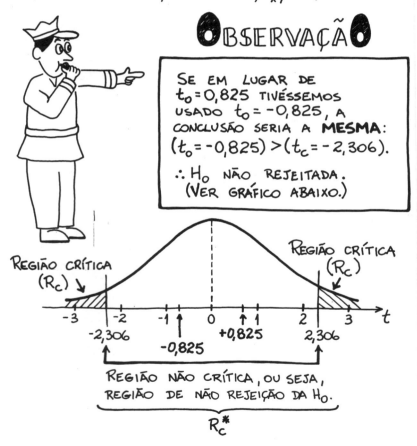

# OBSERVAÇÃO IMPORTANTÍSSIMA

**CORRELAÇÃO** NÃO É O MESMO QUE **CAUSA-E-EFEITO**. DUAS VARIÁVEIS PODEM ESTAR ALTAMENTE CORRELACIONADAS E, NO ENTANTO, **NÃO** HAVER ENTRE ELAS RELAÇÃO DE CAUSA-E-EFEITO. EXEMPLO: SE X REPRESENTAR "NÚMERO DO SAPATO" E Y REPRESENTAR "NÚMERO DE PALAVRAS CONHECIDAS", O $r_{xy}$ VAI ESTAR MUITO PRÓXIMO DE 1,00, MAS SERÁ TEMERÁRIO AFIRMAR QUE A CAUSA DO AUMENTO DO VOCABULÁRIO SEJA O AUMENTO DO TAMANHO DO PÉ!

CUIDADO, PORÉM, COM O INVERSO! SE DUAS VARIÁVEIS ESTIVEREM AMARRADAS POR UMA RELAÇÃO DE CAUSA-E-EFEITO, ELAS ESTARÃO OBRIGATORIAMENTE CORRELACIONADAS. O EXEMPLO INICIAL DESTE CAPÍTULO MOSTRA ISSO BEM. EMBORA NÃO SE POSSA AFIRMAR QUE X SEJA A **ÚNICA CAUSA**\* DAS VARIAÇÕES DE Y, PARECE RAZOÁVEL ADMITIR QUE COM MAIS ANOS DE ESCOLA É MAIOR A PROBABILIDADE DE ACUMULAÇÃO DE LIVROS. E, DE FATO, $r_{xy} = 0,99$.

---

\* O ACÚMULO DE LIVROS PODE TER VÁRIAS **OUTRAS** CAUSAS: GOSTO POR LEITURA, DISPONIBILIDADE FINANCEIRA, AMBIENTE FAMILIAR ETC.

Então, se $r_{xy} = 0,99$,
$CD = 100(0,99)^2 = 100(0,9801) \cong \underline{\mathbf{98\%}}$

⇒ Isto significa que numa proporção de aproximadamente 98% as variações em Y podem ser explicadas pelas variações em X.

# PALAVRAS FINAIS

★ O ESTUDO DA CORRELAÇÃO QUE ACABAMOS DE FAZER PRESSUPÕE QUE AS **DUAS** VARIÁVEIS, X E Y, TÊM **DISTRIBUIÇÃO NORMAL**.

★★ A PALAVRA **SIMPLES** QUE COMPÕE O NOME DE $r_{xy}$ (COEFICIENTE DE CORRELAÇÃO LINEAR **SIMPLES**) INDICA QUE ESTÃO ENVOLVIDAS NO CÁLCULO **APENAS 2 VARIÁVEIS**.

# 16 NOÇÕES DE REGRESSÃO LINEAR SIMPLES

## OBJETIVOS ESPECÍFICOS

Ao concluir o estudo deste capítulo, o leitor deverá ser capaz de

→ definir **REGRESSÃO**;

→ definir **REGRESSÃO LINEAR SIMPLES**;

→ distinguir entre **CORRELAÇÃO** e **REGRESSÃO**;

→ definir **RETA INTERPOLATRIZ**;

→ calcular as **EQUAÇÕES NORMAIS DE REGRESSÃO**;

→ **TRAÇAR AS RETAS INTERPOLATRIZES** baseadas nas equações normais de regressão.

Vimos no Capítulo 13 que o coeficiente $r_{xy}$ é capaz de medir a força que mantém unidas as variáveis X e Y.

Neste capítulo vamos estudar as **LEIS** que explicam **COMO ESSAS VARIÁVEIS ESTÃO UNIDAS** e como é possível **OBTER UM DADO DESCONHECIDO A PARTIR DE SEU PAR CONHECIDO** com razoável aproximação.

Mas, antes, um pouquinho de história.

FRANCIS GALTON

281

Galton, comparando as estaturas de pais com as estaturas de seus respectivos filhos (primogênitos), verificou que

Filho de pai **ALTO** era **TAMBÉM ALTO**, mas **NÃO** tão alto quanto o pai.

Filho de pai **BAIXO** era **TAMBÉM BAIXO**, mas **NÃO** tão baixo quanto o pai.

Verificou também Galton que essas oscilações para mais ou para menos ocorriam dentro de certos limites, tendo a **MÉDIA** (aritmética) **DA ESPÉCIE** como **PONTO DE CONVERGÊNCIA**.

De maneira bem simplificada, é como se os sujeitos altos fossem "perdendo estatura", de geração em geração, até o limite representado pela média da espécie; ou, como se os sujeitos baixos fossem "ganhando estatura", também de geração em geração, até alcançarem a média da espécie — que é o limite para o qual convergem todas as estaturas.

A esse fenômeno de "retorno à média" Galton deu o nome de **REGRESSÃO**.

A **REGRESSÃO**, que traduz a **LEI** segundo a qual as variáveis "caminham juntas", é expressa por meio de uma **RELAÇÃO MATEMÁTICA**. É a chamada **EQUAÇÃO DE REGRESSÃO**.

Na verdade, **CORRELAÇÃO E REGRESSÃO** são conceitos logicamente inseparáveis. Uma não pode existir sem a outra.

Então, neste caso, e pelas razões indicadas no Capítulo 13, fala-se em **REGRESSÃO LINEAR SIMPLES**:
- **LINEAR** porque a disposição dos pontos permite interpolar-lhes uma **RETA**; e
- **SIMPLES** porque só há **2** variáveis envolvidas no processo.

## RETA INTERPOLATRIZ

Dada uma nuvem de pontos de configuração aproximadamente retilínea, é sempre possível **INTERPOLAR** a esses pontos **UMA RETA** com o objetivo de produzir uma **INFORMAÇÃO SIMPLIFICADA (= LEI)**.

Ocorre que por dois pontos passa uma e uma só reta; mas, quando existem **MUITOS** pontos (como é o caso de uma nuvem), a questão torna-se mais complicada porque passam a existir **INÚMERAS** retas.

DE TODAS AS RETAS POSSÍVEIS, SOMENTE A QUE APRESENTE **MELHOR AJUSTAMENTO A TODOS OS PONTOS** É QUE DEVE SER ESCOLHIDA.

➡ A ESCOLHA DESSA RETA OBEDECE A UM CRITÉRIO CHAMADO **MÉTODO DOS MÍNIMOS QUADRADOS**\*.

VAMOS RETOMAR O PROBLEMA ESTUDADO NO CAPÍTULO 13, ONDE X = ANOS DE ESCOLA E Y = LIVROS POSSUÍDOS, E MOSTRAR COMO SE FAZ PARA INTERPOLAR AOS **PONTOS AMOSTRAIS** UMA RETA.

---

\* O MÉTODO DOS MÍNIMOS QUADRADOS É DEVIDO AO MATEMÁTICO E ASTRÔNOMO FRANCÊS PIERRE SIMON LAPLACE. HÁ AUTORES QUE PREFEREM CREDITAR A A. LEGENDRE O MÉTODO DOS MÍNIMOS QUADRADOS.

RECORDEMOS QUE NO CAPÍTULO ANTERIOR JÁ FORAM CALCULADAS AS SEGUINTES QUANTIDADES:

$S_x = 3,4$ ANOS $\longrightarrow$ DESVIO PADRÃO DE X

$S_y = 21,6$ LIVROS $\longrightarrow$ DESVIO PADRÃO DE Y

$r_{xy} = 0,99$ $\longrightarrow$ COEFICIENTE DE CORRELAÇÃO LINEAR SIMPLES

COM ESSES VALORES É POSSÍVEL CALCULAR DUAS OUTRAS QUANTIDADES, $K_1$ E $K_2$, QUE ENTRARÃO, A SEGUIR, COMO "INGREDIENTES", NAS FÓRMULAS DE REGRESSÃO. ASSIM:

$$r_{xy}\left(\frac{S_x}{S_y}\right) = K_1 \Rightarrow \boxed{\hat{X}_i = K_1 Y_i + (\overline{X} - K_1 \overline{Y})}$$

*

$$r_{xy}\left(\frac{S_y}{S_x}\right) = K_2 \Rightarrow \boxed{\hat{Y}_i = K_2 X_i + (\overline{Y} - K_2 \overline{X})}$$

ACHO QUE NÃO ENXERGUEI DIREITO! ... ACENTO CIRCUNFLEXO NO X E NO Y??!!

---

\* VER P. 331.

O sinal $\wedge$ sobre $X_i$ ou $Y_i$ indica que se trata de um **VALOR TEÓRICO, PRÓXIMO DA REALIDADE**, mas **NÃO NECESSARIAMENTE PRESENTE NA TABELA ORIGINAL**.

⇒ $\hat{X}_i$ lê-se X-CHAPÉU.
⇒ $\hat{Y}_i$ lê-se Y-CHAPÉU.

 As equações da página anterior têm um nome "bonito": **EQUAÇÕES NORMAIS DE REGRESSÃO**.

A equação

$$\hat{X}_i = K_1 Y_i + (\overline{X} - K_1 \overline{Y})$$

chama-se **EQUAÇÃO NORMAL DE REGRESSÃO DOS X SOBRE OS Y** e permite calcular um X desconhecido a partir de um Y conhecido.

A equação

$$\hat{Y}_i = K_2 X_i + (\overline{Y} - K_2 \overline{X})$$

chama-se **EQUAÇÃO NORMAL DE REGRESSÃO DOS Y SOBRE OS X** e permite calcular um Y desconhecido a partir de um X conhecido.

| | $X_i$ | $Y_i$ |
|---|---|---|
| | 5 | 10 |
| | 8 | 30 |
| | 10 | 45 |
| | 12 | 50 |
| | 15 | 75 |
| $\Sigma$ | 50 | 210 |
| | $\bar{X}=10$ | $\bar{Y}=42$ |

$$K_1 = r_{xy}\left(\frac{S_x}{S_y}\right) = 0,99\left(\frac{3,4}{21,6}\right) \cong 0,16$$

$$\hat{X}_i = 0,16\, Y_i + [10-(0,16)(42)]$$

$$\boxed{\hat{X}_i = 0,16\, Y_i + 3,28}$$

$$K_2 = r_{xy}\left(\frac{S_y}{S_x}\right) = 0,99\left(\frac{21,6}{3,4}\right) \cong 6,29$$

$$\hat{Y}_i = 6,29\, X_i + [42-(6,29)(10)]$$

$$\boxed{\hat{Y}_i = 6,29\, X_i - 20,9}$$

Vamos supor agora que tivéssemos perdido a anotação do valor de $X_2$.

Como recuperá-lo a partir de seu "parceiro" $Y_2 = 30$?

Assim: $\hat{X}_i = 0,16\, Y_i + 3,28$

$\hat{X}_2 = 0,16\,(30) + 3,28$

$\hat{X}_2 = 8,08$

**OBSERVE** que o valor obtido **NÃO** é 10. **POR QUÊ?** Porque $\hat{X}$ produz **APENAS** uma **ESTIMATIVA RAZOÁVEL** que leva em conta o **CONJUNTO DE DADOS DA TABELA.** *

---

* Ver nota de rodapé na p. 377.

ENTRETANTO, SE O VALOR "DESAPARECIDO" FOSSE $X_4 = 12$, A SUA RECUPERAÇÃO SERIA FÁCIL COM O EMPREGO DA FÓRMULA DE $\hat{X}_i$. ASSIM:

$$\hat{X}_4 = 0,16 \,(50) + 3,28$$

VALOR CORRESPONDENTE A $Y_4$

$$\hat{X}_4 = 8 + 3,28 = \mathbf{\underline{11,28}}$$

SABEMOS QUE POR 2 PONTOS PASSA UMA E UMA SÓ RETA. ENTÃO, SE QUISERMOS SABER **QUAL A RETA DE X QUE APRESENTA O MELHOR AJUSTE A TODOS OS PONTOS**, BASTA CALCULAR DOIS VALORES EXTREMOS, POR EXEMPLO: $\hat{X}_1$ (PARA $Y_1 = 10$) E $\hat{X}_5$ (PARA $Y_5 = 75$).

290

PARA $Y_1 = 10$
→ $\hat{X}_1 = 0,16(10) + 3,28 \Rightarrow$ **4,88**

PARA $Y_5 = 75$
→ $\hat{X}_5 = 0,16(75) + 3,28 \Rightarrow$ **15,28**

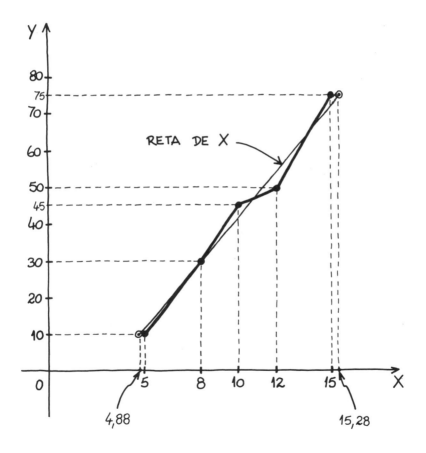

*O leitor deve ter percebido que o Método dos Mínimos Quadrados fornece uma reta interpolatriz que passa **ENTRE** os pontos e se ajusta bem a **TODOS**.*

Vamos agora, e por igual raciocínio, determinar a reta de Y que apresente o melhor ajuste a todos os pontos.

Para conseguir isso basta tomar dois valores extremos de X (p. ex., $X_1 = 5$ e $X_5 = 15$) e calcular os $Y_i$ correspondentes.

Assim:

$$\hat{Y}_i = 6{,}29 X_i - 20{,}9$$

$\hat{Y}_i = 6{,}29(5) - 20{,}9$
$\hat{Y}_i =$ **10,55**

$\hat{Y}_i = 6{,}29(15) - 20{,}9$
$\hat{Y}_i =$ **73,45**

Levando esses valores para o diagrama de dispersão, resulta o seguinte:

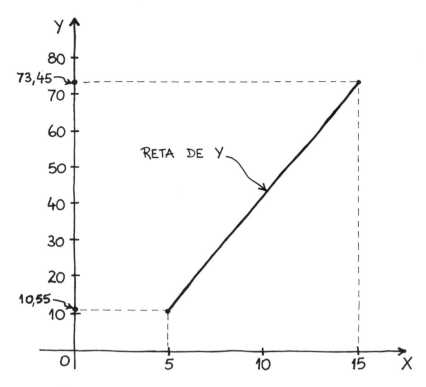

SE O LEITOR DER-SE AO TRABALHO DE LEVAR A UM GRÁFICO AMBAS AS RETAS DE REGRESSÃO*, VERIFICARÁ QUE:

★ ELAS (AS RETAS DE REGRESSÃO) NÃO SÃO COINCIDENTES;

★★ AS RETAS DE REGRESSÃO CRUZAM-SE NUM PONTO QUE CORRESPONDE SIMULTANEAMENTE A $\overline{X}$ E $\overline{Y}$.

N. B. SE Y FOR **FUNÇÃO MATEMÁTICA**\*\*, AS RETAS DE REGRESSÃO **COINCIDIRÃO** OBRIGATORIAMENTE.

---

\*SUGERE-SE O USO DE PAPEL MILIMETRADO.
\*\*NESTE TEXTO, SÓ FORAM CONSIDERADAS AS FUNÇÕES LINEARES, ISTO É, DE 1º GRAU.

# 17 COMPARAÇÃO ENTRE MÉDIAS

## OBJETIVOS ESPECÍFICOS

Ao concluir o estudo deste capítulo, o leitor deverá ser capaz de

- **COMPARAR DUAS MÉDIAS** que resultem de **AMOSTRAS CASUAIS GRANDES E INDEPENDENTES**;

- **COMPARAR DUAS MÉDIAS** que resultem de **AMOSTRAS CASUAIS PEQUENAS E INDEPENDENTES**;

- TESTAR se duas variâncias populacionais podem ser consideradas iguais;

- **COMPARAR**, mediante o recurso conhecido como **ANÁLISE DE VARIÂNCIA**, se **TRÊS OU MAIS MÉDIAS** podem ser consideradas iguais;

- **DISCRIMINAR**, numa comparação entre três ou mais médias, **QUAIS PODEM SER CONSIDERADAS IGUAIS**.

Comumente, o pesquisador defronta-se com o problema de comparar médias. Para isso, ele dispõe de recursos estatísticos baseados em várias distribuições de probabilidades: a distribuição $t$ de Student e a distribuição $F$ de Snedecor *, entre outras.

No Capítulo 12, p. 212 e seguintes, mostramos como utilizar a distribuição $t$ na comparação entre uma **MÉDIA AMOSTRAL** ($\bar{X}$) e uma **MÉDIA PADRÃO** ($\mu$). Para tanto, utilizamos a estatística

$$t = \frac{\bar{X} - \mu}{\frac{s(X)}{\sqrt{n}}}.$$

Neste caso, trabalha-se com uma **ÚNICA** amostra.

Vamos agora introduzir algumas modificações na fórmula acima e mostrar como se fazem comparações entre duas médias amostrais.

---

*George Waddell Snedecor, estatístico americano (1882-1974).

**Sir Ronald Fisher, estatístico inglês (1890-1962).

VAMOS CONSIDERAR DOIS CASOS:

A) AS MÉDIAS $(\overline{X}_1$ E $\overline{X}_2)$ RESULTAM DE **AMOSTRAS GRANDES**, ISTO É, $(n_1 \geqslant 30)$ E $(n_2 \geqslant 30)$;

B) AS MÉDIAS $(\overline{X}_1$ E $\overline{X}_2)$ RESULTAM DE **AMOSTRAS PEQUENAS**, ISTO É, $(n_1 < 30)$ E/OU $(n_2 < 30)$.

| REQUISITOS | FÓRMULAS |
|---|---|
| AS FÓRMULAS QUE RESOLVEM OS CASOS (A) E (B) SÓ FUNCIONAM BEM SE:<br>▶ AS VARIÁVEIS DE INTERESSE FOREM, NO MÍNIMO, DE **3º NÍVEL**;<br>▶ AS **POPULAÇÕES** DAS QUAIS FORAM EXTRAÍDAS AS AMOSTRAS $n_1$ E $n_2$ TIVEREM **DISTRIBUIÇÃO NORMAL** E AS **RESPECTIVAS VARIÂNCIAS** FOREM **IGUAIS**;<br>▶ AS **AMOSTRAS** FOREM **CASUAIS** E **INDEPENDENTES**. | PARA O CASO (A):<br>$$t = \frac{\overline{X}_1 - \overline{X}_2}{\sqrt{\dfrac{s^2(X_1)}{n_1} + \dfrac{s^2(X_2)}{n_2}}}$$<br>$GLIB = (n_1 + n_2 - 2)$<br><br>PARA O CASO (B):<br>$$t = \frac{\overline{X}_1 - \overline{X}_2}{\sqrt{\left(\dfrac{\sum x_1^2 + \sum x_2^2}{n_1 + n_2 - 2}\right)\left(\dfrac{n_1 + n_2}{n_1 n_2}\right)}}$$<br>$GLIB = (n_1 + n_2 - 2)$ |

# CASO (A)

VAMOS IMAGINAR QUE O GERENTE DE UMA FÁBRICA DESEJE COMPARAR A PRODUÇÃO DE UMA EQUIPE TREINADA POR ELE COM A PRODUÇÃO DE UMA EQUIPE QUE APENAS AFIRME POSSUIR EXPERIÊNCIA ANTERIOR. AS VARIÁVEIS DE INTERESSE, $X$ E $Y$, VÃO SER, CADA UMA, A QUANTIDADE DE DETERMINADA PEÇA FABRICADA, NUM DIA DE 8 HORAS, SEM DEFEITO.

PARA RESOLVER O PROBLEMA, ELE SELECIONA, POR SORTEIO, $n_1 = 31$ FUNCIONÁRIOS POR ELE TREINADOS E ANOTA, NUM DIA DE TRABALHO, AS PEÇAS NÃO-DEFEITUOSAS PRODUZIDAS. IGUAL PROCEDIMENTO É ADOTADO COM RELAÇÃO À OUTRA AMOSTRA ALEATÓRIA DE $n_2 = 41$ FUNCIONÁRIOS (NÃO TREINADOS POR ELE, MAS DOTADOS DE EXPERIÊNCIA ANTERIOR).

SERÁ QUE A PRODUÇÃO DOS FUNCIONÁRIOS TREINADOS PELO GERENTE DIFERE DA PRODUÇÃO DOS OUTROS FUNCIONÁRIOS? CONSIDERAR $\alpha = 5\%$.

| X = PEÇAS NÃO DEFEITUOSAS PRODUZIDAS POR FUNCIONÁRIOS TREINADOS PELO GERENTE | | | Y = PEÇAS NÃO DEFEITUOSAS PRODUZIDAS POR FUNCIONÁRIOS APENAS EXPERIENTES | | |
|---|---|---|---|---|---|
| 45 | 80 | 40 | 50 | 85 | 40 |
| 100 | 55 | 65 | 60 | 30 | 85 |
| 50 | 60 | 50 | 75 | 55 | 65 |
| 45 | 65 | 70 | 90 | 30 | 40 |
| 60 | 80 | 15 | 95 | 40 | 45 |
| 100 | 80 | 20 | 85 | 50 | 35 |
| 80 | 55 | 75 | 75 | 55 | 45 |
| 60 | 45 | | 55 | 60 | 95 |
| 85 | 45 | | 40 | 25 | 90 |
| 50 | 55 | | 35 | 60 | 75 |
| 55 | 75 | | 30 | 75 | 50 |
| 35 | 55 | | 100 | 105 | 60 |
| | | | 95 | 80 | 60 |
| | | | 80 | 60 | |

AS ESTATÍSTICAS PARA ESSE GRUPO DE DADOS SÃO:
$n_1 = 31$
$\overline{X} = 59,7$ PEÇAS
$S^2(X) = 387,00$ PEÇAS$^2$

AS ESTATÍSTICAS PARA ESSE GRUPO DE DADOS SÃO:
$n_2 = 41$
$\overline{Y} = 62,4$ PEÇAS
$S^2(Y) = 489,17$ PEÇAS$^2$

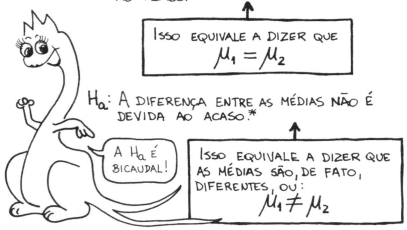

\* E, SE ISSO FOR VERDADE, É POSSÍVEL QUE A DIFERENÇA SEJA DEVIDA AO TREINAMENTO.

Como $\mu_1$, $\mu_2$, $\sigma_1^2$ e $\sigma_2^2$ são **DESCONHECIDAS**, temos de valer-nos de **ESTIMATIVAS**[*] e usar $\overline{X}$ em lugar de $\mu_1$, $\overline{Y}$ em lugar de $\mu_2$, $S^2(X)$ em lugar de $\sigma_1^2$ e $S^2(Y)$ em lugar de $\sigma_2^2$.

Então, entrando na fórmula da p. 260:

$$t_o = \frac{\overline{X} - \overline{Y}}{\sqrt{\dfrac{S^2(X)}{n_1} + \dfrac{S^2(Y)}{n_2}}} = \frac{59,7 - 62,4}{\sqrt{\dfrac{387,00}{31} + \dfrac{489,17}{41}}} =$$

$$= \frac{-2,7}{\sqrt{24,4148}} = \frac{-2,7}{4,94} = -0,547$$

> Já sei! Agora é preciso consultar a tábua de $t_c$ da p. 216, certo?!

> Perfeitamente! Mas é bom construir o intervalo completo para melhor visualização.

Para GLIB $= (n_1 + n_2 - 2) = 31 + 41 - 2 = \mathbf{70}$, com $\alpha = 5\%$, a tábua de $t$ não oferece nenhum valor; mas, para GLIB $= 60$, o $t_c = 2,000$ e para GLIB $= 120$, o $t_c = 1,980$, o que mostra que, a partir de GLIB $= 60$, os valores críticos de $t$ variam muito **LENTAMENTE**[**]. Isso quer dizer que podemos fazer-nos a "concessão" de usar o valor $t_c = 2,000$ como base para a nossa decisão.

---

[*] Ver pp. 142 e 244.
[**] Para GLIB $= \infty$, $t_c = z_c$.

Assim:

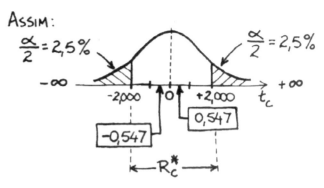

Ora, $(t_0 = -0,547)$ pertence à **REGIÃO NÃO CRÍTICA** $(R_c^*)$ e isso nos leva a concluir que a $H_0$ **NÃO DEVE SER REJEITADA**. E como a $H_0$ estabelece que $\mu_1 = \mu_2$, não há razão para supor que ambas as amostras não tenham sido retiradas da **MESMA POPULAÇÃO** (e por isso as médias podem ser consideradas iguais).

**CONCLUSÃO:**
O nosso gerente não tem sido capaz de criar, à custa de treinamento, verdadeiros "CAMPEÕES"!!

$\mu_1 = \mu_2$

## CASO (B)

Imaginemos agora que um psicólogo esteja interessado em comparar o Q.I. médio de um grupo de $n_1 = 8$ meninos de 10 anos, educados, bem nutridos, com o Q.I. médio de um grupo de $n_2 = 10$ meninos, também de 10 anos, favelados e mal nutridos.

ESSE PSICÓLOGO DEFENDE A TESE DE QUE EDUCAÇÃO E NUTRIÇÃO TÊM A CAPACIDADE DE PRODUZIR Q.I.'s MAIS ALTOS. TERÁ ELE RAZÃO? TESTAR A HIPÓTESE COM $\alpha = 5\%$. SUPOR QUE OS MENINOS FORAM TODOS SORTEADOS.

| $X$ = Q.I.'s DE MENINOS EDUCADOS E BEM NUTRIDOS ($n_1 = 8$) | $Y$ = Q.I.'s DE MENINOS FAVELADOS E MAL NUTRIDOS ($n_2 = 10$) |
|---|---|
| 105 | 100 |
| 100 | 110 |
| 113 | 100 |
| 108 | 105 |
| 115 | 95 |
| 120 | 110 |
| 135 | 105 |
| 140 | 100 |
| * | 100 |
|  | 90 |
|  | * |

# PASSO 1 ⟹ FORMULAR AS HIPÓTESES $H_0$ E $H_a$.

$H_0$: AS MÉDIAS DE INTELIGÊNCIA DOS DOIS GRUPOS SÃO **IGUAIS**.

> ISSO EQUIVALE A DIZER QUE $\mu_x = \mu_y$.

$H_a$: AS MÉDIAS DE INTELIGÊNCIA DOS DOIS GRUPOS SÃO **DIFERENTES**.

> ISSO EQUIVALE A DIZER QUE $\mu_x \neq \mu_y$.

---

\* ESTAMOS SUPONDO QUE $X$ E $Y$ SATISFAZEM OS REQUISITOS DA P. 296.

# ATENÇÃO!!

A $H_a$ DEVE SER ESTABELECIDA COM MAIS PRECISÃO. O PSICÓLOGO, NAS CONDIÇÕES DO PROBLEMA, TEM BOAS RAZÕES PARA IMAGINAR QUE $\mu_x > \mu_y$.

LOGO, A $H_a$ É **UNICAUDAL DIREITA**.

É SÓ LEMBRAR QUE O SINAL >, TRANSFORMADO EM FLECHA, APONTA PARA A **DIREITA**!

## PASSO 2 — CALCULAR AS ESTATÍSTICAS EXIGIDAS PELA FÓRMULA (B) DA P. 261.

| $X_i$ | $(X_i - \bar{X}) = x_i$ | $x_i^2$ |
|---|---|---|
| 105 | 105 − 117 = −12 | 144 |
| 100 | 100 − 117 = −17 | 289 |
| 113 | | 16 |
| 108 | ETC. | 81 |
| 115 | | 4 |
| 120 | ETC. | 9 |
| 135 | | 324 |
| 140 | ETC. | 529 |
| 936 | | 1.396 |

$\boxed{\bar{X} = 117}$  $\boxed{\sum x_i^2 = 1.396}$

| $Y_i$ | $(Y_i - \bar{Y}) = y_i$ | $y_i^2$ |
|---|---|---|
| 100 | 100 − 101,5 = −1,5 | 2,25 |
| 110 | 110 − 101,5 = 8,5 | 72,25 |
| 100 | | 2,25 |
| 105 | ETC. | 12,25 |
| 95 | | 42,25 |
| 110 | ETC. | 72,25 |
| 105 | | 12,25 |
| 100 | ETC. | 2,25 |
| 100 | | 2,25 |
| 90 | | 132,50 |
| 1.015 | | 352,50 |

$\boxed{\bar{Y} = 101,5}$  $\boxed{\sum y_i^2 = 352,50}$

# PASSO 3 — Entrar na fórmula.

$$t = \frac{\overline{X} - \overline{Y}}{\sqrt{\left(\dfrac{\sum x_i^2 + \sum y_i^2}{n_1 + n_2 - 2}\right)\left(\dfrac{n_1 + n_2}{n_1 n_2}\right)}}$$

**CUIDADO!!!** Já que não conhecemos $\mu_X$ e $\mu_Y$, estamos usando as **MELHORES ESTIMATIVAS** que são $\overline{X}$ e $\overline{Y}$.

## ENTÃO:

$$t_0 = \frac{117 - 101,5}{\sqrt{\left(\dfrac{1.396 + 352,50}{8 + 10 - 2}\right)\left(\dfrac{8 + 10}{8 \times 10}\right)}} = \frac{15,5}{\sqrt{\left(\dfrac{1.748,50}{16}\right)\left(\dfrac{18}{80}\right)}} = \frac{15,5}{4,96} =$$

$$= 3,125$$

# PASSO 4 — Procurar na tábua de $t$ o $t_c$

CORRESPONDENTE A GLIB $= \underbrace{(n_1 + n_2 - 2)}_{= 16}$ E A $\alpha = 5\%$ UNICAUDAL.

Obtém-se: $\boxed{t_c = 1,746}$

# PASSO 5 — Comparar o $t_0$ com o $t_c$ e tomar a decisão.

Então, como
$$(t_0 = 3,125) > (t_c = 1,746) \Rightarrow \mathbf{H_0 \text{ REJEITADA}}$$

Essa rejeição da $H_0$ faz com que a $H_a$, que afirma que $\mu_X > \mu_Y$, seja provavelmente verdadeira. Em outras palavras, o psicólogo pode estar correto em sua suposição.

Para demonstrar o funcionamento desse recurso (Análise de Variância), vamos imaginar que uma nutricionista queira comparar, em função dos ganhos de peso, três tipos (A, B e C) de ração. Seus sujeitos experimentais vão ser 15 ratos machos, da mesma raça e idade; esses ratos vão ser, por sorteio, divididos em três grupos e cada grupo vai receber, também por sorteio, um tipo de ração. Todos os animais vão ter o mesmo esquema de alimentação e vão ser alimentados por igual período.

A TABELA A SEGUIR REGISTRA OS GANHOS DE PESO, POR RATO, AO CABO DO PERÍODO EXPERIMENTAL.
TRABALHANDO COM $\alpha = 5\%$, QUAL DEVERÁ SER A CONCLUSÃO DESSE ESTUDO?

| | RAÇÕES = TRATAMENTOS | | |
|---|---|---|---|
| | A | B | C |
| X = GANHOS DE PESO EM GRAMAS | 5 | 9 | 10 |
| | 4 | 1 | 5 |
| | 6 | 8 | 8 |
| | 7 | 11 | 7 |
| | 8 | 6 | 10 |
| $\Sigma$ | 30 | 35 | 40 |
| MÉDIAS | 6 | 7 | 8 |

ACHO QUE PERCEBI! A ANÁLISE DA VARIÂNCIA VAI AJUDAR A NUTRICIONISTA A DECIDIR SE AS MÉDIAS 6, 7 E 8 (GRAMAS) SÃO **MESMO DIFERENTES** OU SE AS DIFERENÇAS SÃO **CASUAIS**.

NÃO SERIA MELHOR PERGUNTAR DIRETAMENTE AOS NOSSOS COLEGAS?

NATURALMENTE, A NUTRICIONISTA ESTÁ INTERESSADA NAS **MÉDIAS DAS POPULAÇÕES**, NÃO NAS DAS AMOSTRAS. POR ISSO, AS HIPÓTESES DEVEM SER:

$H_0$: $\mu_A = \mu_B = \mu_C$

$H_a$: PELO MENOS UM DOS SINAIS DE = VAI SER NEGADO.

PASSO 1

VAMOS INICIALMENTE AVERIGUAR O TAMANHO DA **VARIAÇÃO GLOBAL**. PARA ISSO, VAMOS FUNDIR OS TRÊS GRUPOS NUM SÓ, CALCULAR A MÉDIA GERAL E A SOMA DOS QUADRADOS DAS DISCREPÂNCIAS.

\* ESTAMOS ADMITINDO QUE OS X TÊM DISTRIBUIÇÃO NORMAL E VARIÂNCIAS IGUAIS.

| $X_i$ (A, B, C) | $X_i - \overline{X} = x_i$ | $x_i^2$ |
|---|---|---|
| 5 | 5-7=-2 | 4 |
| 4 | 4-7=-3 | 9 |
| 6 | -1 | 1 |
| 7 | ETC. 0 | 0 |
| 8 | 1 | 1 |
| 9 | 2 | 4 |
| 1 | ETC. -6 | 36 |
| 8 | 1 | 1 |
| 11 | 4 | 16 |
| 6 | -1 | 1 |
| 10 | ETC. 3 | 9 |
| 5 | -2 | 4 |
| 8 | 1 | 1 |
| 7 | 0 | 0 |
| 10 | 3 | 9 |
| $\Sigma X_i = 105$ | $\Sigma x_i = 0$ | $\Sigma x_i^2 = 96$ |

$$\overline{X} = \frac{\Sigma X_i}{n}$$

$$\overline{X} = \frac{105}{15}$$

$$= 7,0\,g$$

# ATENÇÃO!

**1.** Ao valor $\Sigma x_i^2 = 96$ vamos dar o nome de **VARIAÇÃO TOTAL** (VT).

**2.** Se todos os valores (da variável X) fossem iguais entre si, a VT seria igual a **ZERO** (e, consequentemente, a variância e o desvio padrão também seriam iguais a zero).

# IMPORTANTE!

Como a VT > 0, é razoável imaginar que ela se compõe de variações que ocorrem **DENTRO DOS GRUPOS** (VD) e **ENTRE OS TRATAMENTOS** (VE).

**PASSO 2**

Vamos agora calcular a VD. Para tanto, observemos que, se a $H_0$ for **VERDADEIRA** ($\mu_A = \mu_B = \mu_C$), a **ÚNICA FONTE DE VARIAÇÃO** nos dados será a que resulta dos ganhos de peso, de um rato a outro, em cada grupo de ração. E essas variações serão **CASUAIS**, não decorrentes dos tratamentos.

Esse cálculo baseia-se na soma dos quadrados das discrepâncias relativas a cada grupo e respectiva média. Assim:

| $X_A$ | $(X_A - \overline{X}_A)$ | $(X_A - \overline{X}_A)^2$ | $X_B$ | $(X_B - \overline{X}_B)$ | $(X_B - \overline{X}_B)^2$ | $X_C$ | $(X_C - \overline{X}_C)$ | $(X_C - \overline{X}_C)^2$ |
|---|---|---|---|---|---|---|---|---|
| 5 | -1 | 1 | 9 | 2 | 4 | 10 | 2 | 4 |
| 4 | -2 | 4 | 1 | -6 | 36 | 5 | -3 | 9 |
| 6 | 0 | 0 | 8 | 1 | 1 | 8 | 0 | 0 |
| 7 | 1 | 1 | 11 | 4 | 16 | 7 | -1 | 1 |
| 8 | 2 | 4 | 6 | -1 | 1 | 10 | 2 | 4 |
|   |   | 10 |   |   | 58 |   |   | 18 |

Portanto, a $\boxed{VD = 10 + 58 + 18 = 86}$

**PASSO 3**

Vamos agora calcular a VE. Observemos, para tanto, que, se a $H_0$ for **FALSA**, parte da variação presente nos dados amostrais é devida a diferenças **ENTRE** os tratamentos.

Então, se substituirmos os valores de X, em cada grupo, pela respectiva média e se, depois, de cada valor subtrairmos a média geral ($7,0g$), a soma dos quadrados das discrepâncias resultantes será igual à **VARIAÇÃO ENTRE OS TRATAMENTOS**. Assim:

| $\bar{X}_A$ | $\bar{X}_A - \bar{X}$ | $(\bar{X}_A - \bar{X})^2$ | $\bar{X}_B$ | $(\bar{X}_B - \bar{X})$ | $(\bar{X}_B - \bar{X})^2$ | $\bar{X}_C$ | $(\bar{X}_C - \bar{X})$ | $(\bar{X}_C - \bar{X})^2$ |
|---|---|---|---|---|---|---|---|---|
| 6 | -1 | 1 | 7 | 0 | 0 | 8 | 1 | 1 |
| 6 | -1 | 1 | 7 | 0 | 0 | 8 | 1 | 1 |
| 6 | -1 | 1 | 7 | 0 | 0 | 8 | 1 | 1 |
| 6 | -1 | 1 | 7 | 0 | 0 | 8 | 1 | 1 |
| 6 | -1 | 1 | 7 | 0 | 0 | 8 | 1 | 1 |
| 30 |  | 5 | 35 |  | 0 | 40 |  | 5 |

Portanto, a $\boxed{VE = 5 + 0 + 5 = 10}$

## PASSO 4

Os cálculos anteriores possibilitam-nos concluir que as parcelas VD e VE gozam da propriedade de **ADITIVIDADE**, ou seja:

$$\boxed{VT = VE + VD}$$

O que facilmente se comprova:

$$\boxed{96g^2 = 10g^2 + 86g^2}$$

308

### PASSO 5

Uma outra variável — graus de liberdade (GLIB) — também goza da propriedade de aditividade. Então:

A VT possui $(15-1) = $ **14 GLIB**;
   ↑
   (3 TRAT.)(5 SUJ. P/ TRAT.)

A VE possui $(3-1) = $ **2 GLIB**;
   ↑
   (2 TRAT. -1)

A VD possui $(5-1)(3) = $ **12 GLIB**
   ↑
   (5 SUJ. P/ AMOSTRA) ↑
                (3 AMOSTRAS)

∴ $\boxed{14 \text{ GLIB} = 2 \text{ GLIB} + 12 \text{ GLIB}}$

### PASSO 6

Os quocientes

$$\boxed{\frac{VE}{GLIB_{VE}}} \quad E \quad \boxed{\frac{VD}{GLIB_{VD}}}$$

$\hat{\sigma}^2$ REPRESENTA UMA ESTIMATIVA.

fornecem **ESTIMATIVAS DE VARIÂNCIAS**, isto é:

$$\boxed{\hat{\sigma}_E^2 = \frac{10}{2}g^2 = 5g^2} \quad E \quad \boxed{\hat{\sigma}_D^2 = \frac{86g^2}{12} = 7{,}17g^2}$$

Então, se dividirmos $\hat{\sigma}_E^2$ por $\hat{\sigma}_D^2$, resulta um $F_0$ (F observado) que deve ser comparado com um $F_c$ (F crítico) da tabela. Assim:

$$F_0 = \frac{5g^2}{7{,}17g^2} = 0{,}70$$

 Procurando numa tábua de F, com $\alpha = 5\%$, 2 glib para o **NUMERADOR** e 12 glib para o **DENOMINADOR** (conforme o passo 5), resulta o

$$F_c = 3,89$$

Agora é usar o seguinte critério de decisão:

- Se $F_0 > F_c \rightarrow H_0$ REJEITADA
- Se $F_0 < F_c \rightarrow H_0$ NÃO REJEITADA

Como
$$(F_0 = 0,70) < (F_c = 3,89),$$

$$H_0 \text{ NÃO REJEITADA}$$

Então, a decisão depende do **TAMANHO** do $F_0$: $F_0$ PEQUENO $(< F_c) \rightarrow H_0$ NÃO REJEITADA
$F_0$ GRANDE $(> F_c) \rightarrow H_0$ REJEITADA

# CONCLUSÃO

As médias podem ser consideradas iguais.

⇒ Dizer isso é o mesmo que admitir que os três grupos de dados (isto é, as amostras) saíram da **MESMA** população-mãe.

⇒ Logo, as rações A, B e C podem ser consideradas **IGUAIS** entre si.

# QUADRO-RESUMO

| Fonte de Variação | Própria Variação | GLIB | Variância Estimada | $F_0$ |
|---|---|---|---|---|
| VE | 10 | 2 | 5,00 | $\frac{5,00}{7,17} = 0,70$ |
| VD | 86 | 12 | 7,17 | |
| VT | 96 | 14 | | |

★ Primeiro, constrói-se um quadro com todos os valores de X elevados ao quadrado. Fecha-se o quadro com somas horizontais e verticais. Assim:

| $X_A$ | $X_B$ | $X_C$ | $\Sigma$ | $X_A^2$ | $X_B^2$ | $X_C^2$ | $\Sigma$ |
|---|---|---|---|---|---|---|---|
| 5 | 9 | 10 | 24 | 25 | 81 | 100 | 206 |
| 4 | 1 | 5 | 10 | 16 | 1 | 25 | 42 |
| 6 | 8 | 8 | 22 | 36 | 64 | 64 | 164 |
| 7 | 11 | 7 | 25 | 49 | 121 | 49 | 219 |
| 8 | 6 | 10 | 24 | 64 | 36 | 100 | 200 |
| 30 | 35 | 40 | 105 | 190 | 303 | 338 | 831 |

$T_i$ ↑↑↑    $T$ ↑    $\Sigma \Sigma X^2$ ↑

★★ A SEGUIR, APLICAM-SE AS SEGUINTES FÓRMULAS:

$$VT = \sum\sum X^2 - \frac{T^2}{(n_1 + n_2 + n_3)}$$

SOMA DAS AMOSTRAS

$$VT = 831 - \frac{(105)^2}{5+5+5} = 831 - \frac{11.025}{15} = 831 - 735 = \underline{\mathbf{96}}$$

$$VE = \sum \frac{T_i^2}{n_i} - \frac{T^2}{(n_1 + n_2 + n_3)}$$

TAMANHO DE CADA AMOSTRA

$$VE = \frac{30^2}{5} + \frac{35^2}{5} + \frac{40^2}{5} - \frac{(105)^2}{5+5+5} =$$

$$= \frac{30^2 + 35^2 + 40^2}{5} - \frac{11.025}{15} = \frac{900 + 1.225 + 1.600}{5} - 735 =$$

$$= \frac{3.725}{5} - 735 = 745 - 735 = \underline{\mathbf{10}}$$

★★★ FINALMENTE:

$$\boxed{VD = VT - VE} \Rightarrow VD = 96 - 10 = \underline{\mathbf{86}}$$

# OBSERVAÇÕES IMPORTANTES

**1.** A ANÁLISE DE VARIÂNCIA PRESSUPÕE ALGUNS REQUISITOS:

A) OS DADOS DEVEM SER DE, NO MÍNIMO, 3º NÍVEL (INTERVALARES);

B) AS AMOSTRAS DEVEM SER CASUAIS E INDEPENDENTES;

C) NAS POPULAÇÕES-MÃES, AS VARIÁVEIS DE INTERESSE DEVEM TER DISTRIBUIÇÃO NORMAL E VARIÂNCIAS IGUAIS.

**2.** Bom número de autores é de opinião que moderadas desobediências das restrições contidas em 1c não afetam seriamente as conclusões do teste. Por essa razão, diz-se que o teste F é **ROBUSTO**. (Diz-se o mesmo do teste t.)

**3.** Quando o glib do numerador é 1, isto é, quando o número de tratamentos é 2,

$$F = t^2$$

**4.** As fórmulas da p. 278 aplicam-se também a situações em que as amostras têm tamanhos diferentes ($n_1 \neq n_2 \neq \ldots$).

Exemplo:

| | Tratamentos | | | | | | | | | |
|---|---|---|---|---|---|---|---|---|---|---|
| | A | B | C | D | Σ | $A^2$ | $B^2$ | $C^2$ | $D^2$ | Σ |
| Valores de X (supor gramas) | 2 | 3 | 7 | 10 | 22 | 4 | 9 | 49 | 100 | 162 |
| | 4 | 6 | 7 | 15 | 32 | 16 | 36 | 49 | 225 | 326 |
| | 5 | 8 | 9 | 16 | 38 | 25 | 64 | 81 | 256 | 426 |
| | | 9 | 10 | 20 | 39 | | 81 | 100 | 400 | 581 |
| | | | 12 | 21 | 33 | | | 144 | 441 | 585 |
| | | | | 25 | 25 | | | | 625 | 625 |
| Σ | 11 | 26 | 45 | 107 | 189 | 45 | 190 | 423 | 2.047 | 2.705 |

$\bar{X}_A = 3,7g$   $\bar{X}_B = 6,5g$   $\bar{X}_C = 9,0g$   $\bar{X}_D = 17,8g$

$H_0: \mu_A = \mu_B = \mu_C = \mu_D$

$\updownarrow \quad \alpha = 5\%$

$H_a:$ ALGUM =, PELO MENOS, SERÁ NEGADO.

## SOLUÇÃO

$$VT = \Sigma\Sigma X^2 - \frac{T^2}{\Sigma n_i} \quad \begin{cases} \Sigma\Sigma X^2 = 2.705 \\ T^2 = 189^2 = 35.721 \\ \Sigma n_i = n_1 + n_2 + n_3 + n_4 = \\ \quad = 3 + 4 + 5 + 6 = 18 \end{cases}$$

$$\therefore \boxed{VT = 720,5\ g^2}$$

$$VE = \Sigma \frac{T_i^2}{n_i} - \frac{T^2}{\Sigma n_i} \quad \begin{cases} \dfrac{T^2}{\Sigma n_i} = \dfrac{35.721}{18} = 1.984,5 \\[2mm] \Sigma \dfrac{T_i^2}{n_i} = \dfrac{11^2}{3} + \dfrac{26^2}{4} + \dfrac{45^2}{5} + \dfrac{107^2}{6} = \\[2mm] = \dfrac{121}{3} + \dfrac{676}{4} + \dfrac{2.025}{5} + \dfrac{11.449}{6} = 2.522,5 \end{cases}$$

$$\therefore \boxed{VE = 538\ g^2}$$

$$\boxed{VD = 720,5 - 538 = 182,5\ g^2}$$

## QUADRO-RESUMO

| FONTE DE VARIAÇÃO | PRÓPRIA VARIAÇÃO | GLIB | VARIÂNCIAS ESTIMADAS | $F_0$ |
|---|---|---|---|---|
| VE | 538 | 3 | 179,333 | |
| VD | 182,5 | 14 | 13,036 | $\dfrac{179,333}{13,036} = 13,76$ |
| VT | 720,5 | 17 | | |

$$F_c \begin{cases} \alpha = 5\% \\ 3\ \text{GLIB (NUMERADOR)} \\ 14\ \text{GLIB (DENOMINADOR)} \end{cases} = 3,34$$

315

## CONCLUSÃO

Como $(F_0 = 13,76) > (F_c = 3,34) \rightarrow$ | $H_0$ REJEITADA |,

isto é, as médias $\mu_A$, $\mu_B$, $\mu_C$ e $\mu_D$ **NÃO SÃO TODAS IGUAIS ENTRE SI.**

# CONSIDERAÇÕES FINAIS

*VIVAAA! 'TÁ NO FIM!!*

Quando a $H_0$ é rejeitada (como no exemplo anterior), há interesse em saber qual (ou quais) tratamento(s) responde(m) pela quebra da igualdade das médias.

Existem vários caminhos para resolver esse problema: uns são **MUITO CONSERVADORES** — levam à conclusão de que as **DIFERENÇAS** entre as médias **NÃO** são **SIGNIFICATIVAS** —, outros, **POUCO CONSERVADORES** — e aí diferenças não significativas acabam sendo consideradas **SIGNIFICATIVAS.**

*Como prudência e água-benta não fazem mal a ninguém...*

VAMOS ESTUDAR AQUI UM PROCEDIMENTO CONSIDERADO BOM E DESENVOLVIDO POR RONALD FISHER. TRATA-SE DA ESTATÍSTICA LSD.

LSD É A SIGLA QUE RESULTA DE "LEAST SIGNIFICANT DIFFERENCE", OU SEJA, A MENOR DIFERENÇA SIGNIFICATIVA.

## FÓRMULA

$$LSD = t_c \sqrt{\hat{\sigma}_D^2} \sqrt{\frac{1}{n_i} + \frac{1}{n_j}}$$

## INTERPRETAÇÃO

$t_c \rightarrow$ t TABELADO, AO NÍVEL $\alpha$, E GL IB IGUAL AO DO DENOMINADOR USADO NA ANÁLISE DA VARIÂNCIA.

$\hat{\sigma}_D^2 \rightarrow$ VARIÂNCIA ESTIMADA CORRESPONDENTE À VD.

$n_i, n_j \rightarrow$ TAMANHOS DAS AMOSTRAS RELATIVAS ÀS MÉDIAS QUE SE COMPARAM.

CONTINUANDO:

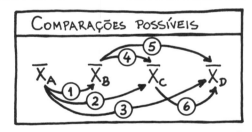

COMPARAÇÕES POSSÍVEIS

DESSAS COMPARAÇÕES RESULTAM, EM **VALORES ABSOLUTOS**, AS SEGUINTES DIFERENÇAS:

| COMPARAÇÃO | DIFERENÇA (EM g) |
|---|---|
| 1 | 2,8 |
| 2 | 5,3 |
| 3 | 14,1 |
| 4 | 2,5 |
| 5 | 11,3 |
| 6 | 8,8 |

ALÉM DISSO, A CADA MÉDIA ENVOLVIDA NA COMPARAÇÃO CORRESPONDE UM TAMANHO DE AMOSTRA. PRECISAMOS ENTÃO CALCULAR O VALOR DE

$$\sqrt{\frac{1}{n_i}+\frac{1}{n_j}}$$

| COMPARAÇÃO | AMOSTRAS (TAMANHOS) | $\frac{1}{n_i}+\frac{1}{n_j}$ | $\sqrt{\frac{1}{n_i}+\frac{1}{n_j}}$ |
|---|---|---|---|
| 1 | 3 E 4 | $\frac{1}{3}+\frac{1}{4}=0{,}5833$ | $\sqrt{0{,}5833}\cong 0{,}76$ |
| 2 | 3 E 5 | $\frac{1}{3}+\frac{1}{5}=0{,}5333$ | $\sqrt{0{,}5333}\cong 0{,}73$ |
| 3 | 3 E 6 | $\frac{1}{3}+\frac{1}{6}=0{,}5000$ | $\sqrt{0{,}5000}\cong 0{,}71$ |
| 4 | 4 E 5 | $\frac{1}{4}+\frac{1}{5}=0{,}4500$ | $\sqrt{0{,}4500}\cong 0{,}67$ |
| 5 | 4 E 6 | $\frac{1}{4}+\frac{1}{6}=0{,}4167$ | $\sqrt{0{,}4167}\cong 0{,}65$ |
| 6 | 5 E 6 | $\frac{1}{5}+\frac{1}{6}=0{,}3667$ | $\sqrt{0{,}3667}\cong 0{,}61$ |

OBSERVANDO A FÓRMULA, VERIFICA-SE QUE O GRUPO $t_c\sqrt{\hat{\sigma}_D^2}$ É **INVARIÁVEL** EM **TODAS** AS COMPARAÇÕES. POR UMA QUESTÃO DE ECONOMIA DE ESPAÇO E DE TEMPO, VAMOS CALCULAR O SEU VALOR UMA SÓ VEZ; A SEGUIR, AJUSTANDO OS RESULTADOS DO QUADRO ACIMA, TEREMOS OS LSD's NECESSÁRIOS 'AS CONCLUSÕES FINAIS:

$$t_c\sqrt{\hat{\sigma}_D^2}=2{,}145\sqrt{13{,}036}=(2{,}145)(3{,}61)\cong \mathbf{7{,}74}$$

LOGO:

$(7{,}74)\times$
- $(0{,}76)=5{,}88 \leftarrow LSD_1$
- $(0{,}73)=5{,}65 \leftarrow LSD_2$
- $(0{,}71)=5{,}50 \leftarrow LSD_3$
- $(0{,}67)=5{,}19 \leftarrow LSD_4$
- $(0{,}65)=5{,}03 \leftarrow LSD_5$
- $(0{,}61)=4{,}72 \leftarrow LSD_6$

**REGRA DE DECISÃO**

SE A DIFERENÇA ABSOLUTA ENTRE AS MÉDIAS FOR **MAIOR** QUE O RESPECTIVO LSD, A **DIFERENÇA** ENTRE ELAS PODE SER CONSIDERADA **REAL**.

# CONCLUSÃO

| Comparação | Diferenças | LSD | Conclusão | Motivo |
|---|---|---|---|---|
| 1 | 2,8 | 5,88 | $\bar{X}_A = \bar{X}_B$ | 2,8 < 5,88 |
| 2 | 5,3 | 5,65 | $\bar{X}_A = \bar{X}_C$ | 5,3 < 5,65 |
| 3 | 14,1 | 5,50 | $\bar{X}_A < \bar{X}_D$ | 14,1 > 5,50 |
| 4 | 2,5 | 5,19 | $\bar{X}_B = \bar{X}_C$ | 2,5 < 5,19 |
| 5 | 11,3 | 5,03 | $\bar{X}_B < \bar{X}_D$ | 11,3 > 5,03 |
| 6 | 8,8 | 4,72 | $\bar{X}_C < \bar{X}_D$ | 8,8 > 4,72 |

COMO, NO FINAL DAS CONTAS, O QUE INTERESSA É CONCLUIR ALGO SOBRE AS **MÉDIAS POPULACIONAIS** E SOBRE OS **TRATAMENTOS**, RESULTA:

$$(\bar{X}_A = \bar{X}_B = \bar{X}_C) < \bar{X}_D$$

PORTANTO: $(\mu_A = \mu_B = \mu_C) < \mu_D$, O QUE EQUIVALE A DIZER QUE $\mu_A$, $\mu_B$ E $\mu_C$ PODEM SER CONSIDERADAS ORIUNDAS DA **MESMA** POPULAÇÃO, ENQUANTO $\mu_D$ PARECE PROVIR DE **OUTRA** POPULAÇÃO. RELATIVAMENTE AOS TRATAMENTOS VALE O MESMO RACIOCÍNIO.

# APÊNDICE A
## COMPARAÇÃO ENTRE VARIÂNCIAS

Para testar se duas variâncias podem ser consideradas iguais, usa-se o seguinte procedimento:

### PASSO 1

Calcular a estimativa da primeira variância, isto é, da primeira variável ($X$). Essa estimativa deve utilizar, em denominador, $(n_1 - 1)$ em lugar de $n_i$. Veja a nota de rodapé à p. 215.

"Espelho meu! Existe alguém mais bela do que eu?"

"Na verdade, quando a amostra é igual a ou maior do que 30, isto é, quando ela é **GRANDE**, essa sutileza não tem grande importância!"

A estimativa dessa variância vai ser indicada por $\hat{\sigma}_1^2$.

### PASSO 2

Calcular a estimativa da segunda variância, repetindo o procedimento do passo 1. Obtém-se $\hat{\sigma}_2^2$.

### PASSO 3

Dividir a **MAIOR ESTIMATIVA** pela **MENOR**. Com isso, obtém-se um $F_0$ (F observado), que deve ser comparado com um $F_c$ (F crítico).

$$F_0 = \frac{\text{MAIOR ESTIMATIVA DE VARIÂNCIA}}{\text{MENOR ESTIMATIVA DE VARIÂNCIA}}$$

## PASSO 4

PROCURAR O $F_c$ NA TÁBUA DE $F$, DE ACORDO COM OS SEGUINTES INDICADORES:

$\frac{\alpha}{2}$, GLIB DO NUMERADOR, GLIB DO DENOMINADOR

PARA ENTRAR NA TÁBUA DE $F$, $(n_1 - 1)$ E $(n_2 - 1)$ VÃO FUNCIONAR COMO GRAUS DE LIBERDADE (GLIB)

...GLUB!... "GRAUS" DE LIBERDADE?!

## PASSO 5

COMPARAR O $F_0$ (QUE FOI **CALCULADO**) COM O $F_c$ (QUE ESTÁ **TABELADO**).

| REGRA DE DECISÃO |
|---|
| • SE $F_0 > F_c \longrightarrow H_0$ REJEITADA |
| • SE $F_0 < F_c \longrightarrow H_0$ NÃO REJEITADA |

EXTRATO DA TÁBUA DE F PARA $\alpha = 2,5\%$ *

| GLIB DO DEN. \ GLIB DO NUM. | .... 30 .... | 40 ... |
|---|---|---|
| 30 | 2,07 | 2,01 ... |
| : | | |
| 40 | 1,94 | 1,88 ... |

## ⚡ ATENÇÃO

PARA TESTAR A IGUALDADE ENTRE DUAS VARIÂNCIAS, A $H_0$ É **SEMPRE BICAUDAL**. POR ISSO, SE O $\alpha$ DO PROBLEMA FOR 5%, ENTRAR NA TÁBUA COM 2,5%.

*FONTE: BUSSAB E SEVERO. TÁBUAS DE ESTATÍSTICA. SÃO PAULO, HARBRA, 1985, P. 6 (ADAPTAÇÃO).

ENTÃO:
$$\begin{cases} H_0: \text{As variâncias são iguais. } (\sigma_1^2 = \sigma_2^2) \;\ast \\ H_a: \text{As variâncias são diferentes, com } \alpha = 5\%. \\ (\sigma_1^2 \neq \sigma_2^2) \end{cases}$$

# PASSO 1

$$\hat{\sigma}_1^2 = \frac{11.996,77}{31-1} = \frac{11.996,77}{30} = 399,8923 \text{ peças}^2$$

# PASSO 2

$$\hat{\sigma}_2^2 = \frac{20.056,10}{41-1} = \frac{20.056,10}{40} = 501,4025 \text{ peças}^2$$

# PASSO 3

$$\frac{> \text{estimativa}}{< \text{estimativa}} \implies \frac{501,4025 \text{ peças}^2}{399,8923 \text{ peças}^2} = 1,25 \leftarrow F_0$$

# PASSO 4

Se $\alpha = 5\%$ e a $H_a$ é bicaudal, devemos procurar o $F_c$ numa tábua com $\frac{\alpha}{2}$, isto é, $2,5\%$.

ENTÃO: GLIB DO NUMERADOR = 40
GLIB DO DENOMINADOR = 30

Cruzando esses glibs na tábua de $F$, resulta que

$$\boxed{F_c = 2,01}$$

# PASSO 5

Como $(F_0 = 1,25) < (F_c = 2,01) \rightarrow \boxed{H_0 \text{ NÃO REJEITADA}}$,

ou seja, com $95\%$ de certeza, é possível afirmar que não há evidência estatística de que as variâncias sejam diferentes. Em outras palavras, diferença numérica entre as variâncias, se há, é devida ao **ACASO**. Portanto, as variâncias podem ser consideradas **IGUAIS**.

---

\* DADOS REFERENTES AO PROBLEMA DAS PP. 297 E 298.

# APÊNDICE B — TÁBUA DE F, COM $\alpha = 1\%$

(GLIB PARA O NUMERADOR)

| GLIB | 1 | 2 | 3 | 4 | 5 | 6 | 8 | 12 |
|---|---|---|---|---|---|---|---|---|
| 1 | 4052 | 4999 | 5403 | 5625 | 5764 | 5859 | 5981 | 6106 |
| 2 | 98,49 | 99,01 | 99,17 | 99,25 | 99,30 | 99,33 | 99,36 | 99,42 |
| 3 | 34,12 | 30,81 | 29,46 | 28,71 | 28,24 | 27,91 | 27,49 | 27,05 |
| 4 | 21,20 | 18,00 | 16,69 | 15,98 | 15,52 | 15,21 | 14,80 | 14,37 |
| 5 | 16,26 | 13,27 | 12,06 | 11,39 | 10,97 | 10,67 | 10,27 | 9,89 |
| 6 | 13,74 | 10,92 | 9,78 | 9,15 | 8,75 | 8,47 | 8,10 | 7,72 |
| 7 | 12,25 | 9,55 | 8,45 | 7,85 | 7,46 | 7,19 | 6,84 | 6,47 |
| 8 | 11,26 | 8,65 | 7,59 | 7,01 | 6,63 | 6,37 | 6,03 | 5,67 |
| 9 | 10,56 | 8,02 | 6,99 | 6,42 | 6,06 | 5,80 | 5,47 | 5,11 |
| 10 | 10,04 | 7,56 | 6,55 | 5,99 | 5,64 | 5,39 | 5,06 | 4,71 |
| 11 | 9,65 | 7,20 | 6,22 | 5,67 | 5,32 | 5,07 | 4,74 | 4,40 |
| 12 | 9,33 | 6,93 | 5,95 | 5,41 | 5,06 | 4,82 | 4,50 | 4,16 |
| 13 | 9,07 | 6,70 | 5,74 | 5,20 | 4,86 | 4,62 | 4,30 | 3,96 |
| 14 | 8,86 | 6,51 | 5,56 | 5,03 | 4,69 | 4,46 | 4,14 | 3,80 |
| 15 | 8,68 | 6,36 | 5,42 | 4,89 | 4,56 | 4,32 | 4,00 | 3,67 |

(GLIB PARA O DENOMINADOR)

| GLIB | 1 | 2 | 3 | 4 | 5 | 6 | 8 | 12 |
|---|---|---|---|---|---|---|---|---|
| 16 | 8,53 | 6,23 | 5,29 | 4,77 | 4,44 | 4,20 | 3,89 | 3,55 |
| 17 | 8,40 | 6,11 | 5,18 | 4,67 | 4,34 | 4,10 | 3,79 | 3,45 |
| 18 | 8,28 | 6,01 | 5,09 | 4,58 | 4,25 | 4,01 | 3,71 | 3,37 |
| 19 | 8,18 | 5,93 | 5,01 | 4,50 | 4,17 | 3,94 | 3,63 | 3,30 |
| 20 | 8,10 | 5,85 | 4,94 | 4,43 | 4,10 | 3,87 | 3,56 | 3,23 |
| 21 | 8,02 | 5,78 | 4,87 | 4,37 | 4,04 | 3,81 | 3,51 | 3,17 |
| 22 | 7,94 | 5,72 | 4,82 | 4,31 | 3,99 | 3,76 | 3,45 | 3,12 |
| 23 | 7,88 | 5,66 | 4,76 | 4,26 | 3,94 | 3,71 | 3,41 | 3,07 |
| 24 | 7,82 | 5,61 | 4,72 | 4,22 | 3,90 | 3,67 | 3,36 | 3,03 |
| 25 | 7,77 | 5,57 | 4,68 | 4,18 | 3,86 | 3,63 | 3,32 | 2,99 |
| 26 | 7,72 | 5,53 | 4,64 | 4,14 | 3,82 | 3,59 | 3,29 | 2,96 |
| 27 | 7,68 | 5,49 | 4,60 | 4,11 | 3,78 | 3,56 | 3,26 | 2,93 |
| 28 | 7,64 | 5,45 | 4,57 | 4,07 | 3,75 | 3,53 | 3,23 | 2,90 |
| 29 | 7,60 | 5,42 | 4,54 | 4,04 | 3,73 | 3,50 | 3,20 | 2,87 |
| 30 | 7,56 | 5,39 | 4,51 | 4,02 | 3,70 | 3,47 | 3,17 | 2,84 |
| 40 | 7,31 | 5,18 | 4,31 | 3,83 | 3,51 | 3,29 | 2,99 | 2,66 |
| 60 | 7,08 | 4,98 | 4,13 | 3,65 | 3,34 | 3,12 | 2,82 | 2,50 |
| 120 | 6,85 | 4,79 | 3,95 | 3,48 | 3,17 | 2,96 | 2,66 | 2,34 |
| ∞ | 6,64 | 4,60 | 3,78 | 3,32 | 3,02 | 2,80 | 2,51 | 2,18 |

(GLIB PARA O DENOMINADOR)

FONTE: LEVIN, JACK. ESTATÍSTICA APLICADA A CIÊNCIAS HUMANAS. 2. ED.. SÃO PAULO, HARBRA, 1987, P. 360 (ADAPTAÇÃO).

# APÊNDICE C — TÁBUA DE F, COM $\alpha = 5\%$

(GLIB PARA O NUMERADOR)

| GLIB | 1 | 2 | 3 | 4 | 5 | 6 | 8 | 12 |
|---|---|---|---|---|---|---|---|---|
| 1 | 161,4 | 199,5 | 215,7 | 224,6 | 230,2 | 234,0 | 238,9 | 243,9 |
| 2 | 18,51 | 19,00 | 19,16 | 19,25 | 19,30 | 19,33 | 19,37 | 19,41 |
| 3 | 10,13 | 9,55 | 9,28 | 9,12 | 9,01 | 8,94 | 8,84 | 8,74 |
| 4 | 7,71 | 6,94 | 6,59 | 6,39 | 6,26 | 6,16 | 6,04 | 5,91 |
| 5 | 6,61 | 5,79 | 5,41 | 5,19 | 5,05 | 4,95 | 4,82 | 4,68 |
| 6 | 5,99 | 5,14 | 4,76 | 4,53 | 4,39 | 4,28 | 4,15 | 4,00 |
| 7 | 5,59 | 4,74 | 4,35 | 4,12 | 3,97 | 3,87 | 3,73 | 3,57 |
| 8 | 5,32 | 4,46 | 4,07 | 3,84 | 3,69 | 3,58 | 3,44 | 3,28 |
| 9 | 5,12 | 4,26 | 3,86 | 3,63 | 3,48 | 3,37 | 3,23 | 3,07 |
| 10 | 4,96 | 4,10 | 3,71 | 3,48 | 3,33 | 3,22 | 3,07 | 2,91 |
| 11 | 4,84 | 3,98 | 3,59 | 3,36 | 3,20 | 3,09 | 2,95 | 2,79 |
| 12 | 4,75 | 3,88 | 3,49 | 3,26 | 3,11 | 3,00 | 2,85 | 2,69 |
| 13 | 4,67 | 3,80 | 3,41 | 3,18 | 3,02 | 2,92 | 2,77 | 2,60 |
| 14 | 4,60 | 3,74 | 3,34 | 3,11 | 2,96 | 2,85 | 2,70 | 2,53 |
| 15 | 4,54 | 3,68 | 3,29 | 3,06 | 2,90 | 2,79 | 2,64 | 2,48 |

(GLIB PARA O DENOMINADOR)

| GLIB | 1 | 2 | 3 | 4 | 5 | 6 | 8 | 12 |
|------|------|------|------|------|------|------|------|------|
| 16 | 4,49 | 3,63 | 3,24 | 3,01 | 2,85 | 2,74 | 2,59 | 2,42 |
| 17 | 4,45 | 3,59 | 3,20 | 2,96 | 2,81 | 2,70 | 2,55 | 2,38 |
| 18 | 4,41 | 3,55 | 3,16 | 2,93 | 2,77 | 2,66 | 2,51 | 2,34 |
| 19 | 4,38 | 3,52 | 3,13 | 2,90 | 2,74 | 2,63 | 2,48 | 2,31 |
| 20 | 4,35 | 3,49 | 3,10 | 2,87 | 2,71 | 2,60 | 2,45 | 2,28 |
| 21 | 4,32 | 3,47 | 3,07 | 2,84 | 2,68 | 2,57 | 2,42 | 2,25 |
| 22 | 4,30 | 3,44 | 3,05 | 2,82 | 2,66 | 2,55 | 2,40 | 2,23 |
| 23 | 4,28 | 3,42 | 3,03 | 2,80 | 2,64 | 2,53 | 2,38 | 2,20 |
| 24 | 4,26 | 3,40 | 3,01 | 2,78 | 2,62 | 2,51 | 2,36 | 2,18 |
| 25 | 4,24 | 3,38 | 2,99 | 2,76 | 2,60 | 2,49 | 2,34 | 2,16 |
| 26 | 4,22 | 3,37 | 2,98 | 2,74 | 2,59 | 2,47 | 2,32 | 2,15 |
| 27 | 4,21 | 3,35 | 2,96 | 2,73 | 2,57 | 2,46 | 2,30 | 2,13 |
| 28 | 4,20 | 3,34 | 2,95 | 2,71 | 2,56 | 2,44 | 2,29 | 2,12 |
| 29 | 4,18 | 3,33 | 2,93 | 2,70 | 2,54 | 2,43 | 2,28 | 2,10 |
| 30 | 4,17 | 3,32 | 2,92 | 2,69 | 2,53 | 2,42 | 2,27 | 2,09 |
| 40 | 4,08 | 3,23 | 2,84 | 2,61 | 2,45 | 2,34 | 2,18 | 2,00 |
| 60 | 4,00 | 3,15 | 2,76 | 2,52 | 2,37 | 2,25 | 2,10 | 1,92 |
| 120 | 3,92 | 3,07 | 2,68 | 2,45 | 2,29 | 2,17 | 2,02 | 1,83 |
| ∞ | 3,84 | 2,99 | 2,60 | 2,37 | 2,21 | 2,09 | 1,94 | 1,75 |

(GLIB PARA O DENOMINADOR)

*FONTE:* LEVIN, JACK. ESTATÍSTICA APLICADA A CIÊNCIAS HUMANAS. 2. ED. SÃO PAULO, HARBRA, 1987, P. 359(ADAPTAÇÃO).

# APÊNDICE D

ENCAIXANDO O QUE NÃO COUBE NO LIVRO: **PONTO MÉDIO** E **PRECISÃO**

# PONTO MÉDIO

Quando a variável ($X$) for contínua (cm, m, kg etc.), o ponto médio poderá ser expresso com **MAIS RIGOR** mediante a aplicação da seguinte fórmula:

$$X_i = \left(\ell_r + \frac{h}{2}\right), \text{ onde } (\ell_r = \ell - 0{,}5) \text{ e } (h = L - \ell)$$

Esses símbolos significam o seguinte: $\ell$ = limite inferior **APARENTE**; $L$ = limite superior **APARENTE**; $\ell_r$ = limite inferior **REAL**.

Assim, na tabela abaixo, o primeiro ponto médio, de acordo com a fórmula, é:

$$X_i = (10 - 0{,}5) + (15 - 10) \div 2 = \mathbf{12 \text{ cm}}$$

| X (cm) |
|---|
| 10 ⊢ 15 |
| 15 ⊢ 20 |
| 20 ⊢ 25 |
| 25 ⊢ 30 |
| 30 ⊢ 35 |
| 35 ⊢ 40 |
| 40 ⊢ 45 |

Por igual raciocínio, o quinto ponto médio é:

$$X_5 = (30 - 0{,}5) + (35 - 30) \div 2 = \mathbf{32 \text{ cm}}$$

**PROVA** (considerando apenas os valores inteiros):

30 ⊢ 35 → 30, 31, **32**, 33, 34

Aqui está o ponto médio.

327

Para **SIMPLIFICAR**, o ponto médio, $X_i$, foi definido como a semissoma dos limites da classe (ver p. 63). Alunos e professores decidirão, de comum acordo, que procedimento adotar. A **DIFERENÇA**, em termos de média aritmética, será de **MEIA UNIDADE** (ou, no presente exemplo, 0,5 cm).

Dada a natureza elementar do livro, não houve preocupação com **NÚMERO DE CASAS DECIMAIS NAS RESPOSTAS**. Num nível mais avançado, entretanto, valeria a pena levar em conta o seguinte: se $\Sigma n_i$ representar o **TAMANHO DA AMOSTRA**, utilizar a seguinte regra para a determinação do número de casas decimais no cálculo da média.

Isso se aplica quando os valores de X resultam de **MEDIDAS**. Quando os valores de X forem **CONTAGENS**, há liberdade para usar qualquer aproximação.

$$1 \leqslant \sum n_i < 10(100)^0 \rightarrow \text{MESMA APROXIMAÇÃO DOS DADOS ORIGINAIS, ISTO É, ZERO CASA DECIMAL.}$$

$$10(100)^0 \leqslant \sum n_i < 10(100)^1 \rightarrow \text{UMA (1) CASA DECIMAL.}$$

$$10(100)^1 \leqslant \sum n_i < 10(100)^2 \rightarrow \text{DUAS (2) CASAS DECIMAIS.}$$

$$\vdots \qquad \vdots$$

$$10(100)^{k-1} \leqslant \sum n_i < 10(100)^k \rightarrow k \text{ CASAS DECIMAIS.}$$

Assim, a média aritmética calculada na p. 63 poderia ser, com maior rigor, escrita do seguinte modo: $\overline{X} = 159,9$ cm.

Para maiores informações, consultar **RODRIGUES, MÍLTON DA SILVA. ELEMENTOS DE ESTATÍSTICA GERAL. 5. ED. São Paulo, Companhia Editora Nacional, 1956.** (Trata-se de obra esgotada, mas facilmente encontrável em bibliotecas.)

# APÊNDICE E

## MAIS DE UM CAMINHO LEVA A ROMA

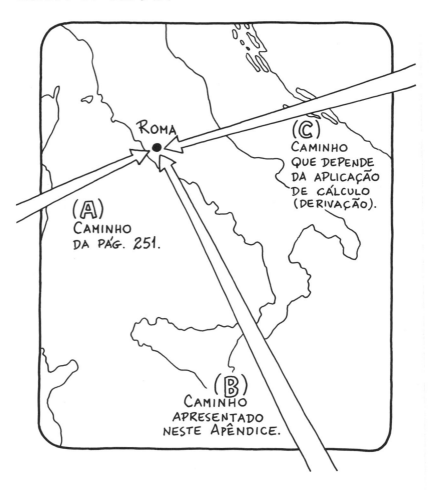

O PROCESSO UTILIZADO NA PÁG. 286 PARA A OBTENÇÃO DAS EQUAÇÕES NORMAIS DE REGRESSÃO LINEAR SIMPLES APRESENTA ALGUNS INCONVENIENTES QUANDO A **PRECISÃO** TEM IMPORTÂNCIA MUITO GRANDE. ISSO PORQUE, CALCULADAS AS EQUAÇÕES A PARTIR DOS DESVIOS PADRÕES DAS VARIÁVEIS X E Y, ACABAM ELAS SOFRENDO OS EFEITOS DOS ARREDONDAMENTOS EM $r_{xy}$, $S_x$, $S_y$, $k_1$ E $k_2$.

DAÍ QUE, OBTIDAS AS EQUAÇÕES DE REGRESSÃO POR OUTROS PROCESSOS, OS COEFICIENTES $a$ E $b$ PODEM APRESENTAR, COM RELAÇÃO AO QUE FOI APRESENTADO NAS PÁGINAS 251 E 252, ALGUMAS PEQUENAS DIVERGÊNCIAS. ALGUMAS CALCULADORAS DE BOLSO, PROGRAMADAS PARA A OBTENÇÃO DESSES PARÂMETROS ($a$ E $b$), TRABALHAM COM UM NÚMERO MUITO GRANDE DE CASAS DECIMAIS (ARMAZENADAS AUTOMATICAMENTE NA MEMÓRIA), DONDE RESULTAM, NA COMPARAÇÃO COM PROCESSOS MAIS "LIBERAIS", DISCREPÂNCIAS ÀS VEZES GRANDES.

Para reduzir o incômodo de não ter conseguido, por meio de cálculos (e lápis, papel e suor!), os mesmos parâmetros decorrentes da utilização de calculadoras especiais, aqui vai um processo que resolve o impasse.

Então, o novo caminho. Para fins de comparação posterior, seja ainda a tabela da pág. 253, reproduzida ao lado.

|  | $X_i$ | $Y_i$ |
|---|---|---|
|  | 5 | 10 |
|  | 8 | 30 |
|  | 10 | 45 |
|  | 12 | 50 |
|  | 15 | 75 |
| $\Sigma$ | 50 | 210 |
|  | $\bar{X}=10$ | $\bar{Y}=42$ |

SABEMOS DA MATEMÁTICA (GEOMETRIA ANALÍTICA) QUE A EQUAÇÃO DA RETA É $Y = a + bX$, ONDE $a$ É O **INTERCEPTO**, ISTO É, A ALTURA, A PARTIR DO O, ONDE A RETA CORTA O EIXO Y; E $b$ É O **PARÂMETRO ANGULAR** QUE DETERMINA O GRAU DE INCLINAÇÃO DA RETA COM RELAÇÃO AO EIXO X (OU A UMA PARALELA A ELE). ASSIM:

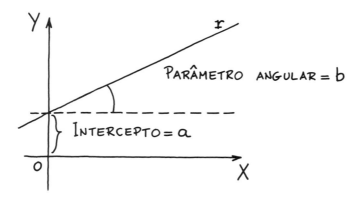

VAMOS AGORA TRANSPORTAR OS DADOS DA TABELA DA PÁGINA ANTERIOR A UMA OUTRA, LOGO ABAIXO, LEVANDO EM CONTA A EQUAÇÃO DA RETA $Y = a + bX$. ASSIM:

| Y | = a | + bX |
|---|---|---|
| 10 | a | b.5 |
| 30 | a | b.8 |
| 45 | a | b.10 |
| 50 | a | b.12 |
| 75 | a | b.15 |
| 210 | 5a | 50b |
|  | (*) | (**) |

(∗) Em todas as linhas o $a$ foi repetido, como incógnita, já que, de fato, o seu valor não é conhecido. Aliás, é justamente o seu valor que está sendo buscado.

(∗∗) O $b$ também foi repetido em todas as linhas pela mesma razão. Mas, como havia em cada linha um valor específico de X, foram efetuadas as multiplicações parciais, donde o produto final $b \cdot 50 = 50b$.

— Não entendi! De onde saíram tantos $a$'s e $b$'s?

— A tabela inicial tem cinco linhas. Como não conheço, para cada linha, os valores de $a$ e $b$, apenas os escrevo para efeito de soma final.

Assim, independentemente dos valores de $a$ e $b$, as somas, no pé da tabela, mostram que:

$$5a + 50b = 210 \quad \text{(I)}$$

Como $a$ e $b$ são incógnitas (valores ainda desconhecidos), fica faltando mais uma equação para que, do sistema resultante, possam ser calculados os valores de $a$ e $b$.

Por que mais uma equação?

Há uma regrinha matemática que diz: um sistema só pode ser resolvido se ele contiver tantas equações quantas forem as incógnitas.

Uma pequena manipulação algébrica dá conta de arranjar a segunda equação: basta multiplicar ambos os membros de $Y = a + bX$ por $X$. Assim:

$$XY = aX + bX^2$$

E agora construir uma segunda tabela, nos moldes da anterior, respeitando os produtos que resultem da introdução do fator $X$.

ENTÃO:

| XY ≟ aX | + bX² |
|---|---|
| 50 | a.5 | b.25 |
| 240 | a.8 | b.64 |
| 450 | a.10 | b.100 |
| 600 | a.12 | b.144 |
| 1.125 | a.15 | b.225 |
| 2.465 | 50a | 558b (*) |

(*) OBSERVAR QUE OS VALORES DE $X^2$ DESTA COLUNA FORAM OBTIDOS A PARTIR DOS VALORES DE X DA COLUNA AO LADO (À ESQUERDA).

AS SOMAS, NO PÉ DA TABELA ACIMA, MOSTRAM AGORA QUE:

$$50a + 558b = 2.465 \quad (II)$$

AS EQUAÇÕES INDICADAS POR (I) E (II) PODEM AGORA SER REUNIDAS E COMPOR UM SISTEMA DE DUAS EQUAÇÕES LINEARES (DE 1º GRAU), CUJAS INCÓGNITAS SÃO **a** E **b**.

① SISTEMA: $\begin{cases} 5a + 50b = 210 \quad \dots \text{(I)} \\ 50a + 558b = 2.465 \quad \dots \text{(II)} \end{cases}$

PODE SER RESOLVIDO POR QUALQUER DOS MÉTODOS DISPONÍVEIS E FACILMENTE ENCONTRÁVEIS EM LIVROS DE MATEMÁTICA DO 1º E 2º GRAUS. (*)

ASSIM, RESOLVIDO O SISTEMA, RESULTAM OS SEGUINTES VALORES PARA **a** E **b**:

$$a = -20,93$$
$$b = 6,29$$

INTRODUZINDO AGORA ESSES VALORES NA EQUAÇÃO DA RETA, VEM:

$$\hat{Y}_i = 6,29 X_i - 20,93$$

EPA! SÃO OS MESMOS COEFICIENTES ENCONTRADOS NA PÁGINA 253!

CLARO! A IDEIA ERA MESMO ESSA! QUANDO OS COEFICIENTES NÃO COINCIDEM, SALVO ERRO NOS CÁLCULOS, É PORQUE OS ARREDONDAMENTOS INTERMEDIÁRIOS INTERFERIRAM.

CONVÉM NOTAR QUE A EQUAÇÃO ACIMA É A DOS **Y SOBRE OS X**, MAS AINDA EXISTE OUTRA – A DOS **X SOBRE OS Y** – QUE TAMBÉM DEVE SER BUSCADA.

(*) OS MÉTODOS DISPONÍVEIS SÃO: SUBSTITUIÇÃO, ADIÇÃO, COMPARAÇÃO E CRÂMER (ESTE ÚLTIMO COM A UTILIZAÇÃO DE MATRIZES E DETERMINANTES).

PARA OBTERMOS ESSA SEGUNDA EQUAÇÃO, BASTA TRABALHAR COM:

$$X = f(Y)$$

E CHAMAR OS NOVOS COEFICIENTES DE $a'$ E $b'$. A NOVA EQUAÇÃO TERÁ ASSIM A FORMA:

$$X = a' + b'Y$$

E AS NOVAS TABELAS, AGORA COM O **FATOR Y** (E **NÃO MAIS X**), SERÃO:

| $X$ | $=$ $a'$ | $+$ $b'Y$ | $XY$ | $=$ $a'Y$ | $+$ $b'Y^2$ |
|---|---|---|---|---|---|
| 5 | $a'$ | $b'.10$ | 50 | $a'.10$ | $b'.100$ |
| 8 | $a'$ | $b'.30$ | 240 | $a'.30$ | $b'.900$ |
| 10 | $a'$ | $b'.45$ | 450 | $a'.45$ | $b'.2.025$ |
| 12 | $a'$ | $b'.50$ | 600 | $a'.50$ | $b'.2.500$ |
| 15 | $a'$ | $b'.75$ | 1.125 | $a'.75$ | $b'.5.625$ |
| 50 | $5.a'$ | $210.b'$ | 2.465 | $210.a'$ | $11.150.b'$ |

COM AS SOMAS VERTICAIS OBTIDAS NAS TABELAS ACIMA, É POSSÍVEL COMPOR O SEGUINTE NOVO SISTEMA:

$$\begin{cases} 5a' + 210b' = 50 \\ 210a' + 11.150b' = 2.465 \end{cases}$$

, DONDE DECORREM OS SEGUINTES NOVOS PARÂMETROS:

$$a' = 3,42$$
$$b' = 0,16$$

ASSIM, A EQUAÇÃO NORMAL DE REGRESSÃO DOS **X SOBRE OS Y** VEM A SER:

$$\boxed{\hat{X}_i = 0,16\,Y_i + 3,24} \quad (*)$$

(*) NOTAR QUE NA PÁGINA 288 O VALOR DE $a' = 3,28$, DIFERENÇA QUE, EMBORA PEQUENA, CONFIRMA O QUE FICOU DITO NO INÍCIO DO APÊNDICE E.

# OBSERVAÇÃO:

Com suficiente número de casas decimais (o que é sempre possível de obter com uma calculadora), verifica-se a relação:

$$r_{xy} = \sqrt{b \cdot b'}$$

Assim:
$$r_{xy} = \sqrt{(6,29310)(0,15665)} = \sqrt{0,985814115} =$$
$$= 0,992881723 \cong 0,99$$

A raiz quadrada do resultado da multiplicação de dois números chama-se **MÉDIA GEOMÉTRICA**. Por essa razão, $r_{xy}$ é a média geométrica entre $b$ e $b'$.

De modo geral,

$$M_g = \sqrt[n]{A \times B \times C \times \ldots \times N}$$

Logo, a média geométrica entre 2, 4 e 6 é: $M_g = \sqrt[3]{2 \times 4 \times 6} \cong 3,634241186$.

# APÊNDICE F
## TÁBUAS BINOMIAIS

| $p \rightarrow$ | 0,05 | 0,10 | 0,20 | 0,25 | 0,30 | 0,40 | 0,50 | $n=12$ |
|---|---|---|---|---|---|---|---|---|
| $x=0$ | 540 | 282 | 069 | 032 | 014 | 002 | $0^+$ | 12 |
| 1 | 341 | 377 | 206 | 127 | 071 | 017 | 003 | 11 |
| 2 | 099 | 230 | 283 | 232 | 168 | 064 | 016 | 10 |
| 3 | 017 | 085 | 236 | 258 | 240 | 142 | 054 | 9 |
| 4 | 002 | 021 | 133 | 194 | 231 | 213 | 121 | 8 |
| 5 | $0^+$ | 004 | 053 | 103 | 158 | 227 | 193 | 7 |
| 6 | $0^+$ | $0^+$ | 016 | 040 | 079 | 177 | 226 | 6 |
| 7 | $0^+$ | $0^+$ | 003 | 011 | 029 | 101 | 193 | 5 |
| 8 | $0^+$ | $0^+$ | 001 | 002 | 008 | 042 | 121 | 4 |
| 9 | $0^+$ | $0^+$ | $0^+$ | $0^+$ | 001 | 012 | 054 | 3 |
| 10 | $0^+$ | $0^+$ | $0^+$ | $0^+$ | $0^+$ | 002 | 016 | 2 |
| 11 | $0^+$ | $0^+$ | $0^+$ | $0^+$ | $0^+$ | $0^+$ | 003 | 1 |
| 12 | $0^+$ | $0^+$ | $0^+$ | $0^+$ | $0^+$ | $0^+$ | $0^+$ | $0=x$ |
| $n=12$ | 0,95 | 0,90 | 0,80 | 0,75 | 0,70 | 0,60 | 0,50 | $\leftarrow p$ |

| $p \rightarrow$ | 0,05 | 0,10 | 0,20 | 0,25 | 0,30 | 0,40 | 0,50 | $n=15$ |
|---|---|---|---|---|---|---|---|---|
| $x=0$ | 463 | 206 | 035 | 013 | 005 | $0^+$ | $0^+$ | 15 |
| 1 | 366 | 343 | 132 | 067 | 031 | 005 | $0^+$ | 14 |
| 2 | 135 | 267 | 231 | 156 | 092 | 022 | 003 | 13 |
| 3 | 031 | 129 | 250 | 225 | 170 | 063 | 014 | 12 |
| 4 | 005 | 043 | 188 | 225 | 219 | 127 | 042 | 11 |
| 5 | 001 | 010 | 103 | 165 | 206 | 186 | 092 | 10 |
| 6 | $0^+$ | 002 | 043 | 092 | 147 | 207 | 153 | 9 |
| 7 | $0^+$ | $0^+$ | 014 | 039 | 081 | 177 | 196 | 8 |
| 8 | $0^+$ | $0^+$ | 003 | 013 | 035 | 118 | 196 | 7 |
| 9 | $0^+$ | $0^+$ | 001 | 003 | 012 | 061 | 153 | 6 |
| 10 | $0^+$ | $0^+$ | $0^+$ | 001 | 003 | 024 | 092 | 5 |
| 11 | $0^+$ | $0^+$ | $0^+$ | $0^+$ | 001 | 007 | 042 | 4 |
| 12 | $0^+$ | $0^+$ | $0^+$ | $0^+$ | $0^+$ | 002 | 014 | 3 |
| 13 | $0^+$ | $0^+$ | $0^+$ | $0^+$ | $0^+$ | $0^+$ | 003 | 2 |
| 14 | $0^+$ | $0^+$ | $0^+$ | $0^+$ | $0^+$ | $0^+$ | $0^+$ | 1 |
| 15 | $0^+$ | $0^+$ | $0^+$ | $0^+$ | $0^+$ | $0^+$ | $0^+$ | $0=x$ |
| $n=15$ | 0,95 | 0,90 | 0,80 | 0,75 | 0,70 | 0,60 | 0,50 | $\leftarrow p$ |

| p → | 0,05 | 0,10 | 0,20 | 0,25 | 0,30 | 0,40 | 0,50 | n = 20 |
|---|---|---|---|---|---|---|---|---|
| X = 0 | 358 | 122 | 012 | 003 | 001 | $0^+$ | $0^+$ | 20 |
| 1 | 377 | 270 | 058 | 021 | 007 | $0^+$ | $0^+$ | 19 |
| 2 | 189 | 285 | 137 | 067 | 028 | 003 | $0^+$ | 18 |
| 3 | 060 | 190 | 205 | 134 | 072 | 012 | 001 | 17 |
| 4 | 013 | 090 | 218 | 190 | 130 | 035 | 005 | 16 |
| 5 | 002 | 032 | 175 | 202 | 179 | 075 | 015 | 15 |
| 6 | $0^+$ | 009 | 109 | 169 | 192 | 124 | 037 | 14 |
| 7 | $0^+$ | 002 | 055 | 112 | 164 | 166 | 074 | 13 |
| 8 | $0^+$ | $0^+$ | 022 | 061 | 114 | 180 | 120 | 12 |
| 9 | $0^+$ | $0^+$ | 007 | 027 | 065 | 160 | 160 | 11 |
| 10 | $0^+$ | $0^+$ | 002 | 010 | 031 | 117 | 176 | 10 |
| 11 | $0^+$ | $0^+$ | $0^+$ | 003 | 012 | 071 | 160 | 9 |
| 12 | $0^+$ | $0^+$ | $0^+$ | 001 | 004 | 035 | 120 | 8 |
| 13 | $0^+$ | $0^+$ | $0^+$ | $0^+$ | 001 | 015 | 074 | 7 |
| 14 | $0^+$ | $0^+$ | $0^+$ | $0^+$ | $0^+$ | 005 | 037 | 6 |
| 15 | $0^+$ | $0^+$ | $0^+$ | $0^+$ | $0^+$ | 001 | 015 | 5 |
| 16 | $0^+$ | $0^+$ | $0^+$ | $0^+$ | $0^+$ | $0^+$ | 005 | 4 |
| 17 | $0^+$ | $0^+$ | $0^+$ | $0^+$ | $0^+$ | $0^+$ | 001 | 3 |
| 18 | $0^+$ | $0^+$ | $0^+$ | $0^+$ | $0^+$ | $0^+$ | $0^+$ | 2 |
| 19 | $0^+$ | $0^+$ | $0^+$ | $0^+$ | $0^+$ | $0^+$ | $0^+$ | 1 |
| 20 | $0^+$ | $0^+$ | $0^+$ | $0^+$ | $0^+$ | $0^+$ | $0^+$ | 0 = X |
| n = 20 | 0,95 | 0,90 | 0,80 | 0,75 | 0,70 | 0,60 | 0,50 | ← p |

FONTE: PEREIRA, J.S.C.; BUSSAB, W.O.
TÁBUAS DE ESTATÍSTICA.
São Paulo: HARPER & ROW DO BRASIL,
1985. pp. 13-14.

# APÊNDICE G

## SUA CALCULADORA NÃO TEM A FUNÇÃO $\sqrt{\ }$ ?

Calculadoras mais antigas — e mesmo algumas de última geração, apenas utilizadas comercialmente — não possuem a função (tecla) de raiz quadrada ($\sqrt{\ }$).

MINHA CALCULADORA TEM ESTA TECLA, MAS NÃO FUNCIONA!

SE AS OUTRAS TECLAS ESTIVEREM EM ORDEM, VOCÊ VAI PODER UTILIZAR OS ENSINAMENTOS A SEGUIR.

NÃO PRECISO COMPRAR OUTRA MÁQUINA.

Vamos calcular, para exemplificar o processo, a raiz quadrada de 38. Antes, porém, recapitulemos o seguinte:

> NÃO EXISTE QUADRADO PERFEITO TERMINADO EM 2, 3, 7, 8 OU NÚMERO ÍMPAR DE ZEROS.

Voltando agora ao problema, observemos que 38 pode ser localizado entre dois números que sejam quadrados perfeitos: 36 e 49, cujas raízes são, respectivamente, 6 e 7. Então, é lógico que a raiz quadrada de 38 seja um pouco maior do que 6 e um pouco menor do que 7. Daí que

$$\sqrt{38} = 6, \text{PARTE DECIMAL}.$$

Pois bem, a fórmula que resolve o problema é

$$\sqrt{X} = \frac{X + Q}{2\sqrt{Q}}, \text{ ONDE}$$

X = número cuja raiz queremos encontrar;

Q = o quadrado perfeito mais próximo de X.

## SOLUÇÃO

$\sqrt{38} = (38 + 36)/2\sqrt{36} = 74/2(6) = 74/12 =$
$= 6,1666 \cong \mathbf{6,17}$. Fazendo a operação com uma calculadora (cuja tecla esteja funcionando adequadamente!), o resultado, com duas casas decimais, é **6,16**.

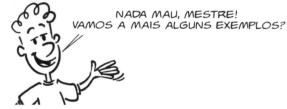

Nada mau, mestre! Vamos a mais alguns exemplos?

## EXEMPLOS

Calcular $\sqrt{318}$ (Este número não pode ser quadrado perfeito: termina em 8).

Então: $\sqrt{318} = (318 + 324)/2\sqrt{324} =$
$= 642/2(18) = 642/36 = \mathbf{17,83}$.

Pela calculadora, **17,83**.

## OUTRO EXEMPLO

Calcular $\sqrt{444}$ (que termina em 4, mas não tem raiz exata!)

POR QUÊ?????

É como no caso dos números terminados em número par de zeros. Nem todos têm raiz exata. Aliás, isso ocorre também com as terminações 1, 5, 6 e 9.

MAS, ENTÃO PARA QUE SERVEM AS REGRAS?

BOA PERGUNTA!

A REGRA, DE FATO, SERVE PARA VOCÊ IDENTIFICAR QUANDO UM NÚMERO NÃO PODE SER QUADRADO PERFEITO. A RECÍPROCA É QUE NÃO É NECESSARIAMENTE VERDADEIRA!

VOLTANDO AO EXEMPLO:

$$\sqrt{444} = (444 + 441)/2\sqrt{441} =$$
$$= 885/2(21) = 885/42 = 21{,}10$$

PELA CALCULADORA: **21,10**.

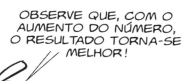

OBSERVE QUE, COM O AUMENTO DO NÚMERO, O RESULTADO TORNA-SE MELHOR!

# APÊNDICE H

## SUBSEQUÊNCIAS: $S(n_1; n_2)$

VALORES CRÍTICOS, $S_1, S_2, S_3, S_4$, DO
NÚMERO $S$ DE SUBSEQUÊNCIAS TAIS QUE
$P(S_1 \leq S \leq S_2) = 0,95$ E
$P(S_3 \leq S \leq S_4) = 0,99$

| $n_1 \backslash n_2$ | 3 | 4 | 5 | 6 | 7 | 8 |
|---|---|---|---|---|---|---|
| | 3 | 4 | 5 | | | |
| 5 | 2—7 / 2  7 | 3—8 / 2  9 | 3—9 / 2  10 | 6 | | |
| 6 | 3—7 / 2  7 | 3—8 / 2  9 | 4—9 / 3  10 | 4—10 / 3  11 | 7 | |
| 7 | 3—7 / 2  7 | 3—9 / 2  9 | 4—10 / 3  11 | 4—11 / 3  12 | 4—12 / 4  12 | 8 |
| 8 | 3—7 / 2  7 | 4—9 / 3  9 | 4—10 / 3  11 | 4—11 / 4  12 | 5—12 / 4  13 | 5—13 / 4  14 |
| 9 | 3—7 / 2  7 | 4—9 / 3  9 | 4—11 / 3  11 | 5—12 / 4  13 | 5—13 / 4  14 | 6—13 / 4  14 |
| 10 | 3—7 / 2  7 | 4—9 / 3  9 | 4—11 / 3  11 | 5—12 / 4  13 | 6—13 / 4  14 | 6—14 / 5  15 |
| 11 | 3—7 / 2  7 | 4—9 / 3  9 | 4—11 / 3  11 | 5—12 / 4  13 | 6—13 / 5  14 | 6—14 / 5  15 |
| 12 | 3—7 / 3  7 | 4—9 / 3  9 | 4—11 / 3  11 | 5—12 / 4  13 | 6—13 / 5  15 | 7—15 / 5  16 |
| 13 | 3—7 / 3  7 | 4—9 / 3  9 | 4—11 / 3  11 | 6—13 / 4  13 | 6—14 / 5  15 | 7—15 / 6  16 |
| 14 | 3—7 / 3  7 | 4—9 / 3  9 | 4—11 / 3  11 | 6—13 / 5  13 | 6—14 / 5  15 | 7—15 / 6  16 |
| 15 | 4—7 / 3  7 | 4—9 / 4  9 | 4—11 / 4  11 | 6—13 / 5  13 | 7—14 / 5  15 | 7—15 / 6  17 |
| 16 | 4—7 / 3  7 | 5—9 / 4  9 | 5—11 / 4  11 | 6—13 / 5  13 | 7—15 / 6  15 | 7—16 / 6  17 |
| 17 | 4—7 / 3  7 | 5—9 / 4  9 | 5—11 / 4  11 | 6—13 / 5  13 | 7—15 / 6  15 | 8—16 / 6  17 |
| 18 | 4—7 / 3  7 | 5—9 / 4  9 | 5—11 / 4  11 | 6—13 / 5  13 | 7—15 / 6  15 | 8—16 / 7  17 |
| 19 | 4—7 / 3  7 | 5—9 / 4  9 | 5—11 / 4  11 | 7—13 / 5  13 | 7—15 / 6  15 | 8—16 / 7  17 |
| 20 | 4—7 / 3  7 | 5—9 / 4  9 | 5—11 / 4  11 | 7—13 / 5  13 | 7—15 / 6  15 | 8—16 / 7  17 |
| $n_1 \backslash n_2$ | 3 | 4 | 5 | 6 | 7 | 8 |

| 9 | 10 | $n_2$ \ $n_1$ | 16 | 17 | 18 | 19 | 20 | $n_2$ \ $n_1$ |
|---|---|---|---|---|---|---|---|---|
| | | | 16 | | | | | |
| | | 16 | 12⊢22<br>10  24 | 17 | | | | 16 |
| | | 17 | 12⊢23<br>10  25 | 12⊢24<br>11  25 | 18 | | | 17 |
| | | 18 | 12⊢24<br>11  26 | 13⊢24<br>11  26 | 13⊢25<br>12  26 | 19 | | 18 |
| 9 | | 19 | 13⊢24<br>11  26 | 13⊢25<br>11  26 | 14⊢25<br>12  27 | 14⊢26<br>12  28 | 20 | 19 |
| 6⊢14<br>5  15 | 10 | 20 | 13⊢24<br>11  26 | 14⊢25<br>12  27 | 14⊢26<br>12  28 | 14⊢26<br>12  28 | 15⊢27<br>13  29 | 20 |
| 6⊢15<br>5  16 | 7⊢15<br>6  16 | | 11 | | | | | 10 |
| 7⊢15<br>6  16 | 7⊢16<br>6  17 | | 8⊢16<br>6  18 | 12 | | | | 11 |
| 7⊢15<br>6  17 | 8⊢16<br>6  18 | | 8⊢17<br>7  18 | 8⊢18<br>7  19 | 13 | | | 12 |
| 7⊢16<br>6  17 | 8⊢17<br>6  18 | | 8⊢18<br>7  19 | 9⊢18<br>7  20 | 9⊢19<br>8  20 | 14 | | 13 |
| 8⊢16<br>6  17 | 8⊢17<br>7  18 | | 9⊢18<br>7  19 | 9⊢19<br>8  20 | 10⊢19<br>8  21 | 10⊢20<br>8  22 | 15 | 14 |
| 8⊢17<br>7  18 | 8⊢17<br>7  19 | | 9⊢18<br>8  20 | 9⊢19<br>8  21 | 10⊢20<br>8  21 | 10⊢21<br>9  22 | 11⊢21<br>9  23 | 15 |
| 8⊢17<br>7  18 | 9⊢18<br>7  19 | | 9⊢19<br>8  20 | 10⊢20<br>8  21 | 10⊢20<br>9  22 | 11⊢21<br>9  23 | 11⊢22<br>10  23 | 16 |
| 8⊢17<br>7  18 | 9⊢18<br>8  19 | | 10⊢19<br>8  21 | 10⊢20<br>9  21 | 11⊢21<br>9  22 | 11⊢22<br>9  23 | 12⊢22<br>10  24 | 17 |
| 9⊢17<br>7  19 | 9⊢18<br>8  20 | | 10⊢19<br>8  21 | 10⊢20<br>9  22 | 11⊢21<br>9  23 | 11⊢22<br>10  24 | 12⊢23<br>10  24 | 18 |
| 9⊢17<br>7  19 | 9⊢19<br>8  20 | | 10⊢20<br>9  21 | 11⊢21<br>10  22 | 11⊢22<br>10  23 | 12⊢22<br>10  24 | 12⊢23<br>11  25 | 19 |
| 9⊢17<br>8  19 | 10⊢19<br>8  20 | | 10⊢20<br>9  21 | 11⊢21<br>9  22 | 11⊢22<br>10  23 | 12⊢23<br>10  24 | 13⊢24<br>11  25 | 20 |
| 9 | 10 | 11 | 12 | 13 | 14 | 15 | $n_1$ \ $n_2$ | |

FONTE: PEREIRA, J.S.C.; BUSSAB, W.O. TÁBUAS DE ESTATÍSTICA. SÃO PAULO: HARPER & ROW DO BRASIL, 1985. p.4.

# EXERCÍCIOS PROPOSTOS
## CAPÍTULO 2

## NÍVEIS DE MENSURAÇÃO

**1.** João nasceu no dia **20 DE ABRIL DE 1960.** De que nível é a medida grifada?

**2.** Se a montanha X tem **2.000 m DE ALTITUDE,** essa medida é de que nível?

**3.** Se a montanha X tem **2.300 m DE ALTURA,** essa medida é de que nível?

**4.** Certa mesa tem as seguintes dimensões: 1,20 m de comprimento x 0,80 m de largura x 1,40 m de altura.

A) Cada medida, separadamente, é de que nível?

B) De que nível é a área do tampo da mesa?

**5.** Num exame (prova tradicional), João tirou e Pedro, 40.

A) Qual o nível dessas notas?

B) Será que João sabe o dobro do que sabe Pedro?

**6.** O jogador de **CAMISA N.º 8** mora na **AVENIDA ATLÂNTICA, 1.615** e ganha **R$ 200.000 POR GOL** que consiga marcar.

De que níveis são as medidas grifadas?

**7.** Lê-se, numa placa: A velocidade máxima, neste trecho, é de **80 km/h**.

De que nível é a medida grifada?

**8.** Estão, numa sala, **30 PESSOAS**.

De que nível é a medida grifada?

**9.** Identificar a que níveis correspondem as expressões grifadas:
**João**(A), filho de **JOAQUIM**(B), nasceu em **1945**(C), casou-se com **MARIA**(D), filha de **FILOMENA**(E), e desde o dia **4 DE ABRIL DE 1975**(F) mora na **RUA DO BOSQUE**(G), nº **420**(H). Recebeu, há **2 DIAS**(I) um telefone cujo número é **141-2122** (J), exatamente na hora em que o filho de seu vizinho tirava, na escola do bairro, nota **10**(L) em linguagem.

**10.** Recentemente, o Brasil sagrou-se pentacampeão. A variável **número de gols por partida** é de que nível de mensuração? E o **total de gols** que o Brasil marcou nessa Copa?

**11.** Uma dona de casa vai ao supermercado e enche o carrinho de compras. Gastou, no total, R$258,00. De que nível de mensuração é a **despesa** feita? Se, em vez de usar dinheiro, ela pagar com cheque faz diferença? Muda o nível?

**12.** Ao chegar à sua casa, a consumidora percebe que um dos itens comprados está com defeito. Volta ao supermercado para trocá-lo; no caminho, decide substituir o item por algo do mesmo valor. A operação feita implica mudança de nível?

**13.** Num concurso público, a prova consta de 20 itens com 5 opções em cada um. A variável de interesse, X, é o número de respostas corretas. Qual o nível de mensuração dessa variável?

**14.** A avaliação do *status* nutricional de uma pessoa tem sido feita pelo IMC (índice de massa corporal), que resulta do quociente entre o peso, em KG, e o quadrado da estatura, em m. Então, uma pessoa que pese 90 KG e tenha 1,80m de estatura, tem o $IMC = 90 KG/(1,80m)^2 = 90 KG/3,24 m^2 = 27,78 KG/m^2$. De que nível de mensuração é o IMC obtido?

350

# CAPÍTULO 4

## REPRESENTAÇÕES TABULARES
## REPRESENTAÇÕES GRÁFICAS

**1.** FIGURAM, NA TABELA ABAIXO, OS **BATIMENTOS CARDÍACOS POR MINUTO** DE UMA AMOSTRA DE 50 JOVENS (HOMENS E MULHERES) UNIVERSITÁRIOS.

| 70 | 68 | 64 | 70 | 67 | 68 | 79 | 76 | 72 | 82 |
|----|----|----|----|----|----|----|----|----|----|
| 71 | 78 | 64 | 78 | 74 | 81 | 73 | 79 | 79 | 70 |
| 77 | 91 | 79 | 63 | 64 | 72 | 71 | 85 | 66 | 67 |
| 76 | 75 | 70 | 82 | 65 | 84 | 69 | 76 | 74 | 72 |
| 78 | 82 | 77 | 75 | 76 | 78 | 79 | 64 | 82 | 64 |

A) CONSTRUIR UMA TABELA, COM DISPOSIÇÃO VERTICAL, EM QUE APAREÇAM ORDENADAMENTE TODAS AS MEDIDAS E RESPECTIVAS FREQUÊNCIAS. (VER P. 43.)

B) CONSTRUIR UMA TABELA COM $h = 5$ BAT/min (TAMANHO DA CLASSE) SEMELHANTE À DA P. 44.

**2.** COM $h = 5$ BAT/min, CONSTRUIR UM HISTOGRAMA. USAR A TABELA DO EXERCÍCIO ANTERIOR.

**3.** RETOMAR A TABELA DO PROBLEMA 1 DESTE CAPÍTULO E, COM $h = 10$ BAT/min, CONSTRUIR UM NOVO HISTOGRAMA.

**4.** O dono de uma pequena revistaria abasteceu sua loja, em janeiro, com os seguintes itens: 20 revistas infantis, 50 revistas de atualidades, 80 fotonovelas e 100 jornais. Supondo um aumento de 10% em todos os itens, construir uma tabela que mostre os meses de janeiro a fevereiro.

**5.** Representar os dados da tabela anterior em um gráfico de colunas.

**6.** Representar os dados da tabela anterior em um estereograma.

**7.** Uma escola de nível médio funciona em dois turnos: matutino e noturno. No período matutino, há 300 moças e 280 rapazes; no período noturno, há 200 moças e 320 rapazes. Construir uma tabela para apresentar esses dados e acrescentar o reparte porcentual por período e por sexo.

**8.** Mesmos dados do exercício 7, acima. Construir (a) um gráfico de colunas; (b) um gráfico de barras; (c) um estereograma.

352

# CAPÍTULO 5

## MEDIDAS DE TENDÊNCIA CENTRAL

**1.** Num experimento agrícola, foram colhidas, aleatoriamente, 120 mudas de determinada planta. Essas mudas foram classificadas de acordo com sua **ALTURA**, originando a tabela abaixo. Calcular a média aritmética pelo processo breve. (Resposta com 1 (uma) casa decimal.)

| $X$ (cm) | $n_i$ |
|---|---|
| 10 ⊢ 15 | 5 |
| 15 ⊢ 20 | 7 |
| 20 ⊢ 25 | 13 |
| 25 ⊢ 30 | 20 |
| 30 ⊢ 35 | 30 |
| 35 ⊢ 40 | 25 |
| 40 ⊢ 45 | 15 |
| 45 ⊢ 50 | 5 |
| | 120 |

**2.** Com os dados da tabela, calcular a média aritmética pelo processo longo. (Resposta com 1 casa decimal.)

353

**3.** Com os dados da tabela abaixo, calcular:

A) mediana;

B) moda (Czuber);

C) moda (Pearson).

(Resposta em inteiros.)

| $X(cm)$ | $n_i$ |
|---|---|
| 10 ⊢— 15 | 5 |
| 15 ⊢— 20 | 7 |
| 20 ⊢— 25 | 13 |
| 25 ⊢— 30 | 20 |
| 30 ⊢— 35 | 30 |
| 35 ⊢— 40 | 25 |
| 40 ⊢— 45 | 15 |
| 45 ⊢— 50 | 5 |
| | 120 |

**4.** Um cardiologista colhe os seguintes dados referentes a batimentos cardíacos (por minuto) de 20 pacientes. Calcule a média aritmética dos batimentos e expresse a resposta com uma casa decimal de aproximação. Trabalhar com a fórmula específica para dados isolados.

68 – 70 – 72 – 58 – 90 – 110 – 68 – 70 – 72
80 – 80 – 67 – 90 – 94 – 100 – 80 – 75 – 79 –
84 – 90

354

**5.** Mesmos dados do problema anterior. Calcule agora a média aritmética dos batimentos cardíacos, adotando um intervalo de agrupamento igual a 5 bat/min. Expresse novamente o resultado final com uma casa decimal de aproximação. Compare o novo resultado com o anterior. Se houver diferença, busque uma explicação para ela.

**6.** Calcule a mediana relativa aos dados do problema 4. Expresse o resultado final em inteiros.

**7.** Calcule a moda dos dados relativos ao problema 4. Expresse o resultado final em inteiros. A seguir, reconstrua a tabela, com intervalo de tamanho 10, e calcule novamente a moda.

**8.** Construa um histograma e localize nele as estatísticas $\bar{X}$, Md e Mo. Use a tabela mencionada acima, com intervalo de classe igual a 10.

# CAPÍTULO 6

## MEDIDAS DE VARIAÇÃO

**1.** DADA A TABELA ABAIXO, ONDE X REPRESENTA BATIMENTOS CARDÍACOS, POR MINUTO, DE UMA AMOSTRA DE 50 JOVENS UNIVERSITÁRIOS, CALCULAR A VARIÂNCIA PELO PROCESSO LONGO.
(RESPOSTA COM 2 CASAS DECIMAIS.)

| $X$ (BAT/min) | $n_i$ |
|---|---|
| 60 ⊢⊣ 64 | 6 |
| 65 ⊢⊣ 69 | 7 |
| 70 ⊢⊣ 74 | 12 |
| 75 ⊢⊣ 79 | 17 |
| 80 ⊢⊣ 84 | 6 |
| 85 ⊢⊣ 89 | 2 |

**2.** MESMOS DADOS DO EXERCÍCIO ANTERIOR. CALCULAR, COM 2 CASAS DECIMAIS, A VARIÂNCIA PELO PROCESSO BREVE *.

---

*O CÁLCULO DA VARIÂNCIA PELO **PROCESSO BREVE** SÓ PODE SER FEITO SE OS **PONTOS MÉDIOS** FORMAM UMA **PROGRESSÃO ARITMÉTICA DE RAZÃO IGUAL A $h$.** (VEJA P. 88.)

356

**3.** Considere os dados abaixo, onde a variável de interesse, X, é BAT/MIN (batimentos cardíacos por minuto).

$$68 - 70 - 72 - 58 - 90 - 110 - 68 - 70 - 72 -$$
$$80 - 80 - 67 - 90 - 94 - 100 - 80 - 75 - 79 -$$
$$84 - 90$$

Calcule a variância desse conjunto de dados, utilizando-se da fórmula específica para dados isolados. Resposta com duas casas decimais de aproximação.

**4.** Mesmos dados do problema anterior. Adote agora um intervalo de classe de tamanho 5 BAT/MIN e recalcule a variância. Mesmo critério de aproximação. Trabalhar com o processo breve.

**5.** Considere as respostas obtidas nos exercícios 3 e 4, acima. Calcule agora, para ambos os casos, o desvio padrão. Se houver diferença, qual a justificativa?

**6.** Construa um histograma com intervalo de classe igual a 10 BAT/MIN e localize nele o intervalo que corresponde a $\bar{X} \pm 1$ desvio padrão.

357

# CAPÍTULO 7

## PROBABILIDADE

**1.** QUAL A PROBABILIDADE DE RETIRAR-SE AO ACASO UM **REI DE ESPADAS** (R♠) DE UM BARALHO CONVENCIONAL (52 CARTAS)?

**2.** MESMOS DADOS DO PROBLEMA ANTERIOR. QUAL A PROBABILIDADE DE RETIRAR-SE AO ACASO UM **REI**?

**3.** PARA BRINCAREM DE "AMIGO SECRETO", 3 JOVENS — JOÃO (J), MARTA (M) E RAFAEL (R) — ESCREVEM SEUS NOMES EM 3 PEDAÇOS DE PAPEL, UM NOME EM CADA PEDAÇO. (OS PEDAÇOS DE PAPEL SÃO IGUAIS EM TUDO: TAMANHO, COR, ESPESSURA, PESO.) CADA PEDAÇO DE PAPEL É EM SEGUIDA DOBRADO EM QUATRO E COLOCADO NUMA URNA PARA SORTEIO.

CALCULAR:

A) A PROBABILIDADE DE ALGUÉM SORTEAR O PRÓPRIO NOME;

B) A PROBABILIDADE DE NINGUÉM SORTEAR O PRÓPRIO NOME.

**4.** Considere-se o quadro abaixo em que figuram 25 dezenas formadas pelo agrupamento dos 5 primeiros dígitos. Os quadradinhos com as dezenas são recortados e colocados numa urna para sorteio. Calcular:

2º dígito ↓

| 1º dígito → Dígito das dezenas \ Dígito das unidades | 1 | 2 | 3 | 4 | 5 |
|---|---|---|---|---|---|
| 1 | 11 | 12 | 13 | 14 | 15 |
| 2 | 21 | 22 | 23 | 24 | 25 |
| 3 | 31 | 32 | 33 | 34 | 35 |
| 4 | 41 | 42 | 43 | 44 | 45 |
| 5 | 51 | 52 | 53 | 54 | 55 |

A) A probabilidade de, na dezena sorteada, os 2 dígitos serem iguais;

B) A probabilidade de, na dezena sorteada, o 1º dígito ser menor que o 2º;

C) A probabilidade de, na dezena sorteada, a soma dos dígitos ser maior que 7.

**5.** Considere uma urna assim composta: 10 bolas vermelhas (V), 20 bolas brancas (B) e 70 bolas azuis (A). Depois de bem misturadas, vai ser sorteada uma bola. Qual a probabilidade de que essa bola seja vermelha? Qual o significado concreto desse resultado?

359

**6.** Mesmos dados do exercício 5.
Suponha sempre reposição e calcule agora:
$$P(A); P(B) \text{ e } P(V).$$

**7.** Mesmos dados do exercício 5.
Supondo sempre reposição, qual a probabilidade de, num único sorteio, sair bola vermelha ou bola azul?

**8.** Mesmos dados do exercício 5.
Supondo sempre reposição, qual a probabilidade de, em dois sucessivos sorteios, sair bola branca seguida de bola vermelha?

**9.** Uma urna contém 4 bolas verdes (V) e 6 bolas amarelas (A). Depois de bem misturadas, vai ser sorteada uma única bola. Se for verde, João ganha, como prêmio, um livro; se for amarela, perde uma pizza. Avalie o prognóstico de João.

# Capítulo 8

## DISTRIBUIÇÃO BINOMIAL

**1.** Sabe-se que $X \to B(9; 0,60)$. Calcular $P(X \leqslant 3)$.

**2.** Sabe-se que $X \to B(10; 0,40)$. Calcular $P(X > 7)$.

**3.** Qual a expressão do 5º termo (da esquerda para a direita) de $(q + p)^{14}$?

**4.** Se $X \to B(14; 0,3)$, qual a probabilidade de $X = 3$?

**5.** Sabe-se que $X \to B(10; 0,20)$. Calcular $P(3 < X \leqslant 6)$.

**6.** X tem distribuição binomial, com $n = 10$ e $p = 0,50$. Calcular:

a) $P(X = 5)$;
b) $P(X < 3)$;
c) $P(X \geqslant 7)$;
d) $P(X < 8)$.

**7.** $X \to B(12 ; 0,60)$

a) Qual o valor da média aritmética?
b) Qual o valor da variância?
c) Qual o valor do desvio padrão?

**8.** $X \to B(8 ; 0,45)$. Calcular:

a) $P(X = 6)$;
b) $P(X > 5)$.

# CAPÍTULO 9
## PROVA DE HIPÓTESE

**1.** Depois de muito treinar, um atirador afirma ser capaz de acertar um alvo em mais da metade das tentativas. No dia da prova, de 18 tiros que deu, acertou 12. Será possível admitir, com $\alpha = 5\%$, que seu desempenho ratifica sua afirmação?

**2.** Num experimento planejado para verificar se consumidores de determinado produto eram capazes de perceber semelhança com outro produto consumido habitualmente, o pesquisador notou que, num grupo de 20 degustadores, 12 perceberam a semelhança. Cada degustador recebeu, em ordem aleatória, ora o produto A ora o B (considerado conhecido). Redija a $H_0$ e a $H_a$ em termos verbais e, depois, em termos probabilísticos.

**3.** Num experimento planejado para verificar se consumidores de um painel de degustação eram capazes de perceber diferença de sabor ao provarem dois produtos A e B, assim procedeu o pesquisador:
(a) de um banco de dados sorteou 20 degustadores; (b) a cada degustador ofereceu, em ordem aleatória, 2 bocados de A e 1 bocado de B (p. ex.: ABA, AAB, BAA). Considerar agora $X$ = número de identificações corretas de A. Como ficam a $H_0$ e a $H_a$?

363

**4.** Mesmos dados do problema 3, com a ressalva de que cada degustador recebeu, em ordem aleatória, 2 bocados de B e 1 de A (p. ex.: BBA, ABB, BAB).

Como ficam agora a $H_0$ e a $H_a$? Supor que $X$ = número de identificações corretas de B.

**5.** Sabe-se que, em determinada modalidade esportiva, a probabilidade de acerto individual (= ponto válido) é igual a 0,25. Se forem feitas 15 tentativas, determinar:

a) a média dos acertos;

b) a variância dos acertos;

c) o desvio padrão dos acertos;

d) o coeficiente de variação dos acertos.

# CAPÍTULO 10

## DISTRIBUIÇÃO NORMAL

**1.** SABE-SE QUE A VARIÁVEL $X$ É NORMALMENTE DISTRIBUÍDA, COM MÉDIA ARITMÉTICA IGUAL A 12 E VARIÂNCIA IGUAL A 9. QUAL A PROBABILIDADE DE QUE $X$ SEJA MAIOR QUE 15?

**2.** SABE-SE QUE $X \rightarrow N(50; 16)$. CALCULAR $P(55 \leqslant X \leqslant 65)$.

**3.** SABE-SE QUE $X \rightarrow N(40; 16)$. CALCULAR $P(30 \leqslant X \leqslant 44)$.

**4.** CALCULAR, POR RECORRÊNCIA À NORMAL, A PROBABILIDADE DE $(X=5)$ EM $B\left(20; \frac{1}{2}\right)$.

**5.** UM PSICÓLOGO VAI TESTAR O **Q. I.** DE UMA CRIANÇA E, PARA TAL, UTILIZA-SE DE UM TESTE PADRONIZADO QUE TEM AS SEGUINTES CARACTERÍSTICAS:

MÉDIA (ARITMÉTICA) = 100
VARIÂNCIA = 144

CONCLUÍDO O TESTE, VERIFICA ELE QUE A CRIANÇA ESTÁ NA MARCA DE 125. QUE PORCENTAGEM DE CRIANÇAS DE MESMAS CARACTERÍSTICAS TEM Q.I SUPERIOR AO DELA?

**6.** Suponha agora que o psicólogo do problema anterior (5) tivesse decidido usar um teste padronizado com as seguintes características (em lugar do que ele usou):

Média (aritmética) = 100

Variância = 125

Que leitura deveria ser feita para que a posição dessa criança relativamente ao seu grupo de referência fosse a mesma?

**7.** Numa subpopulação de homens jovens, na faixa compreendida entre 25 e 35 anos, a média de colesterol encontrada no sangue foi da ordem de 170 mg, com uma variância de 16 mg². Qual a probabilidade de ser localizado um sujeito cuja medida seja igual a ou maior do que 180 mg?

**8.** Se a variável $X$ tem distribuição binomial, com $p = 0,40$ e $n = 35$, qual a probabilidade de que $X = 22$? Resolver por recorrência à distribuição normal.

**9.** Sabe-se que $X \rightarrow N(20; \sigma^2)$. Sabe-se também que $P(X \geqslant 24) = 0,15866$. Qual o valor da variância?

**10.** Sabe-se que $X \to N(15; 16)$ e que $Y \to N(18; 25)$. Se $P(X \geqslant 19) = P(Y \geqslant V)$, qual o valor de $V$?

**11.** Um garoto (A) passou por um teste de inteligência (em que o QI é a variável de interesse) e obteve 112 pontos. O teste ao qual ele se submeteu tem as seguintes características: $QI \to N(100; 100)$. Um segundo garoto (B) passou por outro teste de inteligência, com as características seguintes: $QI \to N(100; 144)$, obtendo também 112 pontos. Qual dos dois garotos - A ou B - pode ser considerado o mais inteligente?

# Capítulo 11

## PROPORÇÕES

**1.** Sabe-se, por meio de estudo-piloto, que a proporção de alunos que adquirem, no início do ano letivo, os livros recomendados pelos professores é da ordem de 48%. No meio do ano, quando, supostamente, todos deveriam estar com os materiais de estudo em ordem, a escola resolve fazer uma nova pesquisa para avaliar a situação real. Que tamanho de amostra deveria ser utilizada para haver certeza de 95% de que o erro de previsão não ultrapassará 4%?

**2.** A situação agora é idêntica à anterior, com a ressalva de que não houve estudo-piloto. Qual deverá ser o tamanho da amostra para que, com 95% de confiança, o erro não seja superior a 4%?

**3.** Duas escolas — A e B — treinam secretárias em digitação. Ambas, naturalmente, usam os índices de sucesso de suas alunas para suporte publicitário. Uma empresa, incumbida de preparar uma campanha publicitária de grande impacto, recebe autorização das escolas para fazer o seguinte experimento:

a) SUBMETE $n_1 = 30$ CANDIDATAS DA ESCOLA A A UM TESTE (CÓPIA DE UM TEXTO, COM TEMPO LIMITADO), REPROVANDO, POR TOTAL INCOMPETÊNCIA, 9 PRETENDENTES AO CARGO;

b) SUBMETE $n_2 = 36$ CANDIDATAS DA ESCOLA B AO MESMO TESTE, POR IGUAL TEMPO, E, AO FINAL DO EXPERIMENTO, RECUSA SUMARIAMENTE 12 CANDIDATAS.

TRABALHANDO COM 95% DE CONFIANÇA, QUAL DAS ESCOLAS SERÁ A "ESTRELA" DA CAMPANHA?

# CAPÍTULO 12

## PROVA DE QUI-QUADRADO

**1.** PARA TESTAR A HIPÓTESE DE QUE A PROBABILIDADE DE OCORRÊNCIA DE ACIDENTES DO TRABALHO (ACIDENTES GRAVES, COM AFASTAMENTO OU HOSPITALIZAÇÃO) É A MESMA PARA TODOS OS MESES DO ANO, CERTA INDÚSTRIA COLECIONOU, MÊS A MÊS, OS ACIDENTES OCORRIDOS NO ANO ANTERIOR E CHEGOU À TABELA INDICADA ABAIXO. QUE CONCLUSÃO PODE SER TIRADA DESSES DADOS COM 95% DE CERTEZA?

| MÊS | J | F | M | A | M | J | J | A | S | O | N | D |
|---|---|---|---|---|---|---|---|---|---|---|---|---|
| ACIDENTES | 18 | 12 | 12 | 10 | 15 | 12 | 19 | 20 | 11 | 17 | 20 | 26 |

**2.** ADMITAMOS A HIPÓTESE DE QUE 85% DAS PESSOAS DE RAÇA BRANCA SEJAM PORTADORAS DE $Rh$ POSITIVO. UMA AMOSTRA ALEATÓRIA, NO BRASIL, DE 300 SUJEITOS, TODOS BRANCOS, REVELA A SEGUINTE DISTRIBUIÇÃO DO FATOR RHESUS: 245 PESSOAS $(Rh^+)$ E 55 PESSOAS $(Rh^-)$. QUAL DAS ALTERNATIVAS ABAIXO É A CORRETA?

A) $H_0$ VAI SER REJEITADA A 5%, MAS NÃO, A 1%.

B) $H_0$ VAI SER REJEITADA A 1%, MAS NÃO, A 5%.

C) $H_0$ VAI SER REJEITADA A 5% E TAMBÉM A 1%.

D) NOR. (= NENHUMA OUTRA RESPOSTA.)

370

**3.** Estudos demonstram que em certa comunidade os grupos sanguíneos assim se distribuem:

| Grupo | % |
|-------|-----|
| O | 45,6 |
| A | 39,4 |
| B | 10,4 |
| AB | 4,6 |

Colhe-se uma amostra aleatória de 400 sujeitos e, realizados os exames, resulta que: 210 sujeitos são do grupo O, 140 sujeitos são do grupo A, 40 sujeitos são do grupo B e os restantes 10 sujeitos são do grupo AB.

Testar a hipótese de que os dados experimentais estão de acordo com a teoria.

$(\alpha = 5\%)$

**4.** Para testar se existe relação de dependência entre a preferência por um de dois candidatos (A e B) à presidência de certo clube e a idade de seus eleitores (sócios do clube), realizou-se uma pesquisa que levou aos dados abaixo.

A) Qual o valor do $\chi_0^2$?

B) Para que o $\chi_0^2 = 0$, que valor deve ser colocado no lugar de 45?

C) Qual a conclusão relativamente à $H_0$ se $\alpha = 5\%$?

| Eleitores \ Candidatos | A | B | $\Sigma$ |
|------------------------|-----|-----|-----|
| (J) Jovens | 50 | 30 | 80 |
| (V) Velhos | 45 | 60 | 105 |
| $\Sigma$ | 95 | 90 | 185 |

**5.** TESTAR SE, COM BASE NO QUADRO ABAIXO, AS VARIÁVEIS S=SEXO DO FUMANTE E M=MARCA DE CIGARRO SÃO **DEPENDENTES**. A RESPOSTA DEVERÁ SER DADA COM 95% DE CERTEZA.

| SEXO \ MARCA | A | B | C | $\Sigma$ |
|---|---|---|---|---|
| ($\sigma$) MASCULINO | 60 | 35 | 25 | 120 |
| ($\varphi$) FEMININO | 30 | 10 | 40 | 80 |
| $\Sigma$ | 90 | 45 | 65 | 200 |

**6.** PARA TESTAR SE A COR DOS CARROS DE DETERMINADA MARCA INFLUÍA NAS VENDAS, UM PESQUISADOR COLHEU A SEGUINTE INFORMAÇÃO NUMA REVENDEDORA SORTEADA DENTRE AS MAIORES:

| COR | UNIDADES VENDIDAS NO ÚLTIMO ANO |
|---|---|
| BRANCO | 30 |
| CINZA | 35 |
| VERDE | 40 |
| AZUL | 40 |
| GELO | 35 |

TRABALHAR COM $\alpha = 5\%$ E $\alpha = 1\%$.

372

**7.** Para avaliar os danos à saúde provocados pelo tabagismo, um pesquisador levantou, num hospital público, informações relativas a pacientes com suspeita de problemas pulmonares (P), urinários (U) e estomacais (E). Dos fumantes, 53 apresentavam alguma complicação pulmonar; 25 tinham problemas urinários e 12 referiam fortes dores epigástricas. Dos não fumantes, 20 apresentavam complicações pulmonares, 5, problemas urinários e 5, queixas digestivas. Que conclusões podem ser tiradas desses dados ao nível de 5% de significância?

**8.** Admita-se que uma teoria afirme que 80% das adolescentes apresentem problemas de acne. Para testar essa hipótese, um pesquisador colhe uma amostra aleatória de 218 jovens e a divide em dois grupos: A = portadoras de problemas; B = sem problemas. Que pode ser afirmado, ao nível de 5%, se A = 180?

**9.** Proponha o problema anterior como se a ideia fosse resolvê-lo por binomial. A seguir, utilizando-se da aproximação normal, busque a resposta, sempre ao nível de significância de 5%. Compare, a seguir, os resultados encontrados em (2) e (3).

# Capítulo 13

## SUBSEQUÊNCIAS

**1.** Histórias contadas por pescadores já se tornaram conhecidas pelos exageros e excesso de imaginação. Por isso, os mais precavidos põem-se em guarda quando ouvem algum relato como o seguinte: Caniço Certo, como é conhecido pelos amigos da beira do rio, afirma que, no último domingo, pescou dois tipos de peixes — A e B — na seguinte ordem:

ABABABABABABABABABABABA BABABABABAB

Será possível admitir, com 95% de confiança, que o nosso pescador esteja dizendo a verdade?

**2.** Numa fila para marcação de consulta (num convênio médico), as pessoas dispõem-se da seguinte maneira:

HMMMMMMHHMMMMMMMHMMMMHMHMHMMMMMMMMMMHHHMMMM

Verificar, com $\alpha = 1\%$, se a ordem de chegada das pessoas é sugestiva de alguma causa específica.

**3.** Num programa de treinamento, o supervisor atribui C sempre que o empregado acerta uma tarefa e E, sempre que erra. Ao cabo de um período de exercícios, os sinais atribuídos, na ordem de ocorrência, foram:

CCCCCCCECCCEECECCCCCCCCC EEECECCCCCCCCCCC

Que suposições inteligentes podem ser feitas diante dessa informação? $(\alpha = 5\%)$? Altera-se a conclusão se o nível de significância for reduzido a $1\%$?

**4.** Um dispositivo gerador de números supostamente aleatórios produziu, na ordem dada, os seguintes dados: 25, 32, 44, 46, 55, 12, 43, 45, 71, 89, 18, 93, 87, 60, 36, 49, 82, 99, 58, 27. Será possível afirmar, com $\alpha = 5\%$, que essa série resultou do acaso? Adotar o critério ímpar/par para construir as subsequências.

**5.** Que é que muda se, no problema anterior, o nível de significância passar a ser $1\%$?

**6.** Quais os extremos do intervalo de confiança, ao nível de $4\%$, para testar, por subsequências, a hipótese de que os As e os Bs, abaixo, resultaram de acaso?

AAABBABABABBBBAAAABABB
AAABBBBAAAAABABABABABB
BBAAAB

# Capítulo 14
## DISTRIBUIÇÃO t (STUDENT)

**1.** Ao pesquisar o número médio de pulsações/min de uma amostra casual de 50 estudantes universitários, um estatístico encontrou os seguintes valores:

$$\bar{X} = 74,1 \text{ BAT/min} \qquad S(X) = 6,5 \text{ BAT/min}$$

Para ele estar certo em 95% das vezes, que intervalo de confiança deverá usar?

**2.** Para estudar a pulsação/min de uma amostra de estudantes universitários, não se admite erro superior a 1,8 BAT/min. Qual deve ser o tamanho mínimo da amostra para que os resultados sejam dados com 95% de confiança?
(Usar 4,1 BAT/min como estimativa do desvio padrão da população.)

**3.** Numa indústria de aventais, a experiência mostrou que a produção média, por hora, equivale a 198 peças. Num dia, sorteado ao acaso, foram feitas as seguintes contagens ao longo de 9 horas:

| Nº DE AVENTAIS | 190 | 200 | 202 | 200 | 198 | 204 | 200 | 202 | 196 |
|---|---|---|---|---|---|---|---|---|---|
| Hora | 1ª | 2ª | 3ª | 4ª | 5ª | 6ª | 7ª | 8ª | 9ª |

Será possível afirmar, com $\alpha = 5\%$ (ou 95% de certeza), que a produção desse dia confirma a experiência?

376

**4.** Considere as duas seguintes amostras:

$n_1$ : 20, 21, 26, 38, 39, 40, 41, 18, 23, 25

$n_2$ : 32, 34, 35, 27, 22, 42, 38

Com a informação de que em ambas as amostras as variáveis são de, no mínimo, 3º nível, testar, por $t$, a igualdade das médias dos dois grupos. Utilizar $\alpha = 0,05$.

**5.** O problema anterior não indica a direção da $H_a$, donde decorre que o mais lógico tenha sido considerá-la bicaudal. Que ocorreria com a $H_0$ se, agora, a $H_a$ fosse unicaudal? Mesmo nível de significância.

**6.** Para $\alpha = 5\%$ e $H_a$ bicaudal, qual o valor do $t_c$ com 28 graus de liberdade?

**7.** Para $\alpha = 5\%$ e $H_a$ unicaudal direita, qual o valor do $t_c$ com 10 graus de liberdade?

**8.** Para $\alpha = 5\%$ e $H_a$ unicaudal esquerda, qual o valor do $t_c$ com 60 graus de liberdade e $\alpha = 5\%$

**9.** Localizar, num gráfico, a posição do $t_c$ para uma $H_a$ unicaudal direita com 15 graus de liberdade e $\alpha = 5\%$.

# Capítulo 15

## CORRELAÇÃO LINEAR SIMPLES

**1.** Na tabela abaixo, X representa **IDADES DE MARIDOS** e Y, **IDADES DAS RESPECTIVAS ESPOSAS** no dia do casamento. Calcular o coeficiente de correlação linear de Pearson. ( Resposta com 2 casas decimais.)

| $X_i$ | 30 | 28 | 28 | 22 | 27 | 25 | 25 | 32 |
|-------|----|----|----|----|----|----|----|----|
| $Y_i$ | 30 | 25 | 24 | 20 | 22 | 18 | 19 | 30 |

**2.** Demonstrar, com cálculos, que, se $Y = 4X - 3$ for **FUNÇÃO MATEMÁTICA**, $r_{xy} = 1$.

**3.** Algumas pessoas (homens e mulheres), insatisfeitas com a silhueta, costumam fazer generosos arredondamentos quando solicitadas a declarar o próprio peso. Para comprovar esse comportamento, um psicólogo tomou, aleatoriamente, 12 pessoas e pediu-lhes que declarassem o respectivo peso. A seguir, pesou-as efetivamente e construiu a tabela a seguir, onde os pesos, arredondados para o inteiro mais próximo, estão expressos em kg.

| P. DECL. | P. REAL |
|---|---|
| 56 | 62 |
| 68 | 73 |
| 61 | 61 |
| 68 | 72 |
| 57 | 69 |
| 50 | 67 |
| 72 | 83 |
| 47 | 60 |
| 65 | 72 |
| 70 | 75 |
| 82 | 92 |
| 60 | 65 |

a) Que tipo de correlação os dados sugerem?

b) Independentemente da resposta dada ao item (a), acima, supor correlação linear e calcular o valor do coeficiente de Pearson $(r_{xy})$.

4. Mesmos dados do quadro acima. Supondo linear a correlação, qual o valor do $t_c$ usado para testar essa suposição com $\alpha = 5\%$?

5. Mesmos dados. Com quantos graus de liberdade o teste acima deve ser realizado?

6. Muda a conclusão quanto à linearidade se, no quadro da questão 3, o nível de significância passar a ser 1%?

# Capítulo 16

## NOÇÕES DE REGRESSÃO LINEAR SIMPLES

**1.** Um psicólogo industrial deseja estudar a influência do fator **VIGÍLIA*** (X) sobre o **DESEMPENHO** de um grupo de 6 sujeitos sorteados ao acaso de uma população de empregados que dorme regularmente 10 horas por noite. A variável dependente, Y, corresponde ao **NÚMERO DE ERROS** que cada sujeito cometeu ao realizar, sozinho, uma tarefa comum.

Os resultados obtidos estão resumidos no quadro abaixo:

| Sujeito | A | B | C | D | E | F |
|---|---|---|---|---|---|---|
| Vigília (horas) | 3 | 5 | 1 | 7 | 5 | 9 |
| Erros | 8 | 11 | 7 | 11 | 10 | 13 |

Determinar:

A) A equação de regressão dos X sobre os Y;

B) A equação de regressão dos Y sobre os X;

C) O valor provável de erros para um sujeito que tenha ficado em vigília durante 2 horas.

---

* Vigília, aqui, deve ser interpretada como um "débito" de sono. O sujeito A, por exemplo, só dormiu 7 horas das suas 10 horas regulares.

**2.** Mostrar, numérica e graficamente, que as retas de regressão se cruzam no ponto determinado por $\overline{X}$ e $\overline{Y}$.
Usar, para isso, a tabela abaixo:

| Fertilizante (ton.) | 1 | 2 | 3 | 4 | 5 | $\Leftarrow X$ |
|---|---|---|---|---|---|---|
| Produção = colheita (ton.) | 8 | 10 | 11 | 15 | 16 | $\Leftarrow Y$ |

**3.** Na tabela abaixo, X representa a quantidade de copos de cerveja que cada sujeito bebeu antes de realizar determinada tarefa que implicava atenção e coordenação. Correspondentemente, Y representa o número de erros que cada sujeito cometeu.

| $X_i$ | 2 | 3 | 4 | 5 | 6 | 8 |
|---|---|---|---|---|---|---|
| $Y_i$ | 1 | 4 | 8 | 9 | 12 | 14 |

Fazer o gráfico e calcular, com duas casas decimais, o coeficiente de correlação linear simples de Pearson.

**4.** Mesmos dados do problema n.º 3. Testar, com $\alpha = 5\%$, a significância do $r_{xy}$ encontrado. Isso é o mesmo que perguntar se existe correlação linear na população da qual foi extraída a amostra.

**5.** Considere mais uma vez os dados do problema n.º 3 e o valor do coeficiente de correlação encontrado. Quanto da variação em $Y$ pode ser explicado pela variação em $X$?

**6.** Suponha-se que, no problema 3, os indivíduos errassem menos à medida que bebessem mais...! A tabela poderia ser então:

| $X_i$ | 2 | 3 | 4 | 5 | 6 | 8 |
|-------|----|----|----|----|----|----|
| $Y_i$ | 14 | 12 | 9 | 8 | 4 | 1 |

Qual o valor de $r_{xy}$?

**7.** Testar a significância do $r_{xy}$ encontrado no problema 6 com $\alpha = 5\%$.

**8.** Sabe-se que, numa prova de significância de $r_{xy}$, $t_0 = 3,3317$. Quantos graus de liberdade deve ter a tabela básica para que o coeficiente de correlação linear de Pearson valha 0,64?

382

9. No cálculo de uma correlação linear simples (Pearson), com ($n = 18$), obteve-se um $t_0 = 3,3317$. Qual o valor de $r_{xy}$?

10. No cálculo de uma correlação linear simples (Pearson), com ($n = 6$), obteve-se um $t_0 = -14,036$. Qual o valor de $r_{xy}$?

11. Observe os gráficos abaixo e faça as correspondências corretas entre algarismos e letras.

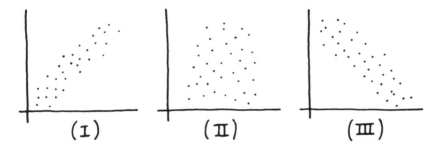

A) $r_{xy} = 0$
B) $r_{xy} < 0$
C) $r_{xy} > 0$

12. Agora que a linearidade da distribuição dos dados já foi testada (questão 1, acima), qual a equação de regressão que possibilita avaliar o peso verdadeiro a partir da "mentira" contada?

**13.** Na equação acima, qual o valor do coeficiente de regressão? Que indica esse coeficiente?

**14.** Qual a equação de regressão que, a partir da informação real, possibilita avaliar o "tamanho da mentira" que será contada?

**15.** Demonstre, usando os coeficientes de regressão, o acerto (no cálculo) do coeficiente de correlação.

# Capítulo 17
## COMPARAÇÃO ENTRE MÉDIAS

**1.** Um grupo de médicos, desejoso de estudar a relação entre o consumo de cigarros e a ocorrência de certas doenças, selecionou quatro grupos de 10 pacientes - por sorteio, no mesmo hospital. O primeiro grupo constou de portadores de doenças **ESTOMACAIS**; o segundo grupo, de portadores de problemas **PULMONARES**; o terceiro grupo, de portadores de desordens **CORONARIANAS**. O último grupo, utilizado como **CONTROLE**, constou de visitantes fumantes.

Os dados da tabela abaixo representam a quantidade de cigarros que cada elemento da pesquisa fumava ou fuma por dia.

Que conclusões podem ser extraídas com $\alpha = 5\%$?

| E | P | C | V | |
|---|---|---|---|---|
| $G_1$ | $G_2$ | $G_3$ | $G_4$ | |
| 25 | 18 | 30 | 14 | |
| 13 | 24 | 34 | 12 | |
| 27 | 30 | 45 | 20 | |
| 23 | 23 | 28 | 11 | $G_i$ = GRUPO |
| 15 | 26 | 13 | 10 | |
| 33 | 29 | 40 | 27 | |
| 10 | 14 | 18 | 30 | |
| 11 | 15 | 20 | 20 | |
| 12 | 19 | 25 | 10 | |
| 10 | 21 | 30 | 10 | |
| $\bar{X}_E = 17,9$ | $\bar{X}_P = 21,9$ | $\bar{X}_C = 28,3$ | $\bar{X}_V = 16,4$ | |

385

**2.** Retome o problema anterior. Se você fez corretamente a análise sugerida pela situação, é chegado agora o momento de decidir onde se localizam as diferenças, isto é, quais pares de médias apresentam diferenças que não podem ser explicadas somente pelo acaso. Trabalhe com nível de significância ($\alpha$) igual a 5%.

**3.** Suponha que, no problema 1, só houvesse interesse em testar a relação entre consumo de cigarros e a ocorrência de doenças estomacais (E) VERSUS doenças CORONARIANAS (C). Qual a conclusão, com $\alpha = 5\%$?

**4.** Retome o problema 1 e teste a relação entre consumo de cigarros e a ocorrência de doenças coronarianas (C) VERSUS pessoas (ainda) sãs (V = visitantes). Qual a conclusão, com $\alpha = 5\%$?
Trabalhe com $t$ e com $F$ e observe os resultados.

**5.** Refaça o problema 3, utilizando as fórmulas simplificadas de análise de variância. Observe os resultados e a conclusão.

**6.** Supondo que o alimento oferecido a galinhas tenha a capacidade de influenciar o peso de seus ovos, realizou-se o seguinte experimento:

a) 30 GALINHAS POEDEIRAS, DA MESMA RAÇA E IDADE, FORAM, POR SORTEIO, DIVIDIDAS EM 3 GRUPOS DE 10;

b) A CADA GRUPO OFERECEU-SE, DURANTE CERTO TEMPO (IGUAL PARA OS 3 GRUPOS), UM TIPO DE RAÇÃO: A, B ou C, SENDO QUE C = RAÇÃO COMUM, HABITUAL (GRUPO DE CONTROLE);

c) OS OVOS DE CADA GRUPO TAMBÉM FORAM SORTEADOS.

OS DADOS RESULTANTES DA PESAGEM DOS OVOS ESTÃO NA TABELA ABAIXO. TESTAR, COM $\alpha = 5\%$, SE OS PESOS DIFEREM SIGNIFICATIVAMENTE DE UM GRUPO A OUTRO.

| A | 40 | 38 | 40 | 40 | 42 | 37 | 48 | 50 | 50 | 45 |
|---|----|----|----|----|----|----|----|----|----|----|
| B | 41 | 42 | 43 | 40 | 50 | 51 | 49 | 47 | 45 | 42 |
| C | 42 | 37 | 40 | 39 | 39 | 42 | 42 | 39 | 44 | 46 |

A, B, C = TRATAMENTOS (RAÇÕES).
OS DADOS DA TABELA REPRESENTAM, EM GRAMAS, OS PESOS DOS OVOS.

**7.** PARA VERIFICAR SE O MÉTODO DE ESTUDO INFLUÍA NO RESULTADO FINAL DE APRENDIZAGEM DE DETERMINADO CONTEÚDO, REALIZOU-SE O SEGUINTE EXPERIMENTO:

a) 20 ALUNOS DO 3.º COLEGIAL FORAM, POR SORTEIO, DIVIDIDOS EM 4 GRUPOS DE 5;

b) A CADA GRUPO, TAMBÉM POR SORTEIO, DESIGNOU-SE UM DOS SEGUINTES MÉTODOS DE ESTUDO:

A) LEITURA SILENCIOSA E INDIVIDUAL;
B) LEITURA SILENCIOSA, INDIVIDUAL, SEGUIDA DE FICHAMENTO;
C) LEITURA SILENCIOSA, INDIVIDUAL, SEGUIDA DE RELATÓRIO;
D) LEITURA EM VOZ ALTA, INDIVIDUAL, SEGUIDA DE DISCUSSÃO.

TESTAR, COM $\alpha = 0,05$, SE OS MÉTODOS EMPREGADOS LEVAM EFETIVAMENTE A DIFERENÇAS SUBSTANCIAIS.

O TESTE DE APROVEITAMENTO CONSISTIU DE UMA PROVA DE 100 QUESTÕES; A VARIÁVEL DE INTERESSE FOI O **NÚMERO DE ERROS** QUE CADA ALUNO COMETEU.

OBSERVAÇÃO: O GRUPO A PODE SER CONSIDERADO **CONTROLE**, UMA VEZ QUE LEITURA SILENCIOSA E INDIVIDUAL CORRESPONDE AO PROCEDIMENTO APARENTEMENTE ADOTADO PELA MAIORIA DAS PESSOAS.

TRATAMENTOS

| A | B | C | D |
|---|---|---|---|
| 12 | 11 | 10 | 8 |
| 10 | 10 | 15 | 12 |
| 15 | 15 | 9 | 10 |
| 18 | 19 | 11 | 10 |
| 25 | 20 | 20 | 5 |
| 80 | 75 | 65 | 45 |

**8.** Vinte crianças foram aleatoriamente distribuídas em quatro grupos iguais. A seguir, foram instruídas a fazer determinada tarefa (igual para todas) por quatro métodos diferentes (A, B, C e D). Supondo que as crianças tenham habilidades motoras e potenciais cognitivos iguais, qual dos métodos é mais eficaz, considerando a variável de interesse, $X$, o tempo (minutos) de desempenho? Trabalhar com $\alpha = 5\%$.

| A | B | C | D |
|---|---|---|---|
| 12 | 18 | 15 | 11 |
| 14 | 15 | 17 | 12 |
| 16 | 12 | 17 | 18 |
| 11 | 14 | 15 | 15 |
| 12 | 13 | 16 | 12 |

**9.** Que é que muda em sua conclusão se o nível de significância for diminuído para 1%?

**10.** Um livro com sugestões de arranjos florais foi apresentado, em fase anterior ao lançamento oficial, a um painel de observadoras com o objetivo de escolher a capa final. A decisão de cada observadora foi expressa em termos do preço (em R$) que estaria disposta a pagar pela obra. Os dados figuram no quadro abaixo.

| Desenhos (D) | Fotos (F) | Esboços (E) |
|---|---|---|
| 30,00 | 40,00 | 25,00 |
| 28,00 | 35,00 | 20,00 |
| 40,00 | 50,00 | 30,00 |
| 25,00 | 60,00 | 30,00 |

Qual a sua conclusão, com $\alpha = 0,05$?

# BIBLIOGRAFIA

Em alguns pontos, serviram de inspiração as seguintes obras:

Vanhonacker, Wilfried R. BUSINESS STATISTICS. USA, Facts on File, Inc., 1983.

Schutte, Jerald G. EVERYTHING YOU ALWAYS WANTED TO KNOW ABOUT ELEMENTARY STATISTICS (BUT WERE AFRAID TO ASK). USA, Prentice-Hall, Inc., 1977.

Folks, J. Leroy. IDEAS OF STATISTICS. USA, John Wiley & Sons, Inc., 1981.

Mason, Robert D. STATISTICAL TECHNIQUES IN BUSINESS AND ECONOMICS. 6.ª ED., USA, Richard D. Irwin, Inc., 1986.

PEREIRA, José Severo de C. & Bussab, Wilton de O. TÁBUAS DE ESTATÍSTICA. São Paulo, Harbra, 1985.

LEVIN, Jack. ESTATÍSTICA APLICADA A CIÊNCIAS HUMANAS. 2.ª ED., São Paulo, Harbra, 1987. (Tradução e Adaptação de Sérgio Francisco Costa.)

IMAN, Ronald L. & Conover, W. J. MODERN BUSINESS STATISTICS. 2.ª ED., USA, John Wiley & Sons, 1989.

REICHMANN, W. J. USE AND ABUSE OF STATISTICS. London, Penguin Books, 1971.

# O AUTOR

Que se casou **DUAS** vezes, que teve **DUAS** filhas, que só fumou **DOIS** cigarros em toda a vida, que pretende escrever bem mais de **DOIS** livros nos próximos anos, que raramente vai além de **DUAS** taças de vinho, que adora a tabuada do **DOIS** todo o mundo já sabe!

Faltava dizer **DUAS** coisas: que gosta muito de ensinar e de enfrentar o desafio de pôr em linguagem acessível conteúdos às vezes áridos.

Sim, sinal dos tempos (!), tem hoje **DOIS** computadores, **DOIS** telefones, **DUAS** impressoras, **DOIS** técnicos para emergências... Tem também rezado **DUAS** vezes por dia para que essa parafernália toda continue sem dar pau! E para que os técnicos estejam a postos — se forem necessários!

Afora isso......., bem, já são **DUAS** da madrugada, e há **DOIS** dias o coitado não dorme!!!

# ÍNDICE REMISSIVO

Acaso, 143
Adição, regra da, 97
Algarismo, 11
Amostra(s), 23 - 40
    definição de, 26
    dimensionamento da, 188
    tamanho de uma, 184, 243

Binômio de Newton, 110

Classe(s)
    de frequências, 85
    modal, 69
Coeficiente de
    correlação linear, 257
    determinação, 278
Comparação entre proporções, 183 - 194
Confiança
    intervalos de, 184
    nível de, 184
Correlação linear simples, 254 - 279
Curva(s)
    de Gauss, 162 - 166
    em sino, 162 - 166
    multimodais, 73
    normal, 162 - 166

Desvio padrão, 83, 85
Diagrama de
    barras, 50
    colunas, 48
    dispersão, 261
Dimensionamento da amostra, 188

DISCREPÂNCIA, 81
DISTRIBUIÇÃO
  BINOMIAL, 109 - 130
        VERSUS NORMAL, 177
  NORMAL, 161 - 182, 240
        PADRONIZADA, 167
        REDUZIDA, 167
        VERSUS BINOMIAL, 177
  PROBABILÍSTICA, 110
  t (STUDENT), 236 - 253

EQUAÇÕES NORMAIS DE REGRESSÃO, 286 - 287
ERRO
  DE ESTIMAÇÃO, 244
  PADRÃO DA MÉDIA, 239
  TIPO I, 144
  TIPO II, 144
ESCALA
  INTERVALAR, 18
  NOMINAL, 13
  ORDINAL, 15
  RACIONAL, 21
ESTATÍSTICA
  DESCRITIVA, 35
  INFERENCIAL, 36
  NÃO PARAMÉTRICA, 159
  ORIGENS DA, 1 - 6
  PARAMÉTRICA, 159
ESTEREOGRAMA, 53
ESTIMAÇÃO, TEORIA DA, 142
ESTIMATIVA, DEFINIÇÃO DE, 244
EXPERIMENTO
  DEFINIÇÃO DE, 135
  PODER DO, 153

395

F, DISTRIBUIÇÃO DE, 295
FREQUÊNCIA (s)
    ABSOLUTA
        ACUMULADA, 67
        POR CLASSE, 46
    POLÍGONO DE, 52

GALTON, OGIVA DE, 162 - 166
GRÁFICOS
    EM TERCEIRA DIMENSÃO, 53 - 54
        ESTEREOGRAMA, 53
        PICTÓRICOS, 54
    PLANOS, 47 - 54
        DIAGRAMA DE BARRAS, 50
        DIAGRAMA DE COLUNAS, 48
        HISTOGRAMA, 51
        POLÍGONO DE FREQUÊNCIAS, 52
GRAUS DE LIBERDADE, 202

HIPERGEOMÉTRICA, 219
HIPÓTESE
    ALTERNATIVA, 145
    BICAUDAL, 147
    BILATERAL, 147
    CIENTÍFICA, 141
    DEFINIÇÃO DE, 134
    EXPERIMENTAL, 145
    NÃO CIENTÍFICA, 141
    NULA, 14
    UNICAUDAL, 147
    UNILATERAL, 147
HISTOGRAMA, 51

IMPARCIALIDADE, 30

INTERVALO(S), 44
    DE CONFIANÇA, 184, 241
    INTERPRETAÇÃO DE, 220

LSD DE FISHER, 317

MAGNITUDES, CLASSES DE, 12 - 22
MÉDIA(S)
    ARITMÉTICA, 56 - 57, 62 - 66
    COMPARAÇÃO DE DUAS, 295 - 303
    COMPARAÇÃO DE MAIS DE DUAS, 304 - 319
MEDIANA, 58 - 60, 67 - 68
MEDIDA(S), 12
    DE TENDÊNCIA CENTRAL, 55 - 76
    DE VARIABILIDADE, 77 - 88
MENOR DIFERENÇA SIGNIFICATIVA, 317
MENSURAÇÃO, 7 - 22
    ESCALA
        INTERVALAR, 18
        NOMINAL, 13
        ORDINAL, 15
        RACIONAL, 21
    NÍVEL
        INTERVALAR, 18
        NOMINAL, 13
        ORDINAL, 15
        RACIONAL, 21
MODA, 60 - 61, 69 - 72
    PELO PROCESSO DE PEARSON, 74
MULTIPLICAÇÃO, REGRA DE, 104

NÍVEL DE
    CONFIANÇA, 184
    SIGNIFICÂNCIA, 149
NORMAL (DISTRIBUIÇÃO), 162 - 166
NÚMEROS ALEATÓRIOS, 30
    TÁBUAS DE, 30

Ogiva de Galton, 74-75
Origens da estatística, 1-6

Pascal, triângulo de, 124
Pearson, processo de, para a moda, 74
Pictóricos, gráficos, 54
Poder do experimento, 153
Polígono de frequências, 52
Ponto médio, 63
População-mãe, 272
Populações, 23-40
    definição de, 25
Precisão, 328
Probabilidade(s), 89-108
    condicional, 106
    definição de, 92
    evento
        certo, 98
        impossível, 99
        experimental, 108
    matemática, 108
    tábua de, 169
    teoria das, 37
        axiomática, 91
        experimentalista, 91
        frequencialista, 91
Proporções, comparação entre, 183-194
Prova de
    hipótese, 131-158
    subsequências, 215-235

Qui-quadrado, 195-214
    inflacionado, 212
    observado, 199

REGIÃO
    CRÍTICA, 149
    NÃO CRÍTICA, 149
REGRA DA
    ADIÇÃO, 97
    MULTIPLICAÇÃO, 104
REGRESSÃO
    DEFINIÇÃO DE, 281 - 283
    EQUAÇÕES DE, 283
    LINEAR SIMPLES, 280 - 294
REPRESENTAÇÕES GRÁFICAS, 41 - 54
REPRESENTATIVIDADE, 30
RETA INTERPOLATRIZ, 284
ROBUSTEZ DE UM TESTE, 314

SIGNIFICÂNCIA, 271
SNEDECOR, DISTRIBUIÇÃO DE, 295
STUDENT, DISTRIBUIÇÃO $t$, 236 - 253
    DE MÉDIAS AMOSTRAIS, 237
SUBSEQUÊNCIAS, PROVA DE, 215 - 235

TAMANHO DA AMOSTRA, 184
TEOREMA DO LIMITE CENTRAL, 239
TESTE DE
    ADERÊNCIA, 197
    INDEPENDÊNCIA, 204
TRATAMENTO, 308
TRIÂNGULO DE PASCAL, 124

VARIAÇÃO
    DENTRO, 306
    ENTRE, 306
VARIÂNCIA, 82, 85, 87
    ANÁLISE DE, 304

**GRÁFICA PAYM**
Tel. (011) 4392-3344
paym@terra.com.br